U0721536

新时期经管类专业人才培养模式研究与实践探索

郭向国　著

中国商务出版社
CHINA COMMERCE AND TRADE PRESS

图书在版编目（CIP）数据

新时期经管类专业人才培养模式研究与实践探索 /
郭向国著. -- 北京：中国商务出版社, 2021.9 （2023.3重印）
　ISBN 978-7-5103-4014-7

　Ⅰ.①新… Ⅱ.①郭… Ⅲ.①经济管理－人才培养－
研究－中国 Ⅳ.①F2

中国版本图书馆CIP数据核字(2021)第202847号

新时期经管类专业人才培养模式研究与实践探索
XINSHIQI JINGGUANLEI ZHUANYE RENCAI PEIYANG MOSHI YANJIU YU SHIJIAN TANSUO

郭向国　著

出　　　版：中国商务出版社
地　　　址：北京市东城区安定门外大街东后巷 28 号　　邮编：100710
责任部门：融媒事业部（010-64515164　631229517@qq.com）
策划编辑：舒朝普
责任编辑：张永生
总 发 行：中国商务出版社发行部（010-64515164）
网　　　址：http://www.cctpress.com
邮　　　箱：cctp@cctpress.com
印　　　刷：河北赛文印刷有限公司
开　　　本：185 毫米 × 260 毫米　　　1/16
印　　　张：12.25　　　　　　　字　　数：262 千字
版　　　次：2021 年 9 月第 1 版　　印　　次：2023 年 3 月第 2 次印刷
书　　　号：ISBN 978-7-5103-4014-7
定　　　价：40.00 元

前　言

　　培养适应社会经济发展的合格人才是高等院校的使命。随着我国社会主义市场经济的快速发展，以及产业结构的不断优化，社会对经管类应用型人才的需求不断增加。最近几年的就业数据显示，全国高校毕业生动手能力强的应用型人才非常抢手。然而，由于长期以来我国高校尤其是地方本科院校过多地把经济管理人才培养定位于理论型、学术型，从而导致我国经济管理应用型人才十分匮乏。同时，经济管理类专业是全国高等院校普遍设置的专业，每年的毕业生人数众多，但近些年来，用人单位对经管类专业毕业生的素质抱怨较大，比较普遍的反映是，经管类专业毕业生缺乏实践经验与应用能力，毕业生在短期内很难发挥出应有的作用，为用人单位带来利益。抱怨带来的后果是，经管类一些专业的毕业生就业形势严峻，尤其在工商管理、人力资源管理等专业中表现得更为明显。教育界有关专家因此对这类专业产生了忧虑，甚至提出工商管理、人力资源管理等专业停止招生的建议。这样的建议未免有些过于极端，问题既然存在，我们最应该做的是寻求有效的解决对策，而不是一味回避，因为工商管理、人力资源管理等经管类专业在社会经济发展中仍然有着不可或缺的作用，不能简单弃之了事。因此，按照经管类应用型人才的特点和培养要求，加强经管类应用型人才培养模式的研究，加大改革力度，为社会输送大批高素质的经管类应用型人才，便成为了当前高等院校的当务之急。

　　本书以工科本科院校、地方综合高校、高职教育中经管类专业人才的培养模式为主要研究内容，以应用型经管类专业人才的培养为主要价值取向，论述力求简洁，追求实践性。探究培养人的学问是时代赋予高校及高校教育者的神圣的使命，希望各位同仁能从本书中获得一定的助益，在深化经管类专业教育改革的实践与研究中，不断取得更多、更好、更高水平的研究成果，也希望读者能对本书的不足、不妥之处给予批评指正，以利于本书的进一步完善。

编　者

2021 年 8 月

目　　录

▶第一章
本科教育中工科院校经管类
人才培养现状

本章首先对工科院校、工科教育、工科院校经管类人才培养模式的内涵及特点等进行研究，在此基础上深入探究工科院校增设经管类人才培养院系的缘由，进而对工科院校经管类人才培养模式存在的问题及其成因进行系统分析。

第一节　工科院校、工科教育的内涵及特点

工科院校，顾名思义就是以工科专业为主或工科专业占绝对优势的院校。工科院校具有以下特点：一是以自然科学学科为主，例如物理、化学、生物等专业性学科；二是注重实践，鼓励发挥个人主观能动性进行物质生产，设身处地地解决实际问题；三是注重技术和方法，着重培养学生的观察能力和分析能力，以及主动进行材料收集的能力和方法创新能力。

从教育教学的内容上看，工科教育包括两层含义：第一，注重科学方法和实用性，培养人的理性逻辑思维，以促进社会生产发展；第二，与人文科学互相辉映，使学校不仅是学生学习科学技术和文化知识的地方，也是提高修养，懂得如何在现实中处理实际问题的地方。

工科教育具有以下几个特点。首先，科学性强，即符合客观发展规律，将各科知识通过细化分类研究，逐渐形成完整的知识体系；其次，实用性强，工科院校的教育偏向实践应用；再次，创新性强，在扩展学生的科学知识的基础上，培养学生的创新及创造

精神；最后，前沿性强，随着科技发展，现代学科高度细分与综合，并产生许多新兴及边缘学科，这就要求工科院校在学生培养中，开设更多供学生学习及参考的交叉学科课程，及时了解世界前沿的新科学、新知识，为未来更好、更快地适应社会奠定基础。

第二节 工科院校经管类人才培养认知

许多专家指出，人才培养模式是以人才培养为目标，在一定的思想和教育方针指导下，采取某种框架和运行组织方式培养学生系统地掌握知识和方法的能力的教育过程的总和，即人才培养模式解决的就是怎么样培养人才的问题。人才培养模式分为研究型人才培养模式和应用型人才培养模式，本书结合工科院校的优势和特点，认为其经管类人才培养应该属于应用型人才培养。

应用型人才培养是指培养一些社会需要的，具备一定综合素质、知识结构和能力结构的复合型人才。[①] 按照党中央和教育部的要求，就是培养具有扎实的基础、宽广的知识面、较高素质，且具有较强创新精神的应用型人才。本书结合经管类人才培养中出现的问题，运用教育学理论和哲学辩证思想，在深入系统地研究以素质教育为前提的人才培养模式存在的问题的基础上，提出经管类人才培养模式应该是以素质教育为主导的多元科学化模式，此观点尤其适用于工科院校经管类人才培养。

工科院校经管类人才培养模式应在坚持素质教育的前提下，将专业理论、培训和实践有机地融为一体，以点带面建立多层立体构架，这对全面提高大学生的个人素质、文化水平和专业能力有着积极影响和重要意义。著名气象学家、地理学家、教育家竺可桢认为："大学之使命有三：其一，希望造就完人。完人必具智、仁、勇三达德，而涵濡于六艺之中。仁者爱人，故其上者必其有所成仁，而忠恕次之……其二，学有专长，而于大学中植其基。大学学生对各项基本知识，固应多所明了……其三，养成自己能思想之人，而勿薪教师逐字释义。"工科院校经管类人才培养方案应在以素质教育为前提的原则下做到：①夯实基础知识，拓宽专业平台，构建经管学科专业应用课程体系；②开设多样化多层次的专业课程群，建立合理的经管类人才培养模式；③教学环节采取"综合—分解—再综合"的模式进行课程设计，有利于学生掌握专业知识的同时结合实际进行综合运用；④结合特殊情况，因地制宜地开展教学，鼓励交叉学科教育，丰富教学内容，加强教育机制管理，使经管类人才能够运用所学前沿知识切实思考并解决实际问题。

[①] 寇红涛. 基于"处方教学理论"的三本院校应用型人才培养模式 [J]. 山海经，2015 (20)：44 – 45.

第三节　工科院校增设经管类学科的缘由

　　工科院校经管类专业大多是在 20 世纪八九十年代为了更好地服务国家经济发展和响应国家扩招号召而设立的。为了进一步佐证笔者提出的经管类人才培养应以素质教育为前提的多元科学化模式的合理性，本书将从教育本质、人才培养、科学文化建设、时代发展这几个层面对工科院校增设经管类学科进行系统阐述。

一、教育本质的要求

　　本质两个字，英文为 essence 或 substance，即事物内部最精华最基础的部分。教育是人类活动。怎样才能找出人类活动的形而上源呢？生而为人，必修道，需人引导之，故教育出现。我们要掌握事物的规律，也要为变化、冲突和矛盾做好准备，未雨绸缪。从人道论教育和引导学生先为人，这才是合乎天道、发扬人道的途径，也是教育的本质所在。

　　《大学》云："物有本末，事有始终，知所先后，则近道矣。"这表明，人具有很强的可塑性。首先，教育所教的主体是人，所以学生要先学会如何做人；其次，相信人是有特殊天赋的，如果教给其一定的知识，可以发展出特殊才能。然而，才能运用得当则利人利己，否则害人害己，且后果难以预料。

　　教育的第一目的就是对人性的教育，而发展人性就要以道德伦理为前提。人应该有德行，德行就是秉乎天道而立人道。人们相信人生在世不能无德，这是人在生存中共同的需要。无德者在社会上会影响其他人的生活，一些善良民众会因此对社会产生信任危机，最终导致整个社会无德。有德必有行，只有理论没有实践只是空谈，我们应该把学习到的知识、品德运用到生活中。首先，人应该诚实。其次，学会去爱，用爱心感染自己以及身边的人，从爱己升华到爱人。最后，品德要刚正不阿。如果说道德品质是种在人心底的种子，那么好的品行就是这颗种子发芽生长结出的果实。教育是一种行为，如何促使教育产生好的成果，有三个重点。一是以人性为前提进行教育。承认人与人之间的不同，与生俱来的情感无时无刻不在影响着人的心情和做事的方式。二是固有思维的改变。鼓励青年学生参加社会道德实践活动或公益活动，把诚实、友爱、正直的好品质发挥出来，并形成好的习惯，打破固有思维，最终形成新思维方式。三是树立标杆。人类对英雄或神灵都有崇拜心理。人们希望通过崇拜某个偶像达到自己的愿望，以祈求内心的平静和生命的保障。用现代的词语来描绘这类偶像即为标杆。如果缺少这些标杆人物，民众就会产生一种缺失感，一种难以表达的不满足感。正如埃里克森所说的，"缺乏同一性"，① 这种缺失有时表现为茫然和不知所措。因此，从人性角度来考虑，慎重选择一些标杆是很有必要的。高等院校在教育心智半成熟、可塑性强的青年人时，为他们选择合适的榜样，进行示范性教育是十分重要的。这就需要我们加强人文社会科学的教育。华北水利水电大学在这方面做得很好，孟瑞鹏精神向全校及全国的莘莘学子传递了正能量。

教育的另外一个重要目的是为学生以后更好地生活打下基础。普及义务教育的最大作用是使更多的学生有了读大学的机会。大学生学习的最终目的是凭借自己的能力获得更多更好的就业机会，最终能够自由地选择喜欢的生活方式。职业并无高低贵贱之分，学生应该认识到百业并存必定有其合理性，应树立正确的择业观。同时，为了更好地适应各行各业的发展，必须要保证工科教育与人文社会学科的平衡发展，扭转人们长期以来重理轻文的错误观念，引导学生树立正确的价值观，促进工科与人文社会学科的有机融合。学生只有同时具备过硬的专业知识和深厚的人文社会科学知识，才能拥有幸福感更高的生活。

二、人才培养的要求

从哲学的角度看，矛盾双方是对立统一的，不能从单方面看问题。高校人才培养中的工科教育与人文社会科学教育是相辅相成的统一体，工科体现理性思维，人文社会科学强调情感、道德等思维，两者缺一不可。高校人才培养应该体现工科教育和人文社会科学教育的平衡。高等教育是为我国现代化事业建设培养各类人才的"大工厂"，二者不可偏废其一。②

中华人民共和国成立后，国家几代领导人都把人才培养工作放在重中之重的地位。1977 年，邓小平提出："尊重知识，尊重人才。"2001 年，江泽民指出："当今世界，人才和人的能力建设，在综合国力竞争中越来越具有决定性的意义。人类有着无限的智慧和创造力，这是文明进步不竭的动力源泉。"2003 年，胡锦涛提出："做好人才工作，落实好人才强国战略，必须以马克思主义为指导，从当代世界和中国深刻变化着的实际出发，根据党和国家事业发展的迫切需要，解放思想、实事求是、与时俱进，树立适应新形势新任务要求的科学人才观。"2013 年 4 月，习近平在给清华大学的贺信中指出："教育决定着人类的今天，也决定着人类的未来。人类社会需要通过教育不断培养社会需要的人才，需要通过教育来传授已知、更新旧知、开掘新知、探索未知，从而使人们能够更好认识世界和改造世界、更好创造人类的美好未来。"2014 年 5 月 4

---

① ［美］埃里克·H. 埃里克森. 同一性：青少年与危机［M］. 孙名之，译. 北京：中央编译出版社，2015.
② 程仲鸣. 地方普通本科院校经管类专业应用型人才培养模式的研究［J］. 咸宁学院学报，2010（4）：90 – 92.

日，习近平在北京大学师生座谈会上的讲话中提道："党的十八届三中全会吹响了全面深化改革的号角，也对深化我国高等教育改革提出了明确要求。现在，关键是把蓝图一步步变为现实。全国高等院校要走在教育改革前列，紧紧围绕立德树人的根本任务，加快构建充满活力、富有效率、更加开放、有利于学校科学发展的体制机制，当好教育改革排头兵。"习近平的这些论述，不仅是对广大青年的教诲、对人民教师的嘱托，也向全国人民描绘了教育事业发展的宏大愿景。

在《中华人民共和国国民经济和社会发展第十个五年计划纲要》和《2002—2005年全国人才队伍建设规划纲要》中，人才能力建设作为我国人才队伍建设的指导方针被提出来，成为我国发展人才强国战略的基本要求。2010年发布的《国家中长期教育改革和发展规划纲要（2010—2020年）》明确规定："牢固确立人才培养在高校工作中的中心地位，着力培养信念执着、品德优良、知识丰富、本领过硬的高素质专门人才和拔尖创新人才。"其中强调了信念执着、品德优良的重要作用，彰显了人文社科理念在高等教育中的基础作用，理工科高校也不能将其摒弃。

三、科学文化建设的需要

我国近现代史是一部血泪史，惨痛的历史经验告诉我们，落后就要挨打，要想屹立于世界民族之林，必须不断发展自身、完善自身。当今的经济社会瞬息万变，在新形势下，面对整个世界的发展趋势，要在汲取历史教训与经验的基础上不断努力用知识武装自己，紧跟时代发展步伐，在高等教育人才培养和发展科学技术的道路上不遗余力。

改革开放以来，我国在科学技术领域取得了巨大的成就，但是由于急于求成，在发展方式上出现了一些不恰当的地方。在高等教育人才培养上，过于重视理工科的发展，而忽视了人文社会学科的发展，具体表现为学生普遍缺乏历史文化积淀，在职业发展中只重视技能的发展，而忽视了道德、人格、价值观的培养，由此引发了环境污染、资源浪费、利己主义等问题。同时，我国一味地强调经济发展，导致社会公众对知识的理解与认识发生了偏颇，只重视工科教育带来的功利性成果。因此，要摆正工科教育与人文社会学科的位置，两者的发展都不能放松。高校作为人才培养的重要阵地，只有两者共同发展、协调发展，才能培养出德才兼备的优秀人才，这样的人才才能具有高瞻远瞩的视野与思维，才能从人类长远发展的角度考虑经济发展方向与规划，才能从根源上保证经济的健康发展。因此，在高校人才培养模式改革与发展中，要始终重视人文社会学科对学生潜移默化的影响与引导作用，帮助学生树立正确的世界观、人生观和价值观，用真实生动的案例感染学生，使其把爱国主义、集体主义精神内化于心，做有文化、有道德、有担当的经济社会发展的弄潮者。

四、时代发展的需要

在经济全球化背景下，人们逐渐意识到应将人文社会学科教育和工科教育有机结合，二者的融合是现代社会经济发展的必然趋势，也是时代的要求。目前在工科院校中，人文社会学科的教育是相对薄弱的一个环节。从某种意义上说，把两者有机结合起来也是重新构建人文社会学科教育的过程。

在历史发展的不同阶段，对人文社会学科内容的定义也是有差异的。在古代，人文社会学科教育对应的是落后的农耕文化，而在现代，人文社会学科教育对应的则是一个充满生机与活力的现代化、市场化的时代。在这个时代，知识经济蕴含在经济全球化中，两者互相影响、互相交织。在如此复杂的时代背景下，必须认清社会形势，紧跟时代脚步，与时俱进，在经济高度发达的现代社会经济中凝练出新时代新背景下的人文社会学科的概念与内涵。工科院校要在人文社会学科缺乏的背景下不断努力探索出新的高等教育人才培养思路，构建和谐、健康的人文社会学科发展氛围。将人文社会学科的理念融入大学生日常学习与生活中，促进人文社会学科与工科的有机融合，培养既具有扎实的专业技能，又具备深厚的人文社会科学积淀的高素质综合型经管类人才，以适应时代发展的需要。

第四节　工科院校经管类人才培养存在的问题及成因

工科院校经管类人才的培养从开始到现在已历经多年，在实际的经管类人才培养过程中，很多工科院校并没有结合自身特色来制订经管类人才培养计划，而是一味地模仿其他综合类大学或财经类专业院校的培养模式，在专业设置、培养目标、课程设计、教学安排上与这些院校趋于雷同，致使工科院校的经管类人才培养出现了如下问题。

一、对人格和价值观养成培养不够

教育的目的是提升人们的道德水平、科学文化水平、技术水平、精神境界等。《大学》开篇说："大学之道，在明德，在亲民，在止于至善。"至善是要引导学生具备高尚的道德品行，立人是指培养学生具有健全的人格。这两句话在本质上是相同的，都强调教育对人的性格以及人格的影响。然而，长期以来，在我国工科院校的经管类专业本科人才培养中，知识和技术的传承是最被重视的部分，而人格的培养和正确价值观的建立相对被忽视了，这也是导致工科院校培养的经管类人才质量偏低的重要原因之一。在实际的生活中，很多时候用人单位最看重的不是求职者的专业能力，而是其人格是否健全、品行是否端正、价值观是否正确。但是，不少学生求职时在品行和价值观的考评中表现不佳，这也反映出工科院校在人才培养方面的漏洞，具体来说是与工科院校对人文社会科学教育重视不够密切相关。

二、重共性要求，轻个体性发展

高校对人才培养目标必须要有清晰的定位，并且贯穿在具体的人才培养方案中。人才培养的内容包括知识能力与结构、专业素质等，人才培养目标的设定在整个人才培养模式中起决定作用，这是对人才培养本质的设定。而在传统的高校人才培养模式中，对人才培养目标的设定多为共性要求，没有把不同学生个体之间的差异以及学生主体性发展的需求放在足够重要的位置，这不利于学生主体性的发展。

我国教育界一直在探讨高等教育如何更加有效地培养出创新型的高素质、复合型人才这个议题，答案总是很一致，就是必须进行高校人才培养模式的改革。但是如何进行改革，则是一个难以回答的问题。在当前的人才培养模式下，学生的主体性依然很难得到发展，这极不利于学生的个性发展。因此，从努力培育学生的主体性入手应该是可行的一条路径。主体性能够使学生摆正自身在接受教育过程中的位置，也可以为我国高等教育的改革与发展提供一些思考。同时，在培育学生主体性的过程中，也不能操之过急，以防主体性过分膨胀，导致适得其反。从学生自身的发展来看，面对经济社会发展提出的新要求和新挑战，大学生必须要重视主体性的发展，充分调动自身学习的能动性、积极性和创造性。但是，目前高校所培养的大学生相对缺少内在的精神驱动，比如自主精神。所以，若想使学生的主体性得到激发，首先要转变高等教育观念。对工科院校经管类人才培养来说，工科优势专业的科学性是创新能力培养的基础，经管类专业的社会科学属性是创新能力实施的保障。

三、重知识、方法传授，轻智慧、思维培养

随着当今经济社会的发展，知识的更新速度让人们不敢有一丝懈怠。如果教师只是向学生传递知识，那么学生掌握的有些知识永远都是过时的，学生永远也不能适应时代的发展。因此，高等教育除了重视方法的传授、知识的灌输，还应关注对学生智慧的启发和思维方式的培养，着重培养学生独立发现问题、分析问题并解决问题的能力。把高等院校的教育提升到内化智慧、扩展思维的高度。工科院校经管类人才培养有其得天独厚的基础和条件，如自然科学与社会科学思想的融合、拥有工科背景的师资条件及实验设备等，但因教学方法的滞后、考核评价体系的陈旧等原因，部分工科院校没能充分发挥二者结合的优势。

很多工科院校由于教学观念落后，在经管类人才培养中轻智慧和思维培养，这主要体现在教学方法上。教学方法的单一会影响学生想象力和创造性思维的发挥。从表面上看，师生关系似乎是一种给予与接受的关系，但这只是传统师生关系的特点，现代师生关系更多的是平等的关系，学生要主动寻求和探索知识。传统的、错误的师生

观有三点需要突破。一是在了解学校的现有条件与环境的基础上，要思考选择何种有益的教学方法以及如何更好地进行教学内容和教学环节的安排才能照顾到不同学生的特点，从而有效地激发学生的创造性思维。二是当前学生在教学活动中往往处于被动地位，被动地接受教师传递的知识，应采取方法打破教师在教学活动中处于中心地位的局面。三是在教学活动的组织形式上，多采用大班授课的形式，教师也大多是"满堂灌"，因此应采取多种教学方法与学生展开平等、自由的沟通与交流，发现不同学生个体的学习特点与习惯，激发学生的学习兴趣，让学生主动参与教学活动，创造有力的环境使学生保持对未知世界的好奇心与想象力。

四、对学生职业生涯规划的引导不够

职业生涯规划（Career Planning），主要指个体根据自身的兴趣、爱好、特长等对自己进行综合剖析，并结合社会经济环境，为自己确定一个最佳的、可行的职业生涯目标，并为之不断付出与奋斗。很多工科类院校都将人才培养目标定位为应用型人才，却很少有院校结合自己学校专业优势和专业特点做出更加清晰的规划。本书对大学人才培养目标从人才类型、人才特征、服务对象、规划设计、实施步骤等方面进行了研究，并对高校人才培养目标与经管类本科人才培养目标进行了对比。

职业生涯规划可以帮助学生更加清晰地认识自我，确定自己的理想与人生目标并为之奋斗。国外一些著名高校已经把职业生涯规划的制订与实施情况纳入学分管理体系。对于工科院校经管类人才培养来说，引导学生进行职业生涯规划尤为重要。其原因是，相比工科专业，经管类专业涉及面相对宽泛，对于刚入校的大学生来说，有些摸不着头脑，对专业的出路两眼一抹黑。职业生涯规划包括三大方面：自我认知、环境感知和行为决策。一般来说，大学生对自我能力及专业就业前景的认知都很不足，因此许多学生不得不以钱的多少、得到工作的难易程度来验证自己所选的专业是否正确，这也会在无形中削弱学生提升自我竞争力的意识，导致学生不能积极地为就业做好准备。高校作为人才培养的重要阵地，应该在学生进行职业生涯规划和做出职业选择时给予正确指导。

五、专业设置与课程设置不够合理

（一）专业设置面窄，不利于大学生的整体性培养

高等教育的目标是促进人的全面与协调发展。然而，在传统的专才型的人才培养模式下，高校专业设置的范围十分狭窄。中华人民共和国成立初期，为了服务经济建设，高校对已有专业进行了细分，这导致学生学习内容过于细化，阻碍了学生综合素

质的提升以及创新思维的培养。在基础通识教育与专业基础教育之间如何找到平衡点，是高校人才培养模式改革中需要深入思考的问题。

高校的专业设置属于学科大类的细分，它是根据学科发展和相关产业结构的调整来设立的。专业设置的内容应包括专业设置的时间、方向、口径等要素。工科特色鲜明的大学，培养出来的学生只了解本专业的知识，而对其他专业内容一无所知，其原因之一就是大学专业的设置没有考虑各专业之间的联系。换言之，学校不能在专业设置上有意识地体现工科专业或者强势专业特色。对于工科院校来说，大多数院校偏重核心专业的发展，而容易忽视经济管理类专业的发展。由于学校对弱势学科和专业的教学资源投入有限，学生得到的学习与锻炼机会也就相对较少，所以与校内优势专业的学生相比，经管类专业学生在就业市场中处于劣势地位。高校在进行专业设置时一定要结合经济社会的发展需求，注重培养具有主体性精神、创新思维的高素质、复合型人才。工科院校的经管类的学生既要扎实掌握本专业的理论知识，又要对各学科有广泛的涉猎，以提升自己的文化积淀与综合能力，这样才能适应经济全球化、知识化、信息化发展的共同需要。

（二）学生缺乏自主选择课程的空间

经济社会处在不断的发展中，不同的学科和专业也处在动态的发展中，因此课程的设置需要有其灵活性和适应性，以保证学生的发展不落后于经济社会的发展，应该提供给学生充分的自主性，并为学生能动性的发挥提供条件。高校的课程设置是人才培养的重要内容，因此，教学计划需要适应课程的设置方向。

在课程设置上，我国的教育传统是遵循高度统一的人才培养模式，认为只要是处于同一年级的学生，无论学生个性如何、学习情况如何、学习兴趣在哪里，都应该按照统一的要求和目标来培养，工科特色的高校也不例外。每个专业的课程设置在不同学校是基本相同的，学生很少有自主选择的机会，并且工科院校中经管类专业的课程设置一般也都没有体现工科特色，学生的可选择性小，能获得的知识面都比较窄。结果就是课程设置雷同，学生的学习进度、完成结果等受限于统一的规定，缺少自主选择的机会，更没有提出更改的可能。但是，随着现代企业发展，具有强烈的自主意识和较强的综合素质的人才才是企业所需要的。在目前的课程设置下，学生的主动性是很难发挥的，因此，需要增加课程设置的灵活性以及对现代经济社会发展的适应性，为学生提供更加多样化的课程选择。

（三）培养模式与培养方案模仿工科专业

普通工科院校在经管类专业的划分上偏向宏观，部分专业是为了设置而设置，在课程体系的设立上没有考虑与专业相关的行业需求，不符合现代企业对复合型人才的要求。在工科院校中，比较优秀的师资队伍一般存在于学校的特色专业和强势学科中，经管类专业与之相比，师资力量偏弱，在课程设置上也缺乏本专业的特点，培养出来的学生视野不够开阔，思维比较局限，因此在就业市场中竞争力不足。

（四）缺乏行业观念，经管类专业成为"无根"专业

随着高校主管部门的更替，工科院校与行业主管部门的关系也随之割裂，如华北水利水电大学的主管部门经历了几次改变。随着中央部属院校下放，华北水利水电大学由水利部管理为主调整为省部共建，以河南省管理为主，学校与相关行业所在企业的联系也逐渐由隶属关系转变为专业相关关系，学校其他工科专业也因此减少了与行业特色相关的核心课程的开设，新增的经、管、文、法类专业几乎与水电行业无关，这导致校内的经管类专业学生缺乏对行业的了解，进而缺乏对学校的归属感，也困惑于自己所学专业与就读学校的联系，致使学生认为所学专业是"无根"专业。

六、教学体系与内容创新不足，教学管理弹性不足

（一）教学体系和教学内容缺乏创新

虽然很多工科院校对教学体系和教学内容进行了改革，但改革内容依然徘徊在对固定的教学模块和课程体系的增减上，创新不够，没有从培养目标上深入思考人才培养模式应该前进的方向，更没有根据社会经济发展的需求对教学内容和课程体系进行革新。不同层次高校之间的培养目标应具有很大差异，但实际上在课程体系的设置上趋于雷同，这样的人才培养模式与人才培养目标以及培养效果之间的互相支撑与互成体系则是缺乏说服力的。另外，教学体系和教学内容缺乏创新还体现为专业内导引课程学习内容安排上的模糊性。专业内导引课程是一个学科或专业学习之前的铺垫和基础，更是一个概览，它的作用在于帮助学生了解所学专业、找到学习兴趣，从而更加清晰地规划未来的职业发展，如果过于模糊，就不能对学生进行有效的指导，不利于学生做出正确的就业选择。

（二）教学管理缺乏弹性

在教学管理中，受学科背景和知识结构影响，部分工科院校的管理刚性太强，管理体系和管理方法缺乏灵活性，学生在学习和发展过程中会遇到制度上和体系上的重重限制。比较突出的是，学生在学校刚性的教学管理下，在学习的选择权上缺乏自由，不能自由地选择感兴趣的专业课程，跨专业学习的难度较大，这与先进的教育理念要求充分保障学生的学习自由是相违背的。

（三）缺乏社会实践

经管类专业作为实践性很强的专业，与工科院校其他的专业相比，由于发展年限和规模上的局限性，学生得到的实习、实践机会都比较少，效果也不明显。另外，毕业实习与认识实习大多流于形式，学校并不关注学生是否真正参与企业实践，也不关注实践的效果如何，而是以最后学生的实习报告中是否有实习单位的盖章为准。

综上，想要实现上述各类目标，就必须构建以素质教育为前提的多元科学化的教学管理体系。在目前的教学管理中，学生在跨专业学习方面存在很多限制，学分制度也缺乏弹性，而跨学科学习对拓宽学生的知识面，培养学生的发散思维能力十分有帮助。因此，学校必须赋予学生选课上充分的自由，让每位学生可以根据自身的特点与爱好，在导师的指导与帮助下，选择真正感兴趣并且适合自己的课程，自主地分配学习时间与娱乐时间，这样有助于提高学生学习的积极性，也能为学生主体性的发展提供良好的环境与氛围。在教学管理中要体现自由的原则，充分尊重学生的兴趣发展，给予学生发展自己特长的空间与机会，满足学生自主学习的愿望与诉求，这样不仅可以挖掘学生的潜能，也有利于学生形成健全的人格，同时，可以拓宽教学管理的思路，增加教学管理的弹性。

总而言之，要真正对经管类专业本科人才培养模式进行改革与创新，首先需要明确培养目标是什么，结合学校的实际情况与条件来制订具有工科院校特色的课程体系与培养方案。

▶ 第二章

中外高校经管类人才培养模式

为了更好地研究工科院校的经管类人才培养模式，本章对国内外几所在人才培养方面具有代表性的工科高校、财经类院校和综合类高校的经管类人才培养模式进行了对比分析，梳理了国内外人才培养模式的发展脉络，分别对其人才培养模式的发展历程进行阶段性划分研究，主要通过对国内外大学在专业设置、培养目标、课程体系、教学安排等方面的系统研究，总结中外高校经管类人才培养的差异，从中得到有益的启示。

第一节　国外高校经管类人才培养模式

一、专业设置

在西方国家，经济管理类院校一般不存在文科、理科之分，也不包含工程类的专业。以美国的学科和专业划分为例，美国高校主修专业共分为 38 个学科门类，下设 600 余个专业，其中经济管理类主修专业共有 49 个。[①] 经管类本科学士学位点数量较多的有企业管理、会计学、市场营销、人力资源管理等专业。

西欧国家的经管类本科教育也具有自己的特点，其高校学科和专业设置都可以自行决定，具体的经济管理类的专业设置有很大的相似性，但是也存在一些细微的差别。

---

① 张振刚，向敛锐. 美国高等教育学科专业分类目录的系统研究 [J]. 学位与研究生教育，2008 (4)：70 - 77.

英国的经管类高校设有一级的经济学院和商学院，其专业设置包括经济学、管理学、会计学、企业决策分析、财务金融、商业信息管理等。而在德国，一般设立经济类学科，如国民经济学和企业经济学，却没有专门的经管类院校。例如，英国目前大约有40所大学开设了本科及以上的市场营销专业，70所高校开设了本科及以上的会计学专业。一般情况下，英国的经管类高等院校在专业设置上存在文科、理科之分，企业决策分析和生产管理等专业被划分到理工科的范畴，其余大部分还是被列入文科体系。这点与美国的经管类专业没有文理学科的划分有很大不同。

二、培养目标

本书所选取的美国大学（本科）在经管类人才培养目标的设定方面各有侧重，如表2-1所示。

表2-1　美国经管类（本科）人才培养目标

学校	培养目标
宾夕法尼亚大学沃顿商学院	培养未来的领导者，使学生掌握把自由和商务有机结合的艺术
斯坦福大学	教会学生自主地发现与学习新知识
卡内基－梅隆大学	培养学生自主解决问题的能力，侧重于培养学生采用定量分析方法来发现问题与制订方案
得克萨斯大学奥斯汀分校商学院	侧重于职业教育，使学生理解商业文化，培养学生正确的价值观

在英国，经管类专业本科人才培养的目标和研究生的培养目标是分别设定的。有技术类背景的一些高校在经管类本科人才培养上，主要侧重于对学生商业市场的适应能力与操作能力的培养，即培养目标为实务型的经济管理人才，而传统高校则更偏重于对学生的基础理论的培养。在对研究生的培养目标上，这些高校却趋于相同，多是致力于把学生培养成可以从事高校教学、科研工作，以及在政府部门和大型企业工作的优秀人才。

日本经管类人才的培养目标主要是为各类商社、贸易会社、第二产业及第三产业的中枢部门培养具有较强实际操作能力和专业技能的人才。根据日本教育部门的统计，有超过60%的本科毕业生任职于各类外贸企业、第二产业、第三产业以及金融类、保险类的管理部门。日本经管类专业本科人才培养目标可以细化为三个方面：一是为商社、各产业培养具备扎实的基础知识与实际操作技能的经济管理类人才；二是为政府部门培养经济管理类工作人员；三是培养优秀的经济管理类教育人员。根据培养目标的定位，日本经管类本科人才培养的要求体现在四个方面：一是能够掌握所学专业的基础理论与专业技能；二是具有较高的综合素质与人文素养；三是可较灵活地将理论联系实际；四是有全球意识与全球眼光。

三、课程体系

国外的经济管理类专业在课程设置上一般包括公共基础课程、专业基础课程与专业核心课程。本科培养阶段的学制一般都是 4 年，学生需要修够 120—130 学分。在课程开设上，有必修课、选修课和任意选修课三种形式。在本科阶段的人才培养中，专业选修课程多采用必修课的形式，占课程总量的 50%，选修课与任意选修课共占总学分的 50%。大一、大二两年学校会开设自然科学、哲学、人文艺术类课程作为必修课程，或者作为适当的专业基础课。学生在大二下学期或大三上学期开始自由选择系别和专业，学校再按照学生的选择结果开设专业必修课，主要包括经济学、管理学、会计学、统计学等课程。在修专业必修课程的同时学生还要修 5 门左右的专业核心课程。

美国宾夕法尼亚大学沃顿商学院（简称"沃顿商学院"）作为世界一流的商学院，其人才培养模式以及教学管理模式为我国经管类高等教育的发展提供了一些启示和借鉴。宾夕法尼亚大学在课程体系设置上有三个鲜明特点：一是开设了比较全面的通识基础教育课程；二是专业教育目标十分明确；三是同专业所开设课程之间的关联性比较强。沃顿商学院通过系统的基础课程设置，为经管类本科专业学生的学习提供了基本条件，所开设的专业基础课程与广泛的通识基础课程共同构成了宾夕法尼亚大学的经管类专业本科人才培养课程教学框架。

（一）经管类本科专业课程体系设计理念

沃顿商学院希望把学生培养成具备金融、法律等专业技能的高级人才，因此在课程体系设计上侧重于开设与金融专业领域的知识和技能关联度较高的课程。沃顿商学院的本科学生共需要完成 37 个课程单元的学分，这些课程单元的学分共涵盖 5 个模块：基础理解模块涵盖 4 个课程单元，此模块侧重于培养学生的数理分析能力以及团队交流与合作能力；基础构建模块涵盖 12 个课程单元，此模块偏重于教授经济、管理类学科的基础知识，使学生了解经济社会环境与企业发展环境对人才的要求；着重深度和广度研究模块涵盖 7 个课程单元，要求学生在广泛的商业范畴和金融专业领域进行研究与深入学习；文科和超越文科模块涵盖 9 个课程单元，突出了通识教育课程、写作和外语能力以及全球商业环境的要求；其他选修模块涵盖 5 个课程单元，有非商业和无限制的选修，鼓励学生多领域的学习和探索。推荐但不强制的课程包括独立研究、大四顶峰体验、海外经验或特定领域的选修课程等项目，为学生开展多种形式的学习、研究与实践提供宽阔的平台与充足的机会。

（二）通识教育涉及学科领域广泛

由于美国本科教育重视培养学生的广泛兴趣及才智，所以其专业课程设置普遍重视通识教育，一般涉及语言、数学、自然科学、社会科学、美术、人文等多个学科。在沃顿商学院，金融学专业通识课程占总课程的 24%。

（三）学科基础广泛

以沃顿商学院的金融学专业为例，该专业强调宽厚的学科基础，注重数理统计工具的运用与定量分析能力的培养。沃顿商学院金融学专业学科基础课程包括 16 个课程单元，占全部课程单元的 43%，涵盖了数学、统计、经济、会计、管理、法律等。

（四）专业核心课程统一化和选修课程个性化

美国高校认为，开设专业课程是为了使学生掌握本专业在实际中的基本运作技能，并让学生在学习中更新这些技能。因此，无论是世界首屈一指的沃顿商学院还是普通州立大学的商学院，其经管类本科专业核心课程都规定了统一的核心课程，如金融学、风险管理等，并且各高校都只使用领域内的权威教材。

在实际中，经济领域尤其是金融领域的环境是瞬息万变的，因此，不能把学生的学习内容局限在他们所学的专业内，在金融学专业的课程体系设置中应有广度的要求。为了满足学生的个性发展需要，学校为学生提供了可供选择的丰富课程资源。例如，沃顿商学院要求学生在完成专业核心课程学习后，必须完成除所修的金融学专业以外的商业领域范围内的至少 3 门选修课程。另外，沃顿商学院为了保证学生能够在更大的领域分析与收集信息，激发他们的学习兴趣，学校额外提出了 5 门选修课程要求，包括 3 门无限制选修课程与 2 门非商业选修课程，学生可以利用这 5 个课程单元完成其在感兴趣的领域的学习。仍以沃顿商学院金融系为例，该系拥有 43 名专职教授，为学生提供了 20 多门专业选修课程，如表 2-2 所示。[①]

表 2-2　沃顿商学院金融系选修课程一览表

序号	课程名称	序号	课程名称
1	商业经济	12	资本市场
2	高级公司财务	13	金融工程
3	投资管理	14	创业资本与金融创新
4	金融衍生工具	15	收购与兼并的金融影响投资
5	公司估值	16	全球货币和金融的稳定政策
6	国际企业融资	17	固定收益投资组合管理
7	房地产投资	18	私募股权投资
8	国际金融市场	19	欧洲投资
9	城市财政政策	20	中东与北非金融
10	固定收益证券	21	金融研究
11	行为金融学		

---

① 秦响应，杨伟坤，秦菊香. 美国高校金融学本科专业课程体系的特点及启示 [J]. 中国大学教学，2014（03）：94 - 96 + 48.

（五）理论知识的实践化

在沃顿商学院，经管类各专业都开设了实践类课程和实践类项目，授课方式包括课堂形式和非课堂形式，只要可以达到让学生亲身经历、亲身实践、获取知识的目的，形式并不重要。例如，在实践类课程中有一门课程叫"沃顿挑战"，在实践类项目中有一个项目叫"大四顶峰体验"，这两个与实践密切相关的课程和项目使学生能够参与到实际企业中，在教师的指导下与企业经理一起探讨问题、分析问题并最终解决问题。

（六）普遍化的国际视野

在经济全球化的背景下，美国高校越来越重视对学生国际化视野的培养。沃顿商学院在全球商业环境方面对学生有很高并且具体的要求，学生需要选修美国以外其他国家文化课程以及国际问题探讨相关课程，共包含3个课程单元。包括沃顿商学院在内，美国还有很多高校为学生提供了留学项目和海外学习、考察项目，这些高校与国外多家顶尖的商学院有长期的合作关系，学生可以根据自身条件，申请去不同的国家留学、调研和考察。

四、教学安排

在教学形式的安排上，最传统、最常见的是课堂教学形式，这是国内外进行经管类本科教学最基本的方法。美国推崇以学生为主体的教育理念，在该理念的指导下，为了丰富课堂形式，充分激发学生的学习兴趣，培养学生学习的积极性与主动性，学校采用了多种新颖、有效的课堂形式。首先体现在课堂教学环境的变化，环境的改革又体现在硬件设施的更新上。例如，许多院系设立了专门用于实施案例教学的案例教室，空间位置的设定更加方便师生间的交流和探讨；在教室结构上，院系提供了大小教室结合的新型教室，授课在大教室进行，而分组讨论可在旁边的小教室进行，教师还可在一边的观察室里随时观察学生讨论的情况。总之，在新的教学环境中，采取的各种教学形式都强调学生的参与，侧重对学生学习积极性和主动性的培养。

德国高校课堂组织形式普遍采用具有特色的研讨班。研讨班课程由三个步骤组成：第一步是根据专题撰写研究报告，第二步是上课，第三步是结课考试。在研讨班开始的前一学期，任课教师就会通知学生本期研讨班的授课计划和专题，学生需要在开课之前把自己选择的专题报给授课教师，如果各专题选择的人数悬殊比较大，就通过抽签的方式重新平衡选择结果。专题选定之后，学生根据自己的题目查找材料并撰写研究报告。在上课阶段，学生在课堂上宣讲自己撰写的研究报告，并在教师的指导下与同学展开讨论。在课堂形式完成后，举行结课考试，学生最终的成绩由研究报告的成绩和结课考试的成绩共同组成。

在英国，牛津大学将导师制度运用到课堂教学、实践教学和课外活动的每个环节中。导师制度是经管类专业本科人才培养的最主要方式。导师每周都会给学生列出必读书目和需要思考的问题，由学生自主搜集信息并以书面形式提交，学生要与导师当面沟通本周学习中遇到的问题以及感想，导师给出指导意见。这种紧凑、高效的学习形式有利于学生与导师之间的平等交流和沟通。除了这种形式，导师还会定期安排学术讲座。在讲座上，学生与导师之间可以更加平等、自由地讨论，这种形式可以充分激发学生的学习兴趣与主动思考的能力，对于学生创造性思维和批判性思维的培养十分有利。

在对学生的培养上，国外比较重视学生个体性的发展，也更加重视教师的社会经历与经验，这两点在培养学生的实践能力中十分重要。沃顿商学院积极支持学生主动参与各类社团活动，并且会定期给予这些社团活动经费，还会指派专门的教师为其提供专业化的培训与指导，在校内，这种形式对学生来说是特别高效的实践类活动。

在对经管类专业学生的考核方式上，国外与国内也有很大不同。起初，牛津大学多采用教师口头评价的方式对学生做出考核，学生以口头答辩的方式就可以顺利毕业。发展到后来，牛津大学逐渐开始采用笔试和口试相结合的考核方式。发展到今天，主要采用课上课下作业、课堂测试和学生个人陈述三者相结合的考核方式。课堂测试只是教师对本节课的内容进行随堂小测验，学生只要认真听课与思考都可以过关。学生个人陈述安排在课程临近结课的时候，届时，每位学生需要向导师和全班同学展示自己这门课的学习成果与学习心得，教师根据学生的实际学习效果以及随堂表现给出最终成绩。在德国，经管类专业本科学生的成绩包括出勤率、课下作业、案例分析、随堂测试和结课考试等方面的成绩，各部分权重由教师自行分配。学校对每门课程的考核都更为严格，学生所选的每门课程至少有 3 次中期考核，这在很大程度上可以提高学生对学习的重视程度，并且保持学习的连贯性。由此可见，德国高校的考核方式更加注重对学生整个学习过程的控制与检验，教师参与学生学习的全过程，并实时给予指导与帮助。

在实践教学上，国外高校更加注重学生通过参与实习、实训等环节来增强实践锻炼，并且已经形成了一套比较成熟的实践课程体系。但是不同国家高校的经管类专业在实习、实训的时间、形式、学分等方面都有所不同。就时间安排而言，有些安排在学期中间，有些安排在学期末，有些安排在寒暑假期间，但相同的是学校对学生的实践过程与成果要求都很高，这种实习与实训并不是形式上的，而是要求学生在完成基础的认识实习之后，还要在实习基地或者实体企业中亲身操作，进行实践锻炼。以德国为例，高校的实习基地大多是与学校有长期稳定合作关系的企业，学生在企业进行实践的过程中，不仅教师要给予指导，企业的主管人员也要对学生的实践内容以及实践效果进行综合评价。在整个实践过程中，企业的地位要远远高于学校和教师的地位。我国香港理工大学由于长期受英国高等教育模式的影响，其经管类专业一直以来都采用校企合作的方式培养学生。实习时间为学期中，学生会深入企业的运作，了解与本专业相关的内容，并且会得到亲身实践的机会。除了在香港特别行政区的企业，学校还会提供给学生到内地和国外的企业参观和接受培训的机会，这都是建立在香港理工大学与企业之间深厚并且稳固的关系之上的。

第二节 我国高校经管类人才培养模式

我国高校经管类人才培养模式差异不大，即不同类型高校的经管类专业人才培养缺乏自身特色。本书会在阐释现状的同时，列举典型高校进行佐证。

一、专业设置

在教育部颁发的《普通高等学校本科专业目录（2012 年）》中，普通高校本科的学科门类划分为哲学类、经济学类、法学类、教育学类、文学类、历史学类、理学类、工学类、农学类、医学类、管理学类、艺术学类共 12 大类。经济学大类细分为经济学类、金融学类、财经学类和经济与贸易类 4 类；管理学大类细分为管理科学与工程类、公共管理类、工业工程类、旅游管理类、工商管理类、物流管理与工程类、电子商务类 7 类。在不同的学科大类下又分设不同的专业，如工商管理类属于管理学科大类，共包括信息管理与信息系统、会计学、人力资源管理、市场营销、审计学、财务管理、资产评估、物业管理、国际商务和文化产业管理 10 个专业。我国大部分高校都设立了经管学院或经济管理系，学院或系分别设立不同的专业，除工商管理、会计学等专业外，有些高校把物流管理等专业也划进了经管学院，也有部分高校针对工商管理、经济学、会计学等单独设立学院。

二、培养目标

根据笔者查询到的资料来看，我国高校的本科专业的培养目标大体上趋同，但是也存在一些细微差别。以经管类专业的培养目标为例，大多数院校提到具备一定的计算机能力与外语能力，掌握专业的经济学与管理学理论知识，具有独立分析与解决问题的能力，具有良好的思想道德素质与人文素养，能够胜任政府部门、科研院所和企事业单位的经济管理类工作等。同时，各高校在进行人才培养目标定位时又都有所侧重，如上海交通大学侧重充分尊重学生专业选择意愿，强化复合型教育培养，学院提供的课程计划由通识课程、专业课程、研究实践类课程和个性化课程组成，学生第1—2年进行通识和专业基础教育，第3—4年进行专业深度教育和个性化教育，学生在二年级确定主修专业（专业不限人数），三年级确定辅修模块。为进一步明晰经管类专业人才培养目标的差异性，本书列举了国内几所典型高校的经管类专业人才培养目标，如表2-3所示。

表2-3　我国几所典型高校经管类专业人才培养目标

学校	培养目标
上海交通大学	旨在培养掌握管理基本知识和技能、了解中国经营环境和企业运作、具备国际视野、善于分析和解决问题并具有沟通技能和职业道德的复合型经管类人才
武汉大学	致力于培养理论基础扎实，知识口径宽厚，兼具良好人文素质及创造、创新、创业精神与实践能力的高级管理类应用型人才，亦致力于培养学术思想活跃、科研创新精神与科研创新能力兼具的高级管理类学术型人才，并始终将人才培养质量放在首位
南京大学	要求学生树立正确的价值观，培养学生的爱国心与民族认同感，侧重于把学生培养成具备很好的数理分析与应用能力、外语能力的经管类高级专门人才
华北水利水电大学	弘扬和而不同的人文精神，以商济天下为己任，注重帅资队伍建设，致力于培养胸怀天下、善经营、会管理和具有较强竞争力的创新型经管类人才

高校的人才培养目标整体上体现了我国高等教育人才培养的具体要求。合理、正确、清晰地对人才培养目标进行定位，有利于高校理清办学思路，从而提升自身的核心竞争力。目前，我国高等教育已由精英化阶段进入大众化阶段，以前在精英化教育阶段下设定的大且全的指导思想与目标定位显然已经不适于今天的环境，人才培养的目标单一、层次偏高、类型不清晰的现状需要改变。

三、课程体系

本书选取上海交通大学、南京大学、武汉大学、上海财经大学、华北水利水电大学的经管类专业的课程设置来分析国内高校经管类专业的课程设置特点。上述大学的各类课程学分对比、专业通识基础课程对比、专业基础课程对比、专业核心课程对比如表2-4、表2-5、表2-6、表2-7所示。①

---

① 上海交通大学数据出自2017级工商管理专业本科教学计划；武汉大学数据出自2018级工商管理类专业本科教学计划；南京大学数据出自2018级工商管理专业本科教学计划；华北水利水电大学数据出自2016级市场营销专业本科教学计划。

表 2-4　我国典型高校经管类专业各类课程的学分对比

课程类别 学校	通识基础课		专业基础课		专业核心课		实践和 毕业论文	选修课
	必修课	选修课	必修课	选修课	必修课	选修课		
上海交通大学	22(13%)	28(16%)	52(31%)	16(9%)	21(12%)	6(4%)	26(15%)	50(29%)
武汉大学	40(29%)	16(12%)	27(19%)	34(24%)	13(9%)	0	10(7%)	50(36%)
南京大学	66(44%)	3(2%)	18(12%)	14(9%)	23(15%)	18(12%)	8(5%)	35(23%)
华北水利 水电大学	49.5(29%)	8(5%)	34.5(20%)	18(11%)	0	27(16%)	32(19%)	53(31%)

表 2-5　我国典型高校经管类专业通识基础课程对比

学校	通识基础课名称
上海交通大学	思想道德修养与法律基础、中国近现代史纲要、毛泽东思想和中国特色社会主义理论体系概论、马克思主义基本原理、体育、军事理论、大学英语、人文学科、社会科学、自然科学、工程科学与技术、军训、个性化教育课程
武汉大学	马克思主义基本原理概论、毛泽东思想和中国特色社会主义理论体系概论、中国近现代史纲要、思想道德修养与法律基础、形势与政策、体育、军事理论与训练、大学英语、高等数学C1、高等数学C2、线性代数C、概率论与数理统计C、C语言程序设计、人文社科经典导引、自然科学经典导引、中华文化与世界文明、艺术体验与审美鉴赏、科学精神与生命关怀
南京大学	大学英语、大学计算机应用、大学计算机信息技术、微积分Ⅰ、微积分Ⅱ、线性代数、概率论与数理统计、马克思主义基本原理概论、思想道德修养与法律基础、毛泽东思想和中国特色社会主义理论体系概论、中国近代史纲要、形势与政策、大学体育、军事理论与军事高科技、军训、设计与管理、创业概论、创业管理与行为博弈、投资决策的心理与行为
华北水利 水电大学	思想道德修养与法律基础、中国近代史纲要、马克思主义基本原理、毛泽东思想和中国特色社会主义理论体系概论、形势与政策、英语读写译、英语视听说、高等数学B、线性代数、概率统计、体育、军事理论、军训、创新创业基础、水利水电工程概论、文化素质类选修课

表2-6　我国典型高校经管类专业基础课程对比

学校	专业基础课（必修）	专业基础课（选修）
上海交通大学	高等数学（A）、经济与管理精要、管理学原理（D类）、会计学、经济学原理、线性代数（B类）、概率统计、商务计算导论、财务管理、管理心理学、管理信息系统（B类）、运筹学、市场营销学（B类）、商务统计学、运营管理、研究选题与论文写作、战略管理	组织设计与发展、培训与开发、绩效与薪酬管理、招聘与选拔、新产品管理、定价策略、渠道管理（A类）、广告策划、管理建模与仿真、采购和供应管理、计算机硬件与软件管理、C＋＋程序设计、数据结构、计算机网络及应用
武汉大学	管理学、微观经济学、政治经济、宏观经济学、计量经济学、统计学、货币金融学、会计学、商业伦理与社会责任	财务管理、管理信息系统、市场营销、组织行为学、运营与供应链管理、R语言数据分析方法与实验、经济法、国际经济学、当代中国经济改革与发展、公共经济学、营销策划与商业模式、服务营销、电子商务、营销工程实验、组织营销、全球营销、营销英文文献选读、优化理论与方法、决策分析、多元统计分析、随机控制与动态优化、博弈论、商业大数据分析、高级微观经济学、数据库原理与应用、Python程序设计、自然语言处理、社交媒体建模与数据分析
南京大学	管理学、会计学、管理经济学（微观部分）、市场营销学、电子商务、组织行为学	培训与人力资源开发管理、经济法、货币银行学、现代广告学、国际贸易、国际金融、国际经济学、财政学、消费者行为学、从无到有：创新、创业、创造未来
华北水利水电大学	微观经济学、宏观经济学、管理学原理、基础会计学、财务管理、创新管理、市场营销学、统计学、电子商务、经济法、数据路技术（SQL）	企业管理、创业学、社交礼仪、零售学、渠道管理、项目管理、物流管理、管理信息系统、服务营销、社会心理学、工业品营销、战略管理、生产运作管理、公共关系学、供应链管理、营销创新专题讲座、文献检索及论文写作、人力资源管理、货币银行学

表2-7　我国典型高校经管类专业核心课程对比

学校	专业核心课（必修）	专业核心课（选修）
上海交通大学	技术创新管理、人力资源管理、跨文化管理、数据库原理及应用、物流与供应链管理、消费者行为、市场调研、质量管理（A类）、信息系统分析与设计	投资与融资管理、技术经济学、项目管理、电子商务（B类）、专业实践与调研、风险管理、沟通技巧与领导力开发、战略品牌管理（A类）、营销工程与营销模型、会展项目管理

学校	专业核心课（必修）	专业核心课（选修）
武汉大学	企业战略管理、公司治理、国际企业管理、创业管理、管理研究方法	
南京大学	统计学、人力资源管理、管理科学、公司理财、生产运作管理、企业战略管理、管理沟通、国际企业管理、绩效与薪酬管理	人才测评与招聘管理、工作分析与组织设计、谈判与冲突、管理学研究技术与方法、组织理论与设计、计量经济学、商业调研与写作、经济学与管理学前沿、金融投资与风险防范、创业学和创新管理、管理咨询、宏观经济学、劳动关系学、领导技能与管理、经理人发展规划、服务业人力资源管理
华北水利水电大学		数学实践与建模、计算机与信息技术、消费者行为学、网络营销、客户关系管理、广告学、数据挖掘技术、市场调查、谈判与推销、国际市场营销、营销策划

由表 2-4、表 2-5、表 2-6、表 2-7 可知，国内大学经管类专业课程设置中，选修课所占比例一般为 30% 左右，基础选修课、专业基础选修课以及专业核心选修课所占的学分比例也有所不同。国内基础课程中，数学、英语、计算机占比较大，数据分析、统计等工具性课程较少。

对表 2-4、表 2-5、表 2-6、表 2-7 进行分析可知，国内高校经管类专业人才培养模式存在一个突出问题：实践类课程所占比例普遍较低。首先，我国经济管理类专业课程体系一般是遵循应用型指导思想而设置的，在课程设置中注重理论知识课程的设置，而没有足够重视实践环节的课程设置。其次，我国高校的实践教学环节普遍缺少企业的主动参与，这是一个比较突出的问题。因为人才培养最终是要面向社会的，是要服务于经济社会发展的，如果忽视了人才培养与企业需求之间的联系，没有将现代企业发展对人才的要求纳入高校人才培养体系中，即使学生具备了非常扎实的专业基础理论知识，在走上工作岗位之后，也往往无法灵活地运用所学知识指导具体工作，导致用人单位普遍认为经济管理专业学生动手能力差、职业能力薄弱。

四、教学安排

近年来，我国一些本科院校在经管类专业的实践教学环节也做了一些努力和尝试。例如，辽宁科技大学与鞍山钢铁集团有限公司、首钢集团有限公司等签订了长期的校企合作协议，希望能定期接纳学生到企业参与实习和实训，这样可以使学校和企业在人才培养过程中发挥各自的作用与优势，使学生更快地了解企业实际的生产与运作过程，从而提高学生的综合能力与综合素质，同时，也可以为企业注入新的活力。在协议中，除规定企业要接纳学生实习之外，企业还要允许经管类专业的优秀师资队伍进入企业进行实地调研，教师通过调研所取得的科研成果最终也会服务于企业发展。在这样的尝试中，学生可以得到完整的、系统的锻炼，专业技能的提升、实践能力的提高以及综合素质的提高都会更加快速。

华北水利水电大学近年来也鼓励教师到水利企业进行锻炼，积极通过签订校企联合培养协议获得实习基地，但因为种种原因，最终效果不佳。在此，可参考新加坡南洋理工学院的教学模式。该校实施了一种名为教学企业的全新实践教学模式，并且在很大程度上缓解了该校在实践教学上的困境。具体来说，是由学校建立企业并且投入实际运作，学生可在该企业进行实践锻炼。经管类院系共建立了两类教学企业，即商业服务中心和企业后勤部门，前者可为学生提供实际的项目训练实践活动，后者可使学生亲身参与企业后勤部门的管理与运作，在这种真实的环境下，学生的团队合作能力与实践能力都得到了很大提升。①

长期以来，教师的课堂教学多采用"满堂灌"方式，多媒体设备虽然已经十分普遍，但部分课件的制作质量还有待提高。有些高校把学校的精品课程放到网络上供学生免费学习使用，但由于对学生缺乏吸引力导致利用率并不高。教师为了提高授课效果，也尝试采用案例教学法和小组讨论法等多种授课形式，试图改变以前传统的"填鸭式"教学，但案例陈旧、方式单一，效果不尽如人意；启发式教学也在一定程度上被运用到课堂教学中，一些教师渐渐开始提出引导式的问题，并逐渐引导学生给出开放性的答案，但实际效果并不十分理想，还需要更多的经验积累才能更好地将这些教学方法运用到课堂教学中，使之收到良好的效果。

除改变教学方式之外，很多学校在建立各类实验室方面也投入了巨大的财力和物力，比如在经管类专业中较为常见的 ERP（Enterprise Resource Planning，企业资源计划）实验室。另外，一些学校也积极地寻求和争取与校外企业的合作，为学生实习和实训提供更加充足的机会和更加广阔的平台，这样也有利于学生将所学的理论知识运用到实践中去，从而提升学生的综合能力。在对学生的考核方式上，成绩一般分为期中和期末两部分，期中成绩占30%左右，期末成绩占70%左右。上述情况说明，我国高等院校及教师已开始重视教学方式与方法的改革，但相关改革尚处于探索期。

---

① 何平均，罗峦. 独立学院经管类专业实践教学体系的构建与实施——以湖南农业大学东方科技学院为例［J］. 黑龙江教育（高教研究与评估），2012（2）：5-6.

第三节　国内外高校经管类人才培养模式对比

一、专业设置

国外的高校一般在校内设立商学院，学院内没有细分的专业，经济管理类的专业方向很多。国内的经济管理类专业有九大类，但与国外相比较少。与国外学院内专业不再细分相比，我国经济管理类学院设置的专业五花八门，不同学院内还下设不同专业，有些原本不属于经济管理类的专业也被纳入经管学院或经管系，如在国外被划分到机械工程学院的工业工程专业，还有些学校甚至把物流管理专业也划分到了经管系。在国外，本科学生一般是三年级才开始确定自己的专业与方向，而国内学生是入学时就已经选定了专业与方向，在不了解自己专业的情况下做出的选择带有盲目性，可能会使学生对以后所从事的工作缺乏热情。从高校的角度看，国外的高校具有独立的法律地位，可以自由地更改本校的专业设置，对市场有很强的适应性，而国内高校的专业设置需要根据教育部给出的专业目录来设定，若要修改，则要向教育部门层层报批，可能会滞后于市场需求。

二、培养目标

国外在经管类专业人才培养目标的设定上，对本科生和研究生有明显的区别，本科生的培养目标多是应用型、实务型的经济管理人才，而研究生的培养目标则是科研人才。另外，不同类型高校对人才培养目标的定位也有所不同，有些侧重于培养学生的职业能力，有些注重培养学生的创新能力。国内经管类专业本科人才的培养目标基本类似，至少在表述上趋于雷同，大多数院校都会提到具备一定的计算机能力与外语能力，掌握专业的经济学与管理学理论知识，具有独立分析与解决问题的能力，具有良好的思想道德素质与人文素养，能够胜任政府部门、科研院所和企事业单位的经济管理类工作等。而在经管类人才的培养目标上，也很少有高校能一针见血地指出本校培养的本科生与研究生的本质区别在哪里。随着经济社会的不断发展，无论是国内还是国外，高校的人才培养模式都需要与时俱进，培养目标也需要逐渐趋向于复合型人才，而不是掌握某一门技能的单一型人才。

三、课程体系

国外经管类本科专业学生的总学分一般在 130 学分左右，而国内则为 150 学分左右，通常不超过 180 学分。在课程类型和开设形式上，国内外没有太大的区别，课程类型都包括基础通识课程、专业基础课程和专业核心课程三大类，课程的开设形式有必修、选修和任意选修三种形式。不同的是，国外高校选修课程所占比例很大，一般占总学分的 50% 左右，而国内略低，通常占总学分的 20%—40%，并且可选择的范围十分有限，尤其是基础课程的选择范围有待扩大，专业基础课程和专业核心课程的选修范围也没有统一的标准，不同的高校有不同的设定。国内开设的基础课程中，计算机、外语、数学所占比例很大，而缺少工具类的课程。与国内相反，国外高校基础课程中，并没有把数学、外语列入必修课程，而是有更多的统计学和数据分析等工具类课程，这些课程可以帮助学生找到以后的职业方向，并且在实际工作中也会得到广泛应用，相比之下，国内高校没有或仅设有就业指导一门选修课程。在课程的关联度上，国外高校专业课程之间的关联程度比较紧密，每门课程在整个课程体系中都有其特定的作用，都是整个课程体系中的一环。而国内高校课程之间缺乏必要的联系，只是为了开设而开设，大多数时候是将与所开设专业相关的课程堆砌在一起构成课程体系，不利于学生知识体系的形成。

四、教学安排

（一）教学手段

由于西方发达国家的经济发展水平以及信息化水平较高，高校的一些授课硬件设施比国内先进和多样。比如，每个教室都配有足够的网络端口，学生和教师可随时随地实现资源的同步，教室内还有配套的打印机，授课内容可根据学生掌握情况随时打印。国内的多媒体设备在课堂上的使用率也非常高，但是部分课件制作的质量有待提高，我们可以多借鉴国外多样化的教学手段，丰富课堂形式，激发学生的学习兴趣。

（二）教学形式

国外经济管理类专业的课堂形式包括课上和课下两种形式，课堂组织形式也更加多样化。教师会在学校搭建的专门案例教室或者大小相结合的教室授课，在提高学生好奇心与兴趣的同时，可以使师生间的交流更加平等和自由，课堂气氛也更加活跃。有些国家的高校采用课下研讨班的形式，增加了师生间一对一交流的机会，有助于增进学生与教师之间的交流，在学术的讨论与思维的碰撞中，开阔学生的视野，这对学生创造性思维的培养十分有利。而国内高校教学形式大多比较单一，多采用课堂授课的方式，教师与学生只是师生关系，见面时间也仅限于课堂之上，学生缺少与教师更多的交流机会。

（三） 实践教学

国外高校较早地注重培养学生的实践能力，并将其纳入学分体系当中，在实践的时间、执行步骤、执行要求、效果评估等一系列环节上都形成了比较成熟的经验。国内高校对实践教学环节的重视晚于国外高校，并且对实践教学环节的管理偏于粗放式，一些实践教学环节的安排已经流于形式，对实践教学的要求与效果评价都没有清晰的界定。从时间上来看，国外高校的实践教学环节时间较国内长，高校与企业之间的合作关系更加紧密与深入，而国内高校与合作企业的关系较为疏远，实践基地有时候只是名义上的，并没有真正起到锻炼学生的作用。但值得肯定的是，国内高校已经越来越重视实践教学环节，并一直在努力和尝试，只是还需要对符合我国人才培养现状的实践教学环节的设置进行更多的研究与创新。

（四） 教学及考核方法

国外高校普遍采用案例教学法和启发式教学法等教学方法，运用也比较成熟。与国内采用案例教学法的不同之处在于，国外高校选取的案例一般都很新颖，而国内高校教师选取的案例虽然经典但偏陈旧，没有根据现代企业的发展及时更新案例内容。在考核方法上，国外高校采取的方式比较多样化，较早地把笔试、口试等因素纳入综合考评，学生的成绩构成不仅仅只参考期末考试成绩，而且与平时的课堂表现、提交的研究报告、出勤率等息息相关，国内高校在这方面做得也比较好，已经不再是以前的唯考试成绩至上，但在比例分配上还需要更多的经验积累。对比来看，国外高校在教学方法上更加注重学生平时学习，督促学生保持学习的连贯性与专注性，更加有利于提高学生的综合素质与整体能力。

第四节　中外高校经管类人才培养模式研究启示

人才培养模式的改进是高等教育的一项重要工作，是高等教育发展的重要内涵，也是高等教育改革的迫切需求。通过中外高校经管类人才培养模式的对比研究得知：改革开放以来，我国的高等教育无论在数量上还是质量上都取得了很大的进步，但总体水平还明显滞后于发达国家。大学生素质教育是高校人才培养必须考虑的问题，很多高校的管理者和老师都认为当代大学生素质亟需提升。我国高等教育人才培养模式改革已成为急需解决的理论及现实命题。

一、人才培养模式改革已成为世界高等教育改革的大趋势

随着经济、科技的飞速发展以及社会思潮的变化，高等教育面临的危机不断加剧，主要表现在教育思想和观念落后，并且长期以来学校重视智育而忽视德育、体育和美育。即使最为重视的智育也存在不少问题，如忽视学生自主性和创造性的培养；教学内容偏深偏难、陈旧重复，脱离生活和社会实践；在对教育成果的考核与评价上，奉行分数至上等。高校人才培养模式的弊端已经成为培养高素质、创新型人才的羁绊。当前的人才培养模式难以适应当今经济全球化对人才培养的要求，亟须进行改革和创新。

针对目前高等教育存在的危机和弊端，许多发达国家在高等教育的改革调整上做出了努力与尝试，比如开始重视学生的文化素质教育。各国基于不同角度和立场，都在逐渐地把大学生的人文社会科学教育纳入人才培养体系中，特别是价值观的教育。美国、日本等国家在制订教学计划时，越来越重视不同学科之间的融合，强调学科综合的重要性。

二、人才培养模式改革是引导大学生确立正确价值观的需要

随着科学技术的进步，人们获取信息的手段越来越多样化，各种价值观念和思潮并存于世，充斥于大学生的生活与学习之中。青年学生作为思想十分活跃的群体，他们的价值观体系并未成熟，在面对复杂的环境与问题时，时常会陷入矛盾之中，比较容易受错误观念的影响甚至毒害。

大学生人文素质的缺乏会直接导致人格的不健全，而人文素养又体现在方方面面。因此，人文素质的培养不仅应该融入人才培养的每个环节，而且也应该外化到校园的各个角落。学校需要营造一个充满人文气息的良好氛围，引导大学生树立正确的价值观，将加强素质教育作为学校可持续发展、培养真正高素质人才的手段。

三、人才培养模式改革是激发学生创造性思维的必由之路

创新意识是指人们根据社会和个体生活发展的需要，引起创造前所未有的事物或观念的动机，并在创造活动中表现出的意向、愿望和设想，是创造性思维和创造力的前提。所谓创新思维是相对于习常性思维而言的。它是一种具有开创意义的思维活动，是运用新的认识方法，开拓新的认识领域，开创新的认识成果的思维活动。具体来说，创新思维是以新颖独创的方法解决问题的思维过程，通过这种思维能突破常规思维的界限，以超常甚至反常规的方法、视角去思考问题，提出与众不同的解决方案，从而产生新颖的、独到的、有社会意义的思维成果。在大力提倡大众创业、万众创新的当今社会，高校必须将创新意识与创新性思维培养纳入人才培养模式，并积极执行。

▶ 第三章

工科院校"飞机型"经管类人才
培养模式建立与分析

高等教育的目的是培养具备较高的理论知识水平，可在推动经济发展和全人类的文明进步中发挥引领作用的优秀人才。高校肩负着人才培养的重任，而人才培养决定一个国家、一个民族的兴衰与成败。本章从"飞机型"经管类人才培养模式入手，循序渐进地阐释创新型经管类人才培养的特点。以素质教育理念为基础，基于大学生素质教育和职业生涯规划的"飞机型"经管类人才培养模式，可以为工科院校创新型经管类人才培养提供有益的参考。

第一节　工科院校"飞机型"经管类人才培养概述

在当前经济全球化形势下，我国经济发展速度放缓，进入了战略调整的关键时期，更加迫切地需要一批具有创新意识的现代经济管理类人才。高等院校作为人才培养的重要场所，理应承担起为国家和社会培养优秀的经济管理类人才的使命。① 目前，我国已经开设经管类专业的高校约占本科院校的90%。在这种形势下，工科院校如何发挥自身强势专业的优势，构建特色鲜明的经管类人才培养模式，不仅关系到工科院校综合实力的发展，而且关系到工科院校经管类专业的招生及就业前景。

---

① 张修志，周霞. 基于创新素质体系的高校经管类人才培养研究 [J]. 江西理工大学学报，2008 (6)：91-93.

一、明确工科院校经管类人才培养模式的必要性

随着全球经济的发展，具备创新素质和创新思维的人才在世界范围内越来越受到重视，各高校更加重视理论知识传授与实践能力培养两者的结合，侧重于实践能力培养的教育理念也逐渐渗透到高校的办学方针与日常管理中。哈佛大学作为世界顶尖高等学府，其毕业生以显著的独立思考能力、分析和解决实际问题的能力以及富有批判精神而著称。其毕业生所具有的这些能力恰恰也是现代社会发展所需要的高级经济管理类人才必备的素质。著名英国教育学家约翰·亨利·纽曼认为，大学教育的最主要目的不在于传授知识，而在于教会学生掌握理性地分析和思考问题的能力。德国教育家雅斯贝尔斯也有类似观点，他认为，大学是在传授理论知识的基础上，着重挖掘学生的主动性，培养学生的理解力、思考力、批判性思维。从以上观点可以看出，国外在创新型人才培养上的特点具有共性，即在强调学生要掌握基础理论知识的同时，也强调创新意识、创新思维和创新能力的培养，注重人的全面发展。

（一）通识教育与专业教育之间不平衡

学习的过程其实也是探究的过程，教师的作用不仅仅在于传递知识，也在于帮助和引导学生掌握学习方法、培养学生主动探寻知识和真理的能力。这种探究的过程在创新型人才培养过程中，着重体现在尊重个体的个性自由、全面发展，不限制思维的界限，这就需要学校设计一个内容足够广泛、学科范围足够宽泛的课程体系，实现通识教育与专业教育之间的平衡。但从工科院校经管类人才培养模式的现实来看，存在过度注重专业教育，对通识教育重视不够的问题，具体体现在课程设置中，如选修课门数较少、范围过窄，远远不能满足学生个性自由、全面发展的要求。

（二）重理论知识传授，轻实践能力培养

理论教学是实践教学的基础，实践教学是理论教学的延伸与转化，理论教学与实践教学相辅相成、相得益彰。创新型经管类人才培养不仅要求学生具备扎实的专业理论知识，而且要有运用理论知识分析问题和解决问题的能力，即在人才培养模式的方案设置中应有一定比例的实践学时与实践环节，有意识地培养学生的创新意识及思维能力。然而，大多数工科院校的经管类人才培养模式中实践类学时在总学时中所占的比例不到10%。

（三）教学方法单一

在国外知名大学中，课堂授课多以课程的难点、重点为主，其余课堂时间都交给学生自学或者讨论，更加注重挖掘学生的自主学习与思考能力，主要采用启发式教学、探

究式教学、苏格拉底教学法等教学方法。① 教师在有限的学时和课堂时间内鼓励学生进行讨论，各抒己见，培养学生的独立思考能力，引导学生去独立获取知识并在此过程中得到快乐。然而，我国高等教育的传统模式是填鸭式教学，尤其是工科院校经管类专业的人才培养，因缺乏实验室、讨论室、实习基地等，大多采用单一的课堂教学模式。

二、工科院校经管类人才培养和目标

（一）工科院校经管类人才培养的特点

我国工科院校经管类专业的人才培养与理工科专业相比，带有自身的特色与优势，主要表现为以下三点：一是较深的文化积淀与较好的人文素养。在我国大部分本科院校中，经管类专业是文理兼收的专业，因此学生的知识体系既有经管类专业学生特有的良好的人文素养和活跃的思维，又带有工科院校学生知识体系的严谨性与技术性。二是学生综合素质要求高。工科院校的经济管理类课程设置更加注重学生的分析和决策能力、团队合作能力、处理实际问题能力等的培养。通过实施科学、合理的人才培养模式，使学生自身的综合素质和综合能力得到一定程度的提升，使经管类专业更加富有生命力。三是专业的实践性较强。知识分为隐性知识和显性知识，经管类专业中隐性知识占比较大，而实践活动是把隐性知识向显性知识转化的有效途径，如工科院校的会计专业更加看重学生对会计实务的实践能力，以满足学校所依托行业对会计人才实践能力的要求。

（二）工科院校经管类专业的人才培养目标

经管类专业的上述特点使用人单位对高校经管类人才培养提出了更高的要求。目前，工科院校经管类专业的人才培养目标定位普遍表述为：掌握扎实的经济、管理类专业理论知识，具备良好的人文素养和综合素质，具有分析和解决实际问题的能力，有能力在政府部门、企事业单位等担任日常经济、管理工作职务的高素质、应用型和创新型人才。②

通过对培养目标的描述可知，工科院校经管类人才培养目标也应依据经济和社会的发展做到与时俱进，并根据社会发展对人才提出的更高要求做出适时调整。但工科院校的自身情况不同，人才培养的质量也有差别，对经管类专业的设置、课程体系等也应做出适当调整，使之更加符合自己学校的特色。

---

① 任钢建. 中美一流研究型大学本科课程设置之比较 ［J］. 比较教育研究，2006（12）：21 - 24 + 29.
② 李红革，罗登辉. 经管类创业型人才培养定位的理论分析 ［J］. 淮北煤炭师范学院学报（哲学社会科学版），2008（3）：59 - 61.

三、工科院校"飞机型"经管类人才培养的要求

工科院校经管类人才的培养是一个长期的、动态的系统工程，需要学校在宏观上和微观上为之营造一个良好的实施氛围，还需要不断借鉴国外先进的人才培养经验与理念。在研究工科院校经管类专业的特点和培养目标的基础上，本书提出了新形势下具备高素质的创新型经管类人才的培养思路，具体如下。

（一）搭建科学、可行的课程体系

从目前我国本科工科院校经管类专业的课程设置来看，课程体系和教学安排上普遍存在过于专业化的问题，经管类人才培养的课程体系设置应在重视通识教育课程（思想道德课程、传统文化课程和哲学艺术等课程）的基础上，强化专业基础课程（如经济学、管理学等课程）的教育，同时还要兼顾实践类课程的开设（校内外实习、实训等），增加创新创业类课程的开设（如技术创新学等课程），这些都是经济管理类专业相关的课程，在此基础上，鼓励学生主动选修部分工科专业的基础课程，以开阔眼界和拓宽思维方式。科学、可行的课程体系不仅可以帮助学生搭建起较为全面的知识框架，更能帮助学生积淀一定的人文类知识，培养其实践能力和创新思维，从而形成健全的人格。

（二）强调实践能力培养和个性培养

由于经管类专业具有明显的实践特征，所以在教学过程中要把学生的实践能力、决策能力和团队合作能力的培养放到重要位置。实践教学往往是我国高校教学环节中较为薄弱的一环，但企业又对学生的实践能力要求很高，要缩小培养现状与用人单位需求之间的差距，就应加强经管类专业的实践教学环节，无论是校内还是校外，学校都要为学生实践能力的培养提供机会。在注重实践能力培养的同时，不能忽视学生个性的发展，要为学生的个性发展提供平台和机会，尊重学生的主动性与能动性以及批判性思维与意见，针对学生的个体特点，制订差异化、个性化的教学计划。

（三）支持学生参与创新创业类竞赛

在校内，积极参与各类创新创业类比赛是培养学生创新素质的有效方式。通过此类活动，可以充分激发学生的创新意识与创新思维，使学生亲身感受创新精神的感染与鼓舞。高校也可以把大学生参与创新创业活动或竞赛纳入学分体系，并提供大学生创新创业基金支持、大学生创新创业学分奖励和研究生推免加分条件等一系列激励措施，激发学生对创新创业活动的兴趣。

（四）努力营造有利于创新型经管类人才培养的氛围

学生创新意识的培养受到校内、校外多种因素的制约。在校内，学校、学院要从

硬件设施、学术研究环境、教师素质等多个方面着手营造创新氛围；在校外，学校和学院要积极与企业取得联系，及时了解社会对人才的需求，共同营造良好的经管类人才培养的校外环境。

第二节　工科院校"飞机型"经管类人才培养模式构想

一、"飞机型"人才培养模式释义

采用什么方法能够将人才培养模式中的专业设置、培养目标、课程体系、教学安排等融为一体，将其中的知识结构、能力结构、素质结构的关联性及重要性阐释清楚是非常重要的。飞机结构模型（见图3-1），正是工科院校经管类专业人才培养所应遵循的模式。一般来说，工科院校的建校历史较长，具有各自的学科优势，如华北水利水电大学在全国大学综合排名中位列300名左右，是一所有66年校龄的老牌水利电力行业的特色院校。

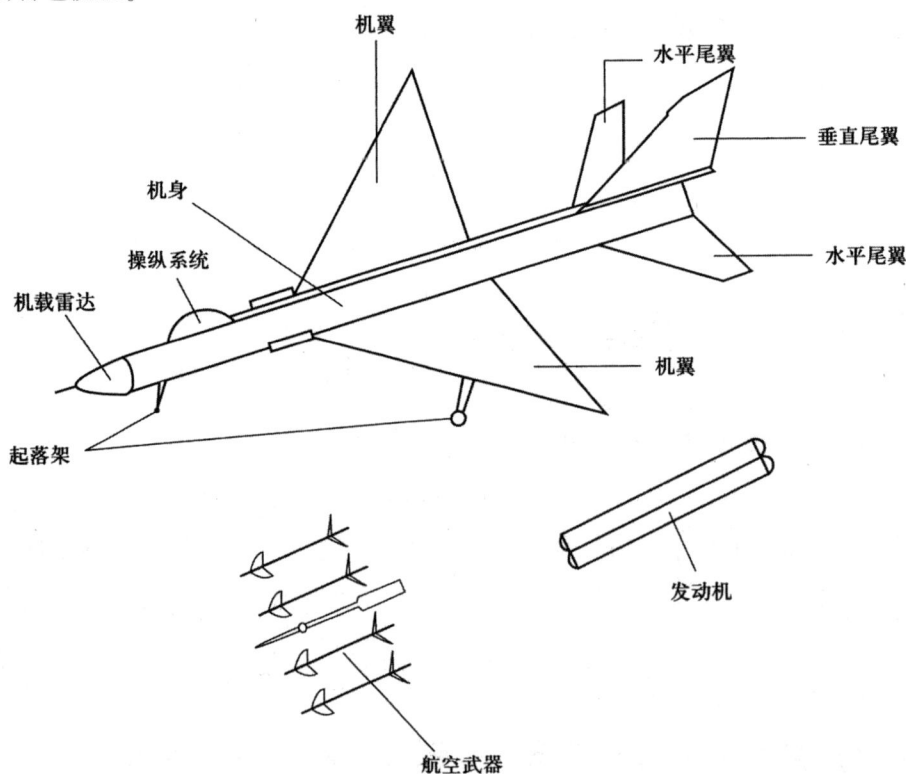

图3-1　飞机结构模型

如图 3-1 所示，飞机的主要结构为一体两翼、机头、尾翼。所谓的一体，好比人才培养的全过程，本书为其赋予更丰富的内涵，将素质教育比喻为整个机体。两翼就是理论教学与实践教学，既是人才培养这架飞机的翅膀，也是它的平衡仪，对飞机飞行的高度和距离起着关键作用。其中两翼分别装配发动机，航行过程中需要不断补充燃料供发动机运转。对人才培养这架飞机来说，发动机是学生自主学习的能动性，燃料是理论知识和实践技能的不断传授，也就是说，高校不仅要给人才插上翅膀，而且要不断给予人才腾飞的能量，即理论知识和实践能力的传授培养，它们是决定高校办学水平和可持续发展的动力源泉。机头装配由机载雷达、操作系统和起落架构成，机载雷达就是高校人才培养的定位，操作系统就是高校领导的管理及教师教学的水平，起落架是学校所属的档次或层级。由此可见，机头的三个组成部分在人才培养中具有非常重要的战略地位，决定着高校人才培养这架飞机的飞行方向、高度和距离。尾翼由两个水平机翼和垂直机翼组成，其中一个水平机翼象征高校毕业生对所在高校教学水平和素质培养能力的评价，即人才培养自我评价；另一个水平机翼则是用人单位对该校培养人才的实际能力的评价，两个水平翼是检验高校人才培养质量的天平，两者的评价分值双高，才能使高校这架飞机飞得又快又稳。尾翼的垂直机翼则象征高校人才培养质量的深度检验标准，即本科院校的考研率。一般来说，学校越好，学生考研的数量和质量相应就越高，则该校在学生心中和社会上的认可度、知名度、美誉度就越高。具体的"飞机型"人才培养构想如图 3-2 所示。

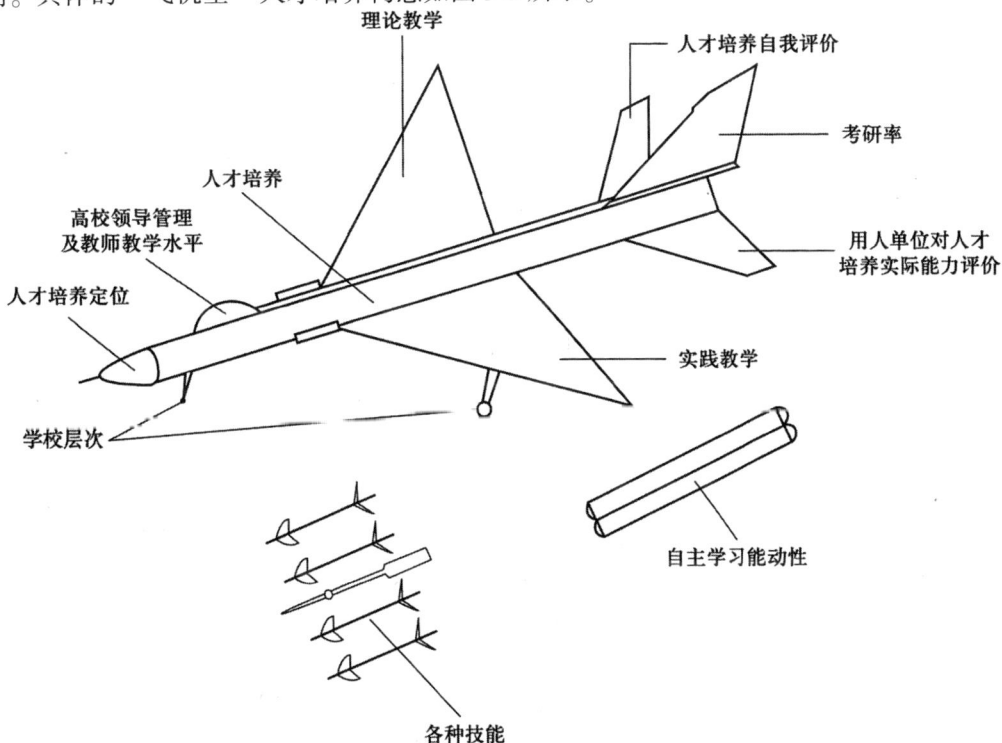

图3-2　"飞机型"人才培养构想

二、"飞机型"人才培养模式设计的原则

（一）坚持"整分结合，系统规划"的原则

本书以"飞机型"为载体，按照飞机机头、机翼、尾翼三个组成部分，将人才培养过程相应地分为大一学年、大二与大三学年、大四学年三个阶段，结合大学阶段学生成长的特点，运用系统工程理论的思想，坚持重点突出的原则，系统规划工科院校经管类人才的培养模式。

（二）坚持"以德树人，素质教育"为根本的原则

引领时代的高等教育机构应把素质教育作为自己的重要责任和使命，应有"先天下之忧而忧"的压力和担当。换句话说，必须在保证飞机安全的情况下才能起飞，否则飞得越高，对社会的危害越大。

（三）坚持"理论教育与实践教育比翼齐飞"的原则

高等教育是人才走向社会的关键环节，人才培养质量的好坏、水平的高低，最终由用人单位来检验和评价。因此高校人才培养方案的设计，应将理论知识培养和实践能力培养视为飞机的两翼，只有二者兼顾，才能比翼齐飞。

（四）坚持"以学生为本"的原则

人才培养必须充分考虑人的性格、成长规律等。17—22 岁的大学生正处于小大人阶段，所谓小大人，即自己认为自己已经成人，什么都懂，但其心智并未发育成熟，尤其是世界观、价值观尚处于不稳定期，需要通过高等教育进一步强化。因此，本书认为高校对大学一年级新生要做的第一件事，就是帮助其进行大学生涯规划，这是机头，决定着人才发展的方向。除此之外，本书结合大四学生的特点，根据尾翼的形状，提出大四学生应分类指导，旨在解决学生就业、创业、考研的实际需要问题。

第三节 基于素质教育的"飞机型"经管类人才培养模式

一、问题提出

改革开放 40 多年来，我国高等教育发展取得了巨大成就，但高校人才培养模式仍

然存在诸多问题。教育主管部门不断地提出改革措施和意见，社会各界也从各自的视角为高等教育的改革建言献策。

（一）人才培养理念需进一步调整

在我国，素质教育已经推行多年，在人才培养理念上一直较为推崇"社会本位"的理念，以及向"学生本位"模式转变的理念。"社会本位"理念认为人才的培养和人的发展与社会和国家的发展之间是辩证统一的关系，人的发展最终应该是促进社会和国家的发展。主张教育目的应根据社会要求来确立。教育的目的在于把受教育者培养成符合社会准则的公民，使受教育者社会化，保证社会生活的稳定与延续。学生本位是人的教育学中的重要命题，它的意义在于确立了学生是教育的原动力和根本。但是实际上，我国的人才培养理念多呈现的是与"社会本位"和"学生本位"理念相悖的"教师本位"和"管理者本位"的特点。① 这种人才培养理念在对人才进行培养之前大多已经有了自己设定的框架，无法真正地做到以"社会本位"理念为指引，也不能体现向"学生本位"模式的转变。因此，我国人才培养理念需进一步调整。

（二）通识教育与专业教育缺少结合

通识教育与专业教育的结合一般表现在三个方面。一是学科综合发展。具体来说，就是学校根据学科间的内在联系把不同学科融合在一起，从而形成一门新的学科。这样不仅可以增强学科之间的交流与融合，扩展单一学科的宽度与广度，而且可以促进学校通识教育与专业教育之间的结合。二是选课制度与学分制度综合发展。即学生在入学后不按专业分班，大一、大二两年没有固定的院系和专业，主要学习通识类课程，夯实学科基础，大三、大四两年，学生在对不同学科和专业有了充分了解的基础上，再根据自身兴趣做出专业选择。三是产、学、研综合发展。高校要积极寻求与科研院所、企业之间的合作机会，为学生的发展提供更广阔的平台，这样可以使学生所学知识与社会和企业的真实需求联系得更加紧密，帮助学生提高自己的综合能力与素质，有助于使通识教育和专业教育真正结合。

（三）人才培养缺少主体性教育理念引导

从哲学角度分析，社会决定着教育的方式与方向，而人才的培养效果如何又是社会环境与高校教育共同作用的结果。有人说，高校类似一个大工厂，每个入学的学生都是等待被生产和加工的产品，如果这个比喻成立，就说明学生在经济社会生活中、在受教育的过程中以及在自身的发展中缺乏自主性与能动性，学生只是等待被加工成

---

① 李治，杨杏芳. 我国大学人才培养模式历史演进的"四阶段论"——兼及"后素质教育阶段"的提出与开启 [J]. 黑龙江高教研究，2010（2）：131－134.

成品的原材料而已，这样培养出来的学生缺乏鲜明的个性，对各种现象的看法必定是人云亦云，不具备独立思考与独自分析问题和解决问题的能力，更不可能具有批判性精神与怀疑精神。目前看来，让学生成为自主学习和自我发展的主人，无论是在理论探究上，还是在现实的人才培养中，都还有很多工作要做。

二、模式设计

笔者在以素质教育为基础的人才培养模式指导下，结合自己多年来在教学工作中的经验，以飞机形状为载体，对大学人才成长轨迹进行阶段划分，提出"飞机型"经管类人才素质教育模式。该模式以素质教育为机身，以理论素质类课程和实践素质类课程为两翼，以就业、创业、考研类素质教育为尾翼，其目的是将大学人才培养阶段与飞机结构相对应，划分为大一、大二和大三、大四三个阶段，并对应于机头、两翼和尾翼。根据飞机模型的形状，结合高等院校素质教育的需要，笔者提出"飞机型"人才培养素质教育三段论。所谓三段论，是以素质教育为主线，将飞机结构分为机头、机中、尾翼三部分，机头对应大一、机中对应大二和大三，尾翼对应大四。

三、模式分析

大学生的思想和心理不断发生变化，不同年级、不同专业的学生有不同的特点，他们在不同阶段面临的问题和思考的问题也不同，这些差异对学生的思维方式与人格塑造有着不同程度的影响。本书基于大学生四年内不同阶段的特点，将"飞机型"经管类人才素质教育模式划分为大一、大二与大三、大四三个阶段。

(一) 第一阶段：大一

1. 大一学生的特点

大一学生刚刚从高中进入大学，思想普遍比较单纯，同时他们的可塑性也比较强。这个阶段学生的特点可以概括为：新奇、迷茫、渴望。

新奇二字，可以分开来讲。新即校园环境新和专业新，大一新生没有专业概念，对土木工程、机械制造、环境工程、会计学等专业的理解仅限于字面意思。奇有两种解释：一是大学生活与中学生活相比，再没有教师跟班和家长的叮嘱，校园到处都是社团招新的宣传台，自己可支配的时间和选择很多；二是教师授课方式与中学阶段大有不同。大学阶段每门课只有 32 学时或 48 学时，并且在每个学期的第 8 周或第 16 周就结课，教师对知识的讲解也更为灵活，不像中学时一个知识点要反复练习很多遍。

所谓迷茫，就是面对生活环境、教师、同学、学习方式等的改变，大一学生在学习环境、学习方式、人际关系的处理中很有可能会出现不同程度的不适应与不习惯，这些问题会使个别新生短期或较长时间处于苦闷、焦虑和不安的状态，有的学生甚至会出现心理障碍。还有一部分学生可能会因为参加过多的社团而无法均衡学习与社团活动的时间，严重影响学业。

渴望因迷茫而起，大一新生需要老师帮助其了解专业相关知识及问题，如所学课程、就业前景等；需要老师帮助做出具体到"德、智、体、美、劳"的大学四年规划；还需要老师指导他们如何参加社团活动。另外，对大一新生影响最大的是其学长，友爱的学长可以向新生传递向上的、积极的生活态度和良好的学习习惯，而有些学长则会向新生传递一些消极、悲观的学习生活态度。

2. 大一学生素质教育的责任划分

从学校层面来看，素质教育是高校办学理念、使命和目标的体现，同时也是社会评价的重要指标。良好的校风来源于广大师生的共同维护，因此，学校应高度重视大一学生的素质教育，引导大一学生有一个好的开端，促使其良性发展。

从院系层面来看，应做好新生及家长见面会，向新生和家长宣传院系的办学理念、目标、定位，过去的成绩、现在的状况、未来的发展；组织做好专业介绍，让学生对学校各专业有一个感性的认识，一定要让学生了解专业的师资、往届学生的就业状况、未来的社会需求等，调动学生对所学专业的兴趣和信心。

从班导师和辅导员层面来看，班导师和辅导员要尽快了解每个学生的入学情况、性格特点、家庭状态等，帮助每位学生制订大学四年的学习、生活规划，并将素质教育内容融入规划。该规划由班导师、辅导员每人保存一份，作为每学期、每学年学生考核的依据。

3. 大一学生素质教育的课程设计

大一学生素质教育课程分为两部分。第一部分是开展读书活动，其目的是丰富学生的内涵，激励学生继续保持中学时期的学习劲头，沉淀学习的心智，在书中寻找精神食粮，激发其向上拼搏的斗志，为大学生涯规划（即机头）奠定基础。例如，学校可以列出几百部推荐阅读的优秀励志作品，要求大一新生每人从中至少选两部进行阅读，然后在全校范围内分别以院系、学校为单位汇总学生选读情况，并在学期末对读书情况进行考核。考核办法由学校参照毕业生优秀论文推举办法，按学生比例划分学校、院系优秀指标和一、二、三等奖指标，院系根据指标再对各专业的读书情况进行考核，评出学院内一、二、三等奖，由获得院系内一等奖的学生代表所在院系参加校级读书汇报。这样考核的目的是引导学生自主学习，在学校形成良好的读书氛围。第二部分是制订大学生涯规划。良好的开端等于成功的一半，大学生涯规划作为大学生培养的航向标，能够指引、鞭策学生朝着健康、向上的前程奔跑。大一学生的第一门素质课应该是大学生职业生涯规划课程，课程应安排在大一第一学期，课程性质为必修，考核方式为考查，考查内容为每人上交大学四年生涯规划。大学生职业生涯规划课程应由学校创新创业学院老师以专题形式举办讲座，考核结果同时备案各院系年级辅导员和班导师，作为今后指导学生的依据，学生每学期可以调整一次规划方案。开设大学生职业生涯规划课程有两个目的：一是引导学生做一个有理想、有道德、有计划的大学生，不至于碌碌无为、虚度时光，辜负社会、家长的期望；二是便于学生管理，时刻提醒学生要完成规划目标，当学生犯错误时辅导员也可以用规划书来鞭策他们。

（二）第二阶段：大二与大三

1. 大二与大三学生的特点

大二与大三学生的特点可以概括为：心态稳定、两极分化。该阶段的学生基本适应了大学的学习与生活，大部分学生开始对自身定位，有初步规划的发展目标，但是他们在发展上会表现出不同层级，其学习成果、学习目标、学习态度以及人际关系的处理等方面开始产生差异。大多数学生的思想可以保持在一个较为稳定的状态，由于他们感受到与周围更加优秀的同学之间的差异，因此会更加积极上进，自我表现和寻求进步的愿望非常强烈。但个别同学，因为大一时期调整不到位，养成逃课等不良习惯，最后因挂科过多而变得自暴自弃。

随着专业课的开设，学生慢慢对所学的专业有了更深的感悟，有了学习的目标，从而开始潜心专业学习。在这个阶段，学生的活动范围也更加宽泛，他们会热衷于参加各类社团活动，人际关系也变得更加复杂，与别人发生冲突的可能性也更大，与异性之间也有了更多的接触机会。

在学习上，随着奖学金的评定及英语四、六级等考核机制的实施，一批成绩优秀的学生脱颖而出。其中一部分学生开始有了考研、获得更高奖学金的愿望，学习的动力越来越足，表现越来越突出。同时，也有部分学生因为挂科过多，学分绩点过低，受到处分。其中一些学生对此感到苦恼、苦闷、精神压抑，严重的甚至出现心理疾病，这时如果不能得到及时、正确的引导，后果不堪设想。

在思想上，在面对现实问题的时候，他们更加倾向于独立分析与思考，可以提出自己的见解，独立性和自主性得到增强，更加关注自己的个性与能力发展。在人生目标设定上，学生一般面临着考研、就业、创业和出国等不同道路。他们在确定自己的目标之后，会不断地采取方法去实施并且强化自己的理想与信念，提高自己的综合素质以达成目标。相对地，学生对集体活动的参与度会降低，集体意识也会减弱。在工作与社会实践中，大二与大三年级的学生一般可以在各类社团组织中担任主要成员，甚至成为学校和院系文体活动的主要组织者。

2. 大二与大三学生素质教育的责任划分

从学校层面来看，其应该尽可能地创造条件让学生有改过的机会，例如进行补考、重修。但还是要告知学生尽量做到防患于未然，亡羊补牢虽未晚，但时间成本和机会成本也是相当大的，需先衡量轻重缓急再做选择。学校应制订管理、激励政策，并将其实施到位。

从院系层面来看，其应加强教学管理、学生管理，制定各种措施促使教师提高讲课质量与水平，指导学生创新创业训练，树立优秀教师的形象；在学生中开展优秀学习标兵班、优秀学习标兵个人的评选，建立一对一帮扶制度，形成良好的学习氛围；对个别存在问题的学生进行重点谈话，想办法、出措施，帮助他们走出困境，最大限度地拯救每位"问题"学生。

从辅导员、班导师层面来看，其应经常跟班听课，常到学生班级、宿舍走访，深入学生团体，了解学生需求，力争把学生问题解决在萌芽状态，做好学生思想工作。大二与大三班导师的中心任务是引导学生学好专业课，在业余时间为学生专业课学习排忧解难，并指导学生规划大四及以后的继续学习和就业创业问题。

3. 大二与大三学生素质教育的课程设计

大二与大三阶段的素质教育课程在强调"德、智、体、美、劳"全面发展的基础上，更突出"智"。一方面，读书活动应该继续坚持，但书目的内容和要求应稍做调整。书目应该由本学期开设主要专业课的老师把关，学期末由该专业课老师考核，考核结果可记入该课程平时成绩。大二与大三学生大部分有考研、考公务员或参加其他社会化考试倾向，在读书内容方面可给予推荐。另外，为了促进学生专业实践，应针对大二与大三学生开设创新创业类课程，鼓励并帮助学生积极申报大学生创新创业项目，为将来就业或考研做准备。

（三）第三阶段：大四

1. 大四学生的特点

大四学生的特点可以概括为焦虑、恐慌、压力大。大四学生思想较为成熟，对社会问题的观察和思维能力有很大提高。个别学生由于前三年虚度或浪费时间过多，回想起来什么都没学会或收效甚微，焦虑毕业后什么也不会做；选择考研的同学，或因着手较晚，准备不充分，或因考研的人数越来越多，录取分数线越来越高，心里没底，恐慌；选择就业的同学，因就业形势严峻，一场一场参加招聘会，简历投了不少，回复的却不多；参加社会招考的同学，要么报不上名，要么审核通不过，好不容易通过，笔试一关却过不了，即使艰难过了笔试，面试时强手如林，更是难上加难；选择创业的学生，由于没有资金、缺乏经验，小事不愿做，大事做不成。上述种种问题使学生的压力很大。大四学生在感情问题上也由原来的盲目、好奇走向冷静、理智，开始注重爱情与实际情况相结合，分析成功的可能性，从而选择继续或终止恋爱关系。

总之，大四学生与其他年级学生关注的重点不同，他们在心理上常常会陷入矛盾，对理想中的自己与现实中的自己之间的差距时常感到焦虑，部分同学会出现不同程度的心理问题。再加上临近毕业带来的就业压力，学生对自己的未来不能确定，对前途感到担忧和害怕，因此心情会有较大的起伏。大四学生的集体主义观念会出现弱化，对于社团活动的热情不似从前，同学之间也由于研究生推免名额、就业机会、考研等因素展开竞争；部分恋爱中的男女学生情感若即若离，充满恐慌；在临近毕业后期，大四学生又因为同窗情谊即将结束，彼此相互依恋，同学关系又渐渐趋于和谐状态。总之，部分大四学生会出现焦虑、恐慌、压力大的情况。

2. 大四学生素质教育的责任划分

从学校层面来看，其主要职责是搭建学习、就业平台，营造学习、就业氛围。学校有责任为学生就业、创业、考研、考公务员等进行大量宣传，提供尽可能全面的信息，举办就业招聘会，进行考研、就业、创业指导等。从华北水利水电大学往届毕业生反馈的意见看，学校很少举办针对文科类学院学生的就业招聘会，个别学院会举办专业对口招聘会，但影响有限，经管类专业学生的签约大多是通过其他高校举办的招聘会选择就业单位。

从院系层面来看，其主要职责是有针对性地对外自我宣传、自我推介。由于工科院校管理与经济院系大多成立时间较短，校友资源远远不及工科院系，因此院系主动自我推介、宣传的作用就显得十分重要。院系应主动联系校友所在单位，发动教师为学生提供就业信息；以院系名义召开经管类人才招聘会，集中宣传、推荐院内各专业学生；分类指导学生就业、创业、考研等。

另外，高不成低不就也是大学生就业困难的主要原因之一。院系应根据当年的就业形势，对学生进行就业教育，帮助学生进行就业定位、复位、到位。创业对学生来说不是一件容易的事，需要资金、经验、人脉的积累，院系应支持、指导学生理性创业、科学创业。考研对学生来说既是深造本专业的机会，也是二次选择专业的机会。有人说研究生就是"延就生"，也就是延迟就业的学生，此观点不无道理，但也不全部正确。知识改变命运，也许是现在也许是未来，也许是显性的也许是隐性的，这部分学生有上进心，想通过考研学到知识，想通过考研改变命运，院系应大力为考研学生提供指导，提供考研学习教室等。

从辅导员、班导师层面来看，他们的主要职责是鼓励、争取、服务。所谓鼓励就是鼓励学生结合自己的特点、优势，做出适合自己的就业、创业、考研选择，鼓励学生勇敢地朝着既定目标努力。所谓争取就是对学生提出的合理要求和需求积极向院系反映，在院系力所能及的条件下争取满足学生需求。所谓服务就是做好学生的后勤保障工作，辅导员要多关注学生的心理健康，给予学生精神支持，班导师要多关注学生的学业情况，帮助学生完成学业，做学生考研的咨询、指导老师。

3. 大四学生素质教育的课程设计

针对大四学生的特点，学校应根据学生需求，分阶段、有针对性地开设素质教育课程。对于就业创业的学生应开设大学生就业创业类课程，指导学生如何就业创业，这些课程不仅指就业创业一门课程，还应包括就业创业心理辅导、职业生涯规划等。

对于考研学生应开设考研学习技巧、笔试和面试技巧、文献检索能力培养等指导，为学生日后的学习、就业等服务。大四第一学期，培养方案不适合再安排过多的理论授课。从以往的经验看，大四第一学期学生出勤率只有1/2—1/3，甚至更低，即使强迫学生到教室去，很多学生也无心听讲，就算坐在教室里也是学习考研、就业的资料。如果能结合学生的就业、创业、考研的需求，安排与之相关的课程，并把该课程记入培养方案的素质教育类积分，既能解决学校管理的难题，又能为学生就业、创业、考研提供帮助，即可实现学校、学生双赢。

第四节　基于职业生涯规划的"飞机型"经管类人才培养模式

一、模式构建

职业生涯规划是一个人成长的基石。对于大学生来说，他们虽然没有从事过具体的职业，但是需要为未来从事的职业做准备，这时引入职业生涯规划不仅能为大学人才培养指明方向，而且能激励大学生更科学、更合理、更充实地度过大学四年的学习生活。本书把经管类人才的特点、大学教育的特点与职业生涯规划理论结合在一起，将经管类专业人才培养模式设计成"飞机型"的构架，如图3-3所示。

图3-3中，机头是定义理想自我，确定个人和专业的期望与目标，即学生的学业及未来职业生涯规划。以该规划引导学生结合自身的优势，选定专业并激励其学习的积极性，根据学生的个人爱好及专业技术需求，有针对性地培养未来职业发展需要的素质及能力。

本书重点强调诚信培养。诚信对经管类人才培养尤为重要，诚信是做人、做事的基础，唯有诚信才能形成良好的生活态度、职业操守与团队合作精神等。因此，本书将诚信定义为基于职业生涯规划的"飞机型"经管类人才培养模型的机身或脊梁。

右翼为"自身优势在哪里?"学生以现实自我与理想自我的分析为起点，确定具体的学习与发展规划，即四年中应该达到的短期、中期、长期目标，并制订每个目标应该采取的对策或措施，通过实施不断反馈和自我评价形成现实自我，缩小现实自我与理想自我的差距，最终形成完整自我与真实自我。左翼为"哪些技能、能力和行为我可以实验、练习和运用? 我应该对哪些新的观点和感觉进行反思?"尾翼是根据大四学生就业、创业、考研需要，以分类指导形式进行专题教育或讲座。这样一来，围绕机身形成左翼、右翼、机头三角环。

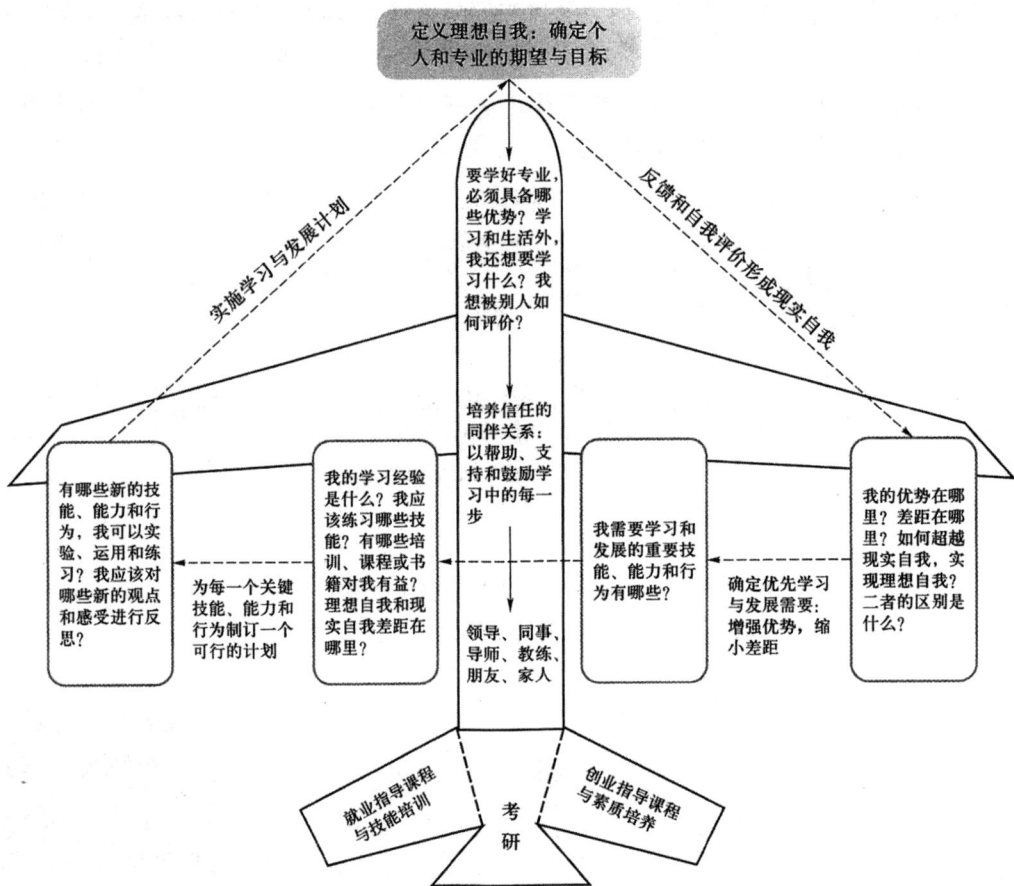

图 3-3　基于职业生涯规划的"飞机型"人才培养模型

二、模式实施

职业生涯规划理念在国外已经经过了多年的实践与发展，在经管类的人才培养中引入该理念是可行且必要的。但职业生涯规划是一个长期的、动态的系统工程，在设计与实施过程中需要根据自身条件和环境的变化适时调整和完善。从实施的角度看，可从以下四个方面进行设计：

（一）培养模块的设计

长期以来，我国高校在人才培养模式上以课堂教学或课程学习为主，以实践类课程的培养为辅助。从笔者多年的教育教学与管理经验来看，该模式的弊端越发明显。在这种模式下，学校对学生的实践能力培养并没有设定目标，学生只是被动地接受学校或学院为其安排的课程，即使开设选修课，可选择的课程和学习内容也非常有限。引入职业生涯规划的理念，可改变传统的划分培养模块的局限性，以学生自己制定的职业生涯规划为依据，教师加以调整和修改，尽量保证每个模块之间联系紧密，逻辑性与可行性强。徐志培将人才培养素质教育设计分成以下几个培养模块：目标设定模块、自我认知模块、环境感知模块、能力培养模块、评估调整模块。每个模块中开设的课内外课程数量是学生需要修的学分 1 倍以上的相关课程，让学生自由选择，这样才能充分照顾到不同学生个体之间的差异性，尊重学生的个性发展并给予平等地接受教育的机会。

（二）课程体系与教学内容安排

在充分了解经管类各专业学生的自身需求与社会需求的基础上设计的培养模块，是基于职业生涯规划的经管类人才培养模式得以实施的基础，需要安排与之相适应的课程体系与具体的教学内容，这是该模式实施是否有效的关键所在。在设计经管类人才培养的课程体系与教学内容时，应先借鉴国内外的成功案例，根据校内学生的基本情况和知识掌握程度，结合社会与企业的实际需要，紧跟时代步伐。根据上述思路，构建的基于职业生涯规划的经管类人才培养模式课程体系，如表3-1 所示。

表3-1　基于职业生涯规划的经管类人才培养模式课程体系

教学模块	教学方式	内容安排	培养目标
目标定位模块	课堂教学与非课堂教学	专业介绍、行业了解	树立短期职业目标
	体验实践教学	设定大一的短期目标	考评目标执行效果
自我认知模块	课堂教学与非课堂教学	心理学、哲学、历史、职业规划、文学、情绪管理	用唯物、辩证的眼光客观评价自己
	体验实践教学	集体活动、社团活动、拓展训练、体育锻炼	作为经管人的自我认识
环境感知模块	课堂教学与非课堂教学	时事政策、经济学、科学技术基础、管理学、法律	从学校、社会等角度增强对环境的感知
	体验实践教学	岗位实习、跨学科跨专业学习	在实习、实训中培养对环境的感知力
能力培养模块	课堂教学与非课堂教学	自主性与独立性培养、语言能力课程、人际交往能力课程、创造创新能力课程	全面提升综合能力与综合素质
	体验实践教学	公关礼仪训练、大学生竞赛、职业资格考试	在能力培养中感受自己的差距与进步
评估调整模块	课堂教学与非课堂教学	信息收集与处理理论、战略规划理论、目标管理理论	掌握评估与调整规划的方法
	体验实践教学	毕业前开展专项培圳	提供毕业前的调整机会

根据不同的教学模块设计的课程体系与教学内容的安排，在实施过程中各个模块

之间要遵循信息和教学成果合作、共享的原则。华北水利水电大学管理与经济学院共开设了经济学、会计学、工业工程、市场营销、物流管理、国际经济与贸易、信息管理与信息系统 7 个本科专业。在课程体系上各个专业并不是孤立存在的，课程之间有很强的关联性，信息与教学经验之间是共享的，而不是 7 个专业各自为政。这样可以对教师、教学经验、教学资源等进行最大限度的整合，这对该模式的实施十分有益。

（三）考核体系设计

在教学模块、课程体系和教学内容达成一致的情况下，合理有效的考核机制是监督和促进该模式实施的有效措施和必要保障。传统的考核方式大多采用考试或考查形式，在这种方式下，教师的主观性与学生的偏好程度会影响考评结果，缺乏客观真实性，因此，需采用多种有效的考核形式。另外，工科院校经管类专业的素质类课程应充分发挥文理工多学科交叉的优势，如工科优势专业基本知识采用考查形式、数学建模采用比赛形式、名著阅读采用演讲形式、创新创业采用实地考察形式等。职业规划导向的经管类本科创新型人才考核更应该体现考核的效果和目标性。本书借鉴徐志培提出的基于职业生涯的经管类人才培养模式考核体系，① 如表 3-2 所示。

表 3-2　基于职业生涯的经管类人才培养模式考核体系

教学模块	考核方法
目标定位	根据学生现阶段发展情况和入校时的规划进行对比
自我认知	课程论文、读书笔记、同学互评、导师考核
环境感知	每周学习、心理记录、热点解读
能力培养	闭卷考试、开卷考试、小组作业、调研报告
评估和调整	实习单位反馈意见、自我分析报告、成员互评报告

可根据需要灵活选择各课程考核方式，但需要做到客观公正、各个指标明细具体、执行统一、激发学生学习热情、提高学生自学能力。

（四）营造良好的培养环境

经管类本科创新型人才培养要"道、势、术"并重。所谓"道"是用以说明世界的本原、本体、规律或原理。所谓"术"是指技艺、技术、学术以及方法、策略。所谓"势"通常可以表示静态的或动态的事物演变趋向。"道、势、术"三者的关系是：术是具体的、实践的道，道是基本原理，术是方法论，而势则是动态变化的趋势，借助道认识势，通过术改变势。由此可见，"道"与"术"字面意思很容易理解。经管

---

① 徐志培. 经管类应用型人才培养路径初探——基于职业生涯规划视角 ［J］. 商业文化，2014 （29）.

类人才培养中的"势"主要指经济管理类学科和专业涉及的行业与企业的发展趋势，以及与经济管理类学科与专业涵盖的与企业发展具有密不可分关系的社会、经济、文化发展的大趋势。

学生进行职业生涯规划过程中，环境的分析是十分重要的一环，要想使基于职业生涯规划的人才培养模式生效，学校就要对传统的、不合时宜的教学环境进行改变与替换。这种改变主要可从学校与学院顶层设计、师资队伍建设、人员配备三个方面进行考虑。高校教学模式的改革是一项牵一发而动全身的系统工程。对学校、院系的顶层设计来说，并不是依靠一两位领导或者教师的努力就能实现的，要在学校、院系领导班子的高度支持下和正确领导下，加上一批优秀的教师队伍倾注心力地付出才可以完成。在师资队伍建设上，学校、院系应该深刻理解学校的人才培养目标定位，在此基础上，鼓励广大教师加大对教育教学的投入，而不是将大部分的精力放到科研项目上而忽略了教学的本职任务。学校也不应唯科研成果至上，应对教师考评体系做出适当调整，引导教师树立正确的价值取向，让教师们感受到职业的使命感与荣誉感。在人员配备上，工科院校经管类专业应有意引进或配备理工科背景的教师，为复合型经管类人才培养奠定基础。除此之外，在以职业生涯规划为导向的经管类人才培养模式实施中，院系要组建起一支专业水平高、对教育事业忠诚度高的优秀教师队伍。因为在以职业生涯规划为导向的人才培养模式中，课堂教学可能仅需几个或十几个学时，课下跟踪活动需要投入很多时间与精力，需要有一定水平和经验并且具有责任心的教师根据学生对规划的执行情况及时做出指导与修正，这是保证该模式得以实施和成功的关键。

我国个别高校虽然已经采用了数年的班导师与辅导员共同培养模式，但是作用却不十分明显。究其原因：一是班导师与辅导员责任分工不明确；二是部分班导师是刚刚毕业的博士生，仅仅担任该专业的某一门课程，但对专业的整体把控能力欠缺，由此导致不敢、不愿、不能很好引导学生；三是辅导员队伍年轻化且所学专业不一定是经管类，最主要的原因是待遇较低、管理体系不顺畅，没有与辅导员上升空间对应的职称或职级。这些原因将影响基于职业生涯的"飞机型"经管类人才培养模式的实施效果。在教学资源的配置上，应彻底扭转经管类专业完全不需要各类软硬件设施和资源的错误理念，应结合现代经济发展及办学的需要，加大教学设备投入，这样才能为经管类应用型、创新型人才培养创造条件及环境，如建立仿真模拟实验室，配备高效能的实验软件，加强校内外实习、实训基地建设等。

▶ 第四章
工科院校"飞机型"经管类
人才培养模式实施

人才培养应以符合时代发展需要作为出发点，与时俱进地调整人才培养模式，加大对教育理念、教学方法和教学管理等方面创新与改革的力度。本章在对工科院校"飞机型"经管类人才培养模式的实施原则进行研究的基础上，重点对该模式下学校（学院）的发展路径进行研究，以期更好地指导实际操作。

第一节　"飞机型"经管类人才培养模式的实施原则

一、实践性原则

认识来源于实践，实践是检验真理的唯一标准。所谓实践性原则，就是人们在激发自身创造性思维的过程中，必须以实践促进思维能力的发展，也必须在实践中检验思维成果的正确与否。如果没有实践，创造性思维的发展就会失去源泉，也就不会产生创造性思维。认识如果脱离了实践，与之有关的原则与思维方式都将是无源之水、无本之木，思维的跳跃性会变成没有根据的主观臆想。因此，实践性原则是培养创造性思维和创新意识的根本原则。

人才的发展很大程度上也依赖于实践，因为学习内容主要来自人在生活和工作中解决实际问题的经验，而解决问题的过程也就是实践的过程。学习在本质上也是一种实践活动，学生的学习与发展应该基于实践，在学习实践中获取知识，如以问题为本的学习、案例学习和服务性学习等。"飞机型"经管类人才培养模式将理论知识传授与实践能力培养视为飞机的两翼，旨在强调两者同等的重要性，纠正经管类人才培养简单易行的错误理念，凸显创新创业能力需求的时代特点。

二、主动性原则

主动性是由个体的内心真实需求、动机和价值观等因素共同驱动的，个体依据自己设定的目标采取行动，而不是在外力的督促下被动接受。主动性是学生发展的动力和源泉，只有学生发自内心地想学习、想进步、想得到良好的发展，并为达到这些目标主动地去寻求方法和途径，才能得到积极的发展效果。倘若学生自己没有意识到学习的重要性，即使外力的推动作用再强，也无法进入学生内心。为了激发学生的主动性，引导其有效、快速地进步，需要学院和教师采取各种方法调动学生的积极性与主动性，充分发挥学生的主体作用，并最大限度地开发与调动学生自身的发展动力。

为了实现主动发展，学生需要遵循以下步骤：①确定自己理想中的长期、短期发展目标；②冷静、客观地审视自己，认识理想中的自己与现实中的自己之间的差距；③根据差距大小确定应该为之付出努力的方向；④确定方向之后制订具体的、切实可行的行动计划；⑤执行自己制订的计划。上述 5 个步骤，都需要学生积极、主动地完成，教师和家长是无法替代的。换句话说，主动性要求学生素质全面发展，达到自我规划、自我管理、自我调控的水平。"飞机型"经管类人才培养是以学生自我发展为理论基础、以学生素质教育为根本、以职业生涯规划为导向的创新模式，因此，主动性原则是该模式实施的前提、基础和动力。

三、相关性原则

每个个体都不是孤立存在的，学生在学习过程中也需要与同学、老师互相学习、互相切磋才能更快进步。学生周围的相关者，比如同学、老师、家长、朋友等是帮助其进步的源泉之一。这主要体现在三方面。其一，人与人之间的关系会影响并改变人。"人们获取知识和一般性的理论不是靠一己之力就能实现的，而是要依靠个体周围的群体相互影响才能达成。"其二，周围的人是一面镜子，可以帮助自己更加清晰地认识自我与改变自我。通过与他人的沟通与交流，可以帮助自己突破狭隘的视野。每一次与他人进行的有意义的、深入的交流与探讨，都会使学生离理想中的自己更近一步。其三，与他人的互动和交流有助于新知识的产生，真理越辩越明，有益的观点只有通过互相传达、互相探讨、互相交流才能产生。

要推动学生持续、有效地发展，就需要采取措施推动学生之间的交往、互动与对话，维护健康、值得信赖、和谐的氛围，打造活跃、互助的学习共同体，使学生能够得到家长、教师、同学和朋友等的支持和帮助。"飞机型"经管类人才培养是一个强调多方合作、相互辉映的创新模式，本书对学校、学院、教师、辅导员等主体的职责进行了划分，对家长、同学和朋友对学生成长的影响进行了概述，这些充分说明人才培养过程的复杂性和多因素性。

四、科学性原则

科学性是判断事物是否符合客观事实的标准与依据。科学性原则是一种普适性原则，具体来讲，人才培养模式的设计一定要按客观规律办事，正确处理主观与客观、理论与实际、传统经验与现代教育科学之间的关系。"飞机型"经管类人才培养模式实施的科学性原则包括现代教育思想、准确的教学目标和科学的教学过程，其基本要求有以下两方面：一方面，必须认真按教育教学及人才成长规律办事，严格执行教育行政部门颁布的学科、专业建设规章制度与条例，根据社会对经管类人才的需求制订切实可行的教学大纲与教学计划；另一方面，规范课堂教学与实践环节，采用多种教学方法及实践手段，确保"飞机型"经管类人才培养模式的实施效果。

五、激励性原则

在学生发展过程中，外部环境的支持与激励是学生发展的助推器。在学生自主学习和发展的过程中，如果外部环境能够随时提供方便的服务、积极的支持和有效的激励，也就为学生学习和发展营造了一种良好的氛围，即形成一种助力场。该助力场对学生的学习和发展能够起到铺垫、烘托、加温和推进的作用，能够为学生学习和发展排除障碍，添加动力。

要使学生的学习与发展快速并且高效，就必须创造与维护有利于其学习、发展的外部环境，随时为其提供方便、积极、有效的服务，提供支持和激励，营造一种强有力的助力场，使学生自主学习、自我发展。"飞机型"经管类人才培养模式的实施不仅强调助力场的重要性，而且强调动力源及动力点的重要性，即强调机头、机翼、尾翼的重要性，也即强调大一、大二与大三、大四分阶段分类别指导的重要性。

六、反馈性原则

反馈指在教师教学过程中和学生学习与发展过程中，两者双向的信息交流与反馈。教师要在自己的教学过程中时刻关注学生的学习、发展效果；学生也要将自己的学习效果与问题及时反馈给教师，从而高效地控制教学活动和学习过程，以提高教学与学习效率。反馈是学生学习、发展的调节器，是学生学习与发展过程中不可或缺的环节。从心理学角度看，反馈实际上是一种刺激，它对学生的学习过程与反应有激发和调节的作用。反馈可以对学生学习、发展进行如下三方面的调节：一是调节学生学习、发展的动力；二是调节学生学习、发展的方式；三是调节学生学习、发展的结果。

反馈在教师教学与学生学习、发展过程中起调节器作用，可以对教师教学效果和学生学习效果做出回应与评价，有利于推动学生学习、发展。学生在学习、发展过程中，要坚持客观、科学地反馈，坚持正面、积极地反馈。"飞机型"经管类人才培养是一个动态的、不断反馈不断发展的循环模式。

第二节　"飞机型"经管类人才培养模式
实施的学生发展路径

工科院校经管类人才培养"飞机型"创新模式的实施路径可概括为学生和学校（学院）发展两个方面。从学生自身发展角度来看，包括主动预测、自主评价、确定差距、制订规划和实施规划五个方面。

一、主动预测

对学生来说，主动预测建立在理性认知的基础上，学生要重视严谨的逻辑推理与实证的价值，尊重理论、经典案例与专家经验，要坚持向书本学习、向专家学习和向实践学习，要以客观与科学为前提研究学习中的知识和问题。主动预测指学生要主动制订自己的人生规划与理想，确定自己在大学四年期间的学习与发展目标。学生不仅需要研究和思考如何更好地完成学习任务、具备哪些学习技能，而且学生还需研究和思考，通过大学四年的学习自己应该达到或实现什么目标，在学习上追求什么结果，是考研、就业还是创业，期待学生和老师如何评价自己等。学生通过思考以上问题，就可以对大学四年的学习与发展的理想有一个相对准确的描述。本书认为"飞机型"经管类人才培养模式实施的关键是如何正确引导学生自我规划。其具体步骤，首先是引导学生认识自我规划的重要性，其次是引导学生规划好四年的生活与学习，最后是引导学生做好未来的职业生涯规划。

二、自主评价

学生自主评价的目的是通过主动、准确地对现实的自己进行描摹，全面认识自我。学生首先要理性地分析自己的优劣势，然后理性地确定发展目标，在科学、客观评价的基础上，选择最适合自己的学习和发展的方式。在对现实进行描摹时，学生要确定自己的优势是什么以及这些优势有什么作用，还要确定自己的劣势是什么以及这些劣势会给学习和发展带来哪些不利影响。此外，学生需要主动思考理想中与现实中的自己差距究竟在哪里。学生还需思考应该如何超越现实并成为理想中的自己。在"飞机型"经管类人才培养模式实施过程中，自主评价是最能发挥学生主体作用的一种方式，也是能体现学生的主观能动性的重要环节。在学生自主评价的过程中，要认可学生是学习和发展的主体，而学校、学院要激发学生的主动意识和进取精神，这将有利于培养学生全面思考的能力和自我认知与评价的能力。

三、确定差距

哈贝马斯指出，在解放认知兴趣的基础上，学生需要自我解放、自我批判，需要让学生个体通过反思认识自己所处的情境，来理解自身价值、兴趣与行动之间的关系。这种基本的反思，即解放能力的培养可通过反馈、评价、反思、圆桌讨论、合作研究等方式进行，是学生学习、发展的基本动力和根本表现。学生需要在不断的自我反思与自我批判中，确定理想中与现实中自我之间的差距，从而确定自己在大学四年中学习与发展的需求。学生在确定理想与现实中自己之间的差距之后，需要根据差距的程度把学习与发展需求按阶段划分为具体的学习发展目标，比如要实现理想的自我，需要学习哪些对自身有利的能力与技术等。

"飞机型"经管类人才培养模式认为，学生之间的个性差异不但体现在学生个体之间，也体现在学生个体内部。哈佛大学教授、心理学家加德纳（Gardner）提出的"多元智力理论"在学术界得到越来越广泛的认同。他认为，作为个体的每个人，都同时拥有相对孤立的七种智力，这些智力以各种方式有机地组合在一起，从而构成了学生个体的个性。还需要强调的是，不同学生之间的差异是动态发展的，比如某个学生的心理素质较差，可以通过后天的教育和学习来增强，因此，作为教师不能轻易对一个学生做出评价。同时，作为学生自身，也要意识到自己与他人的差异和差距，在不断学习与发展的过程中，找到现实自我与理想自我以及与理想目标的差距，并为之努力。

四、制订计划

学生要制订符合自身实际的、科学可行的学习与发展计划，在制订计划的过程中，需要坚持以下三条原则：①确定理想自我与现实自我之间的差距，并将此差距作为推动自身学习与进步的动力；②以70%/20%/10%法则为指导，制订出的计划在保证可行性的同时要具备一定的挑战性；③在教师授课与学生学习、发展的过程中，教师与学生之间要保持沟通，确保学生良好发展。学生在制订计划时，必须充分考虑现实性与可能性，遵照70%/20%/10%学习法则。学生制订学习、发展计划既需要考虑已有的学习经历，又需要考虑哪些课程与书籍对自己是有用的，以及应当以何种方式学习这些课程与书籍。由此可见，在大学四年期间，学生要得到理想的学习与发展效果，就要制订科学和可行的规划。70%/20%/10%学习法则最早由普林斯顿大学创造领导中心（The Center for Creative Leadership）的摩根·麦考尔、米歇尔·M.隆巴多和罗伯特·W. 艾辛格三人提出。2000 年，由米歇尔·M. 隆巴多和罗伯特·W. 艾辛格在《构筑生涯发展规划》（第三版）中正式提出。其中，"70%"指学生学习中 70% 的部分来自学生生活中的自身体验，这是学习与发展过程中最重要的方面；"20%"指学生学习中 20% 的部分来自学生与同学以及榜样的共同学习和探讨；"10%"指学生学习中 10% 的部分来自学校等正规机构的教育培训。① 在"飞机型"经管类人才培养模式实施过程中，作为学生自身，无论是校内的课程学习还是校外的实践锻炼，都需要制订严谨、高效、可行的发展计划，这是提升自我和实现理想自我的可靠保证。

五、实施规划

在实施"飞机型"经管类人才培养模式时，学生最后需要做的是如何将已经制定的学习、发展计划落到实处。要想不折不扣地实施已经制定的学习、发展计划，学生必须思考自己需要运用哪些能力、需要哪些技术以及采取哪种方法，并在确定后及时执行。另外，学生还要确定自己对哪些新的观点和感受需要进行思考，并在思考确定后执行。"飞机型"经管类人才培养模式的实施环节，学生要按照以下几个步骤来实施和进行个人目标管理：一是制订个人职业生涯规划；二是对自我未来的管理规划；三是确定目标战略；四是执行综合解决方案；五是运作和实施具体的战略安排；六是调整与反馈。

第三节　实施"飞机型"经管类人才培养
模式学校（学院）的发展路径

在工科院校"飞机型"经管类人才培养模式的实施过程中，学生作为学习与发展的主体，自我的预期、规划与计划实施的重要作用不容置疑，但从学校（学院）角度来看，也必须营造和谐、有利的环境，双管齐下才能更好地促进学生发展。学校（学院）发展的主要路径可以概括为以下几个方面：

一、强化内涵建设，坚持特色发展

高校要确立人才培养在工作中的中心地位，树立科学的高等教育发展观，坚持稳定规模、优化结构、强化特色、注重创新，走以提升教育教学质量为核心的内涵式发

---

① 吴振利. 论自我指导性大学教师教学发展——以"721"学习法则和自我指导性学习过程为基础 [J]. 黑龙江高教研究，2012（9）：5-8.

展道路。稳定规模，就是在坚持可持续发展观的前提下，结合高校师资力量及办学条件，结合社会人才需求状况，保持招生规模的相对稳定；优化结构，就是要求高校适时调整学科、专业的类型、层次和区域布局结构等，以适应国家和区域经济社会发展需要，加强不同层次、不同规格的人才培养内涵建设；强化特色，就是要求高校定位要合理、清晰，在不同层次、不同领域办出自己的特色、争创一流；注重创新，就是以体制机制改革为重点，加快重要领域和关键环节的改革步伐，加大实践教学和创新创业环节投入。由此可见，坚持内涵发展，就是根据高校办学历史、区位优势和特色资源条件等，确定特色鲜明的办学定位、发展规划、人才培养规格、目标和学科专业设置，采用"飞机型"人才培养模式，强调经管类专业与工科强势专业的融合，可突出学科专业特色，为培养高素质应用型人才提供依据。

二、提升人才培养质量，优化学科及人才培养结构

首先，要完善人才培养质量标准体系。全面实施素质教育，按照基于素质教育的"飞机型"经管类人才培养模式，以素质教育为机身，以理论素质类课程和实践素质类课程为两翼，以就业、创业、考研类素质教育为尾翼，在人才培养过程中同时考虑人才的全面发展和社会需求。根据国家本科教学质量标准要求，会同相关部门、科研院所、行业企业等，制订实施符合学校实际的、独具特色的本科教学质量标准。其次，要优化高校学科专业和人才培养结构。修订和更新高校学科专业目录，设置相关的切实可行的管理办法，并建立动态的调整机制。对华北水利水电大学来说，除了国家控制、布点的专业外，本科专业自主设置，可开展本科专业综合改革试点，大力支持本校的水利和电力等优势学科、特色专业发展；也可建立学校毕业生就业率和相关产业的人才供需报告制度，建立健全高校的本科专业预警、退出机制，结合市场需求和具体发展情况，对连续多年就业率非常低的专业应减少招生计划，同时，应加大高素质应用型、复合型、创新型人才培养的力度。最后，要创新高校人才培养模式。学校需改革教学管理模式，逐步探索教师指导、学生自主选择专业和所学课程的自主学习模式。教师可创新教育教学方法，鼓励使用启发式、参与式、探究式教学方法，这可以激发学生的学习兴趣，同时促进教师与学生的联系和互动。此外，高校可针对不同学科专业的拔尖学生开展试验培养计划，建立英才培养基地，培养重点是此类学生的科研与实践能力，并探索与有关部门、科研院所和企业的联合人才培养创新模式。

三、巩固本科教学地位，加强和改进思想政治教育

高校要始终把本科教学工作作为学校最基础和最基本的使命，不断巩固本科教育教学的基础地位。在日常的师资安排、经费预算、资源配置等方面都给予适当倾斜。学校及院系要定期召开本科教育教学工作会议，讨论并解决现阶段人才培养过程中的

问题。此外，学校还应制定具体办法，鼓励教授每年担任一定的本科教学任务，并倡导学校知名教授为新生开设素质类课程，激发学生的学习动力以及对本专业的学习兴趣。

在课程设置上，学校需及时修订本科教学教材与教学大纲，改进教学方法，鼓励教师采用多种教学方法，活跃课堂气氛，调动学生自主学习积极性。支持教师参加各类骨干研修班、提升自身教学水平。此外，学校还需加强形势政策教育教学的规范化，大力实施立德树人工程，提高大学生的综合素质，同时，还需将学校的心理健康咨询室规范化，开设心理健康教育课程，并纳入考评体系。高校也要推进辅导员队伍的专业化和职业化，努力建立一支高水平的思想政治教育专家队伍，加强对学生的道德教育，全过程和全方位育人，引导学生自主教育、自主管理和自主服务。

四、强化实践育人环节，提高社会服务能力

首先，要强化实践育人环节。学校结合自身的专业特点和人才培养要求，加强实践教学管理，提高学生实验、实习实训、实践和毕业设计（论文）的质量；另外，支持学生广泛开展社会调查、志愿服务、公益活动、勤工助学和挂职锻炼等社会实践活动，并设立社会实践教学环节专项经费，专款投入社会实践工作。华北水利水电大学每年都有固定的学生暑期社会实践合作单位，学生在服务当地的同时也从中得到了较好的锻炼。

其次，要加强创新创业就业指导工作。学校和院系要明确创新创业的重要作用，把对学生的创新创业教育贯穿到本科四年人才培养的全过程，规范学院创新创业活动管理办法，并纳入学分体系。院系也可建立创新创业教育指导中心，全力支持学生开展创新创业活动，并为之提供智力支持和一定的经费支持。华北水利水电大学管理与经济学院已成立创新创业综合训练指导办公室等机构，从学生创新创业项目的申请到项目实施运作，老师全程参与指导，收到了良好的效果。

最后，学校要增强自身社会服务能力。高校的科技成果要主动服务于地方经济发展方式转变和产业转型升级，建立产学研合作基地建设改革试点，针对经济社会发展中的重大论题和现实问题，与当地政府以及行业企业合作，促进高水平咨询、研究机构的建设。华北水利水电大学管理与经济学院积极筹备成立科技创新与创业就业协同创新中心，以期发挥其在科技创新与创业就业智库的思想引领和咨政建言作用，推动河南省科研组织与评价机制、技术转移和转化机制、创业孵化制度、创新创业教育制度、协同育人机制、创业就业政策、就业指导与服务制度等方面的创新。

▶ 第五章
地方综合高校应用型经管人才需求分析

高等教育的主要目标之一是培养适应社会经济发展的各类人才，特别是具有较强学习能力、实践能力和创新能力的人才。要培养出适应社会经济发展需要的应用型经管人才，需要了解社会对应用型经管人才能力的需求。本章以会计学专业为例，对地方综合高校应用型经管人才需求进行分析研究。

随着社会经济的高速发展，社会对高素质的会计人才需求越来越多，对会计人员的职业能力要求也越来越高。以2006年《企业会计准则》体系发布为标志，我国会计实现了与国际财务报告准则的实质趋同，并在国际会计舞台中扮演着越来越重要的角色，这对我国会计人才的职业素养提出了更高的要求。高素质会计人才的培养，离不开良好的会计教育制度和人才培养机制。当前我国培养的会计本科毕业生适应社会和就业创业能力不强，适应社会经济发展需要的创新型、实用型、复合型人才相对紧缺，这与我国现行人才培养模式不能很好地适应社会需求有关。地方高校由于其所处地域、办学条件、生源质量等的限制，导致其会计人才的培养条件和水平相对落后于其他知名高校，会计人才培养质量也相对低于其他知名高校。为此，根据地方高校的实际，结合用人单位对会计本科毕业生职业能力的需求，构建适宜的、有特色的会计本科人才培养模式，寻求提高地方高校会计本科人才培养质量的突破口，是地方高校会计本科教育改革与完善的重要内容。

第一节　毕业生用人单位对应用型经管人才的需求分析

一、问卷调查设计

（一）问卷调查对象的选取

问卷调查对象的选取考虑到会计学专业人才培养方案不断修订，会计人才培养模式也处于不断完善之中，在调查问卷的发放对象上，以 H 大学近五届会计本科毕业生所在的用人单位，即 2016—2020 年毕业的会计本科学生所在的用人单位为样本。

（二）调查问卷的设计

调查问卷设计的 14 个问题共涉及三个方面的内容：一是用人单位对会计本科毕业生能力方面的需求状况与能力要求；二是用人单位对会计本科毕业生能力的评价，包括会计本科毕业生能力状况以及与其能力要求的差异；三是用人单位对提高会计本科人才培养质量的建议。

（三）调查问卷的发放与回收

调查问卷主要以电子文本形式发放，回收调查问卷共 92 份，经过筛选剔除无效的调查问卷 18 份，有效问卷共 74 份。

用人单位的类型与性质不同，其对会计本科毕业生能力方面的要求存在一定的差异。74 家被调查用人单位其类型与性质如表 5-1 所示。由表 5-1 可知，被调查用人单位中企业单位（国有企业、外资企业、民营企业）占 83.78%，非企业单位仅占 16.22%，这与地方高校会计本科毕业生就业单位的整体分布基本上是一致的，即相关调查研究对于地方高校会计本科人才培养模式改革有较强的指导性。

表 5-1　被调查用人单位性质情况

单位性质	数量（家）	比例（%）
政府机关	6	8.11
事业单位	2	2.70
国有企业	22	29.73

单位性质	数量（家）	比例（%）
外资企业	12	16.22
民营企业	28	37.84
其他	4	5.40
合计	74	100.00

二、用人单位对会计本科毕业生的能力要求剖析

用人单位对会计本科毕业生能力需求的具体内容，为提高会计本科人才培养质量指明了方向。

（一）用人单位招聘会计人员时最注重的内容

用人单位招聘会计人员时，不同的岗位可能其注重的内容不同，亦即其条件有所差异。通过我们的调查，用人单位招聘会计人员时最注重的内容如表5-2所示。

表5-2　用人单位招聘会计人员注重的内容

内容	数量（家）	比例（%）
专业知识	34	45.95
专业技能	26	35.14
实践经验	54	72.97
性别	0	0.00
年龄	0	0.00
其他	4	5.41
合计	116	—

注：由于存在选择几项内容的情况，故总数为116而非74。另外，表中的"比例"为"数量"除以总数即74而得，下同。

由表5-2可以看出，用人单位招聘会计人员时最看重的是实践经验即工作经历，其所占比例为72.97%；其次为专业知识，即招聘岗位与应聘者的知识背景是否相符，其所占比例为45.95%；最后是专业技能，即应聘者是否具备相应的专业操作技能，其所占比例为35.14%。对于毕业生来说，会计实践经验往往很缺乏，但可以通过在校学习期间的仿真实验和顶岗实习或见习予以弥补，同时也提高了学生的专业操作技能。

（二）用人单位对会计本科毕业生能力的侧重

用人单位招聘会计人员时如果面对的是应届会计毕业生，则其关于实践经验的要求往往很难满足，但可能会有其他方面的侧重，这种侧重对于会计本科人才培养具有

较强的指导作用和参考价值。在我们的调查中，用人单位对会计本科毕业生首先考虑的内容如表5-3所示。

表5-3　用人单位对会计本科毕业生的要求

项目	数量（家）	比例（%）
个人能力	26	35.14
专业对口	20	27.03
岗位需求	28	37.84
个人实践经历	18	24.32
个人发展潜力	16	21.62
综合素质	40	54.05
合计	148	—

表5-3表明，被调查用人单位初次使用会计本科毕业生时考虑个人实践经历的仅占24.32%，不同于招聘一般会计人员时首要考虑的为工作实践经历。此时，综合素质成为用人单位初次使用毕业生时的首选，其所占比例为54.05%；其次是岗位需求和个人能力，即考察毕业生的个人能力能否胜任所招聘的岗位，其所占比例分别为37.84%和35.14%。因此，我们在会计本科人才培养中，应首先培养学生的综合素质即提高其综合能力，在此基础上再注重其个性培养，加强其专业技能的训练。

（三）用人单位关于会计本科毕业生素质的要求

被调查用人单位使用毕业生时首先考虑的是其综合素质，则其对这些素质的要求相应地成为提高会计人才素质的首要内容，是用人单位在使用毕业生时除了专业技能以外综合素质的表现。用人单位对会计本科毕业生素质的具体要求如表5-4所示。

表5-4　用人单位对会计本科人才素质要求

项目	数量（家）	比例（%）
爱岗敬业	66	89.19
终身学习	56	75.68
团队精神	60	81.08
遵纪守法	48	64.86
道德诚信	60	81.08
其他	8	10.81
合计	298	—

表5-4表明，用人单位对会计本科人才的素质要求首先是爱岗敬业，其所占比例为89.19%；其次是团队精神和道德诚信，其所占比例为81.08%；再次是终身学习能力，

其所占比例为 75.68%；最后是遵纪守法，其所占比例为 64.86%。因此，我们在会计人才培养中应树立学生爱岗敬业的精神，注重学生团队合作意识的锻炼和道德诚信品质的形成。

（四）用人单位对初级会计人才应具备技能的要求

会计本科毕业生进入用人单位后往往是从基层做起，从初级做起，而其能否从初级走向中级乃至高级，顺利晋升职务，则取决于毕业生的个人发展能力。因此，用人单位对初级会计人才应具备技能的要求，是我们培养会计人才必须要考虑的，其调查结果如表5-5所示。

表5-5　用人单位对初级会计人才应具备的技能

技能要求	数量（家）	比例（%）
能进行日常财务会计核算	68	91.89
能正确办理税务事项	50	67.57
能胜任内部审计和社会审计的一般工作	24	32.43
能胜任财务管理的一般工作	40	54.05
能胜任纳税筹划	22	29.73
能掌握办公自动化软件的操作	52	70.27
能掌握会计软件的基本操作	58	78.38
其他	4	5.41
合计	318	—

由表5-5可以看出，在初级会计人才应具备的技能方面，首先，用人单位要求其必须能进行日常财务会计核算工作，其所占比例达到91.89%；其次，是能掌握会计软件和办公自动化软件的操作，其所占比例分别为78.38%和70.27%；再次，是能正确办理纳税申报等税务事项，其比例为67.57%；最后，是能胜任财务管理的一般工作，如财务分析等，其比例为54.05%。而对于纳税筹划和审计则要求较低，其比例仅分别为29.73%和32.43%。因此，我们在培养会计人才时必须加强学生四个方面的技能：一是单位日常会计业务的处理；二是财务软件的操作；三是办公软件的应用；四是纳税申报等税务事项的办理。

三、用人单位对会计本科毕业生能力的评价

从用人单位的角度对会计本科毕业生的能力进行评价，可以更客观地反映出会计人才培养质量，明确会计本科毕业生的职业能力与用人单位要求之间有无差距，以及差距有多大和主要表现在哪些方面，从而为会计本科人才培养质量的提高指明方向，为人才培养模式改革提供思路。

（一）用人单位对会计本科毕业生专业技能的评价

表5-6反映了会计本科毕业生在实践中运用专业知识的能力具体状况如何，居于什么等次，能否适应相应岗位的要求。

表5-6　用人单位对会计本科毕业生专业技能评价

项目	程度	数量（家）	比例（%）
专业技能符合岗位程度	很符合	16	21.62
	比较符合	40	54.06
	一般	16	21.62
	不符合	2	2.70
	很不符合	0	0.00
	小计	74	100.00
运用专业知识的能力	很强	6	8.11
	比较强	46	62.16
	一般	22	29.73
	比较弱	0	0.00
	很弱	0	0.00
	小计	74	100.00

由表5-6可以看出，54.06%的被调查用人单位认为会计本科毕业生的专业技能比较符合其工作岗位的要求，并且62.16%的被调查用人单位认为会计本科毕业生具有了一定的运用专业知识解决实际问题的能力。

（二）用人单位对会计本科毕业生素质的评价

毕业生的素质状况反映了其综合职业能力的强弱，可以从总体素质、政治思想素质、文化素质、心理素质、实践动手能力、团结协作精神、开拓创新精神等方面予以表现，其调查结果如表5-7所示。

表5-7　用人单位对会计本科毕业生素质评价

项目	满意		基本满意		不满意		合计	
	数量（家）	比例（%）	数量（家）	比例（%）	数量（家）	比例（%）	数量（家）	比例（%）
总体素质	34	45.95	38	51.35	2	2.70	74	100.00
政治思想素质	40	54.05	32	43.24	2	2.70	74	100.00
文化素质	34	45.95	38	51.35	2	2.70	74	100.00

项目	满意		基本满意		不满意		合计	
	数量（家）	比例（％）	数量（家）	比例（％）	数量（家）	比例（％）	数量（家）	比例（％）
心理素质	24	32.43	46	62.16	4	5.41	74	100.00
实践动手能力	26	35.14	46	62.16	2	2.70	74	100.00
团结协作精神	36	48.65	36	48.65	2	2.70	74	100.00
开拓创新精神	10	13.51	54	72.97	10	13.51	74	100.00
专业知识及技能	24	32.43	46	62.16	4	5.41	74	100.00
奉献精神	32	43.24	36	48.65	6	8.11	74	100.00
实际工作能力	30	40.54	40	54.05	4	5.41	74	100.00
诚信度	46	62.16	26	35.14	2	2.70	74	100.00
科学求实作风	26	35.14	46	62.16	2	2.70	74	100.00
工作适应能力	36	48.65	34	45.95	4	5.41	74	100.00

由表5-7可知，在评价等级里，满意比例等于或超过"基本满意"和"不满意"的是毕业生的政治思想素质、团结协作精神、诚信度、工作适应能力，其占被调查用人单位的比例分别为54.05％、48.65％、62.16％和48.65％，说明会计本科毕业生这些方面的素质较高。被用人单位评价为"不满意"的首先是开拓创新精神，其所占比例为13.51％；其次为奉献精神，其比例为8.11％；最后为心理素质、专业知识及技能、实际工作能力和工作适应能力，其所占比例均为5.41％。

（三）用人单位对会计本科毕业生不足方面的评价

用人单位对会计本科毕业生不足方面的评价，反映了我们在会计本科人才培养时需要重点强化或改进之处。

1. 会计本科毕业生表现最好和最差的方面

会计本科毕业生表现最好的方面反映了其最强的职业能力内容，而表现最差的方面则是人才培养模式改革与完善需要重点考虑的职业能力内容。根据用人单位的评价，会计本科毕业生表现最好和最差的方面统计结果如表5-8所示。

表5-8 会计本科毕业生最好和最差的表现统计

项目	表现最好的方面		表现最差的方面	
	数量（家）	比例（％）	数量（家）	比例（％）
知识结构	32	43.24	10	13.51
研究能力	6	8.11	36	48.65

项目	表现最好的方面		表现最差的方面	
	数量（家）	比例（%）	数量（家）	比例（%）
创新能力	6	8.11	42	56.76
实际操作	24	32.43	28	37.84
敬业精神	46	62.16	0	0.00
团队合作	28	37.84	6	8.11
人际交往	12	16.22	14	18.92
组织协调	6	8.11	22	29.73
外语能力	2	2.70	22	29.73
人文素养	10	13.51	0	0.00
心理素质	8	10.81	14	18.92
发展潜力	16	21.62	4	5.41
解决问题能力	10	13.51	10	13.51
独立工作能力	16	21.62	10	13.51
其他	0	0.00	4	5.41
合计	222	—	222	—

表 5-8 表明，在用人单位看来，会计本科毕业生表现最好的是敬业精神，其比例为 62.16%；其次是知识结构，比例为 43.24%；再次是团队合作和实际操作能力，其比例分别为 37.84% 和 32.43%；最后是独立工作能力和发展潜力，其比例均为 21.62%。会计本科毕业生表现最差的方面，首先是创新能力和研究能力，其所占比例分别为 56.76% 和 48.65%；其次是实际操作，其比例为 37.84%；再次是组织协调和外语能力，其比例均为 29.73%；最后是人际交往能力和心理素质，其比例均为 18.92%。可见，从用人单位所评价的会计本科毕业生表现最好和最差的方面的排序来看，会计本科毕业生敬业精神很强，有较好的知识结构和团队合作能力，但是，创新能力和研究能力很欠缺，实际操作能力有待提高，组织协调能力有待加强。

2. 会计本科毕业生工作中有待改进的方面

会计本科毕业生在工作中有待改进的方面如表 5-9 所示。

表 5-9　会计本科毕业生有待改进方面统计

项目	数量（家）	比例（%）
业务能力	24	32.43
思想品德	0	0.00
创新能力	42	56.76

项目	数量（家）	比例（%）
敬业精神	2	2.70
合作精神	4	5.41
社交能力	22	29.73
综合素质	18	24.32
其他	2	2.70
合计	114	—

由表 5-9 可以看出，会计本科毕业生在工作中有待改进的方面首先是创新能力，其所占比例为 56.76%；其次是业务能力和社交能力，其比例分别为 32.43% 和 29.73%；最后是综合素质，比例为 24.32%。

四、用人单位对于会计本科人才培养改革与完善的建议

我们从以下三个方面调查了解了用人单位对于提高会计人才培养质量的建议：

（一）用人单位对于会计本科生职业能力提高的建议

用人单位对于会计本科生需要提高的职业能力，其统计结果如表 5-10 所示。

表 5-10 会计本科生需要提高的职业能力统计

内容	数量（家）	比例（%）
加强外语应用能力的培养	28	37.84
加强基础知识的学习	14	18.92
加强专业知识的学习	36	48.65
加强计算机应用能力的训练	40	54.05
加强管理能力的训练	38	51.35
加强人文知识的学习	6	8.11
加强写作能力的训练	20	27.03
加强人生观、职业道德和劳动态度方面的培养	14	18.92
加强个人道德和修养	6	8.11
加强处理人际关系的能力及协作精神的培养	52	70.27
合计	254	—

由表 5-10 可以看出，根据用人单位对于会计本科需要提高的职业能力的统计，我们在会计人才培养模式改革与完善中，首先是需要加强处理人际关系的能力及协作精

神的培养，其比例占到 70.27%；其次是加强计算机应用能力和管理能力的训练，其比例分别为 54.05% 和 51.35%；再次是加强专业知识的学习和外语应用能力的培养，其比例分别为 48.65% 和 37.84%；最后是加强写作能力的训练，其比例为 27.03%。另外，加强基础知识的学习和加强人生观、职业道德、劳动态度方面的培养也占到一定比例，均为 18.92%。

（二）用人单位关于会计本科生知识结构改善的建议

对于会计本科生知识结构改善，用人单位认为应加强专业实践能力的培养，具体结果如表 5-11 所示。

表 5-11 用人单位关于会计本科生知识结构改善意见

项目	数量（家）	比例（%）
加强外语应用能力的培养	26	35.14
加强基础知识的学习	14	18.92
加强专业知识的学习	18	24.32
加强计算机应用能力的培养	32	43.24
加强管理能力的训练	44	59.46
加强人文知识的学习	12	16.22
加强协作能力的训练	26	35.14
加强专业实践能力的培养	52	70.27
合计	224	—

在表 5-11 中，用人单位认为会计本科生知识结构的改善，首先是要加强专业实践能力的培养，其比例占到 70.27%；其次是加强管理能力的训练，其比例为 59.46%；再次是加强协作能力的训练和外语应用能力的培养，其比例均为 35.14%；最后是加强专业知识的学习，其比例为 24.32%。因此，地方高校在会计人才培养中，专业实践能力的加强是提高其人才培养质量的首要方面，在此基础上还需要提高包括组织协调、财务管理等在内的管理能力。

（三）用人单位关于会计本科专业实践的建议

会计实践主要涉及两个方面的内容：一是专业实习；二是专业实践课程。对于专业实习，全部被调查用人单位认为学生到企业实习很重要，而且校内的模拟实习或实训不能替代企业实习。对于专业实践课程，被调查用人单位认为重要的专业实践课程如表 5-12 所示。

表5-12　重要的专业实践课程统计

专业实践课程	数量（家）	比例（%）
企业会计模拟实训	56	75.68
会计单证填制实训	28	37.84
税务会计实训	56	75.68
会计电算化实训	40	54.05
合计	180	—

表5-12表明，会计本科最重要的专业实践课程是企业会计模拟实训和税务会计实训，其占被调查用人单位的比例均为75.68%；其次是会计电算化实训，其比例为54.05%；最后是会计单证填制实训，其比例为37.84%。

五、对毕业生和用人单位访谈分析

在对用人单位和毕业生的实地访谈中，他们根据 H 大学人才培养现状提出了许多建设性的意见，具体如下：

（一）明确人才培养目标

应该明确定位会计学专业的人才培养目标，以目标为导向来合理开设相关课程。培养目标应该是通才基础上的专才，即基础扎实、知识面广的会计学专业人才，如此才能使学生在校期间具备应有的素质、知识和能力，就业中才会有更多的选择和优势，进而能较快地适应社会和工作，并能不断地发展和完善自己。同时，还可以根据实际情况培养多种方向的会计人才，比如 CPA（Certified Public Accountant，注册会计师）方向、CIA（Certified Internal Auditor，国际注册内部审计师）方向等，在强化学生的理论基础和实践能力的同时，相关辅助课程可以根据培养方向的不同多样化开设。

（二）合理安排课程和教学内容

课程安排应该主次分明、有所侧重。大学的课程不是开得太少，而是太多。如果提倡宽基础到最后可能就是没有基础。

增强管理类课程。随着社会经济的发展，会计将不再停留在做账的层面上，不仅要为各层级领导的决策提供有效的依据，而且要走上管理的道路，会计人员要主动参与企业的管理。

突出税务会计和成本会计。要突出税务会计和成本会计的实际应用内容，目前这方面的教学过于单一和书本化，与实际相去甚远。另外，要结合各行业的特点，介绍不同行业的会计核算方法。

（三）加强专业实践操作能力的培养

企业最看重的是学生的实际操作能力和变通能力，学校在提高学生理论知识的基础上，还应加强对其实际操作能力的培养，具体可从以下两方面入手：

1. 专业实习

多组织学生参加社会实践，使理论与实践紧密结合，在实践中提升学生对专业知识的理解。加强和用人单位的合作，与有关单位签订实习合作书，建立教学研究实践基地，建立相对固定的专业实习点，使学生在毕业前能真正接触到会计的实际操作。时间上，不应该等到大四，可以提前到大二或大三，定期安排学生进入企业现场案例学习，使学生在大二时就能理解作为一名会计人员应该具备的专业知识和实际能力，并了解企业财务的各个模块。延长毕业实习的时间，最好学院能给学生安排实习岗位。

2. 校内实训

对于会计模拟实验，应建立具有实际操作性的平台，让学生能实地动手训练，确保学生会填制、粘贴和装订会计凭证等基础工作。时间上，最好每门相关课程都安排两到三次实训操作，如此能使学生在学习相关理论的同时锻炼自己的实践应用能力，使理论学习与能力进步相互促进、相得益彰。内容上，会计模拟实验的材料不太切合实际，都是书本上的东西而没有实物，真实性不够、仿真性不强。会计信息系统应该成为教学的重点，且应该从大二开始就对其进行重点教学。

（四）注重会计基础知识的教育

培养会计师事务所及会计研究方面的人才不应是学校的首要目标，要培养学生的动手能力。学习精又专的会计知识比较适用于考试，如 CPA 考试或研究生考试，但在实际工作中最实用的反而是最基础的会计知识，同时，任何行业的会计基本原理是相通的，因此，会计基础课程相当重要，应该强化学生的会计基础知识和提高其会计基本技能。教学中，学生需要在一定平台上结合会计实践来学习其基本原理，故教师应结合相关岗位的实际案例组织教学，确保每位从事会计工作的学生都能编制会计分录和进行简单的账务处理。可以适当地增加会计基础课程的课时，在老师着重、详细讲解下给学生足够的时间去理解与领会。

（五）突出办公软件应用能力

在实际工作中，很多财务工作需要 Excel 与财务软件配合使用，要求其熟悉掌握 Word 和 Excel 等应用，而很多学生这方面的知识与能力还比较欠缺。因此，需要加强计算机在会计中应用的教育。

（六） 培养学生的综合能力

会计学专业毕业生应当是一专多能的复合型人才，需要加强学生个人综合素质的培养，而不能只注重专业知识的学习。

提高学生综合分析处理能力。在单位中财务部门是一个信息汇总的部门，企业的各种经营信息最终都以各种数据反映到财务部门，如何及时了解企业的经营状况，为公司领导的经营决策提供及时有效的数据支持是一名财务人员应尽的职责。因此，在学生学习专业知识的同时应加强其沟通与分析能力、综合处理能力的培养，可以设置一些个人无法完成的综合性的课题，以提高学生的综合分析处理能力。

提高学生对突发事件的应变及处理能力。训练学生对突发事件的应变及处理能力，包括政府行政税务机关的突击检查，及时做好公关，这也是很多单位急需财务人员具备的技能之一。

要培养学生具备良好的人际关系处理能力、团结协作的奉献精神、忠诚保密的职业操守，提高学生的自主创新能力、沟通能力和社交能力。兴趣爱好、特长的培养等也很重要，只有积极参加单位组织的所有活动，才能真正融入单位这个大家庭，有更多机会得到重用进而实现自己的价值。另外，还需要提高学生的财务撰写能力，培养学生终身学习、不怕吃苦、耐得住寂寞和清贫、不怕从基层做起的精神。

（七） 注重学生学习能力的培养

要培养学生的学习能力，不能仅追求学习成绩，死读书注定不会有任何收益。那些在校学习只是成绩好而动手能力差的学生，适应工作所需要的时间会更长。要培养学生的学习能力和解决问题的能力，这样学生在步入工作岗位后才能更好地适应不同的工作岗位，全方位认识自己所工作的单位，进而才能够逐步走上管理岗位，而不仅仅是做一名合格的会计人员。另外，每个单位在符合会计准则统一要求的前提下，在细节上会根据单位业务的需要重新设计账套、确定账务处理的方式等，这些需要步入工作岗位后通过培训和自主学习来尽快掌握。

H 大学的会计学专业课程比较全面，但学生个人努力程度不够，整个学院的学习氛围不强，应加强学生理论方面的学习，特别是论文，可在大一或者大二时开始引导学生去做。

（八） 提高教学质量和水平

突出案例教学。重视实际案例的学习和引导，上课时多给学生讲解实际的例子，让学生能够理解为什么这样做，多讲解原理是什么，而不是死记硬背。尽量多让学生自己操作，发表自己对实务中某些问题的看法。对于案例，可以从正反两个方面对典型案例进行分析，例如丰田公司的"零库存战略"推动整个成本控制体系优化的案例，又如索尼因推行绩效管理而一蹶不振的案例。可以先对案例进行剖析然后再要求学生们结合自己所学的财务知识、管理学知识、个人常识写心得体会。不需要每一点体会都有"理论支持"，应该彻底抛弃"学究病"，毕竟最终走上财务理论研究之路的学生极少。

改变单一的教学方式。教学的方式可以多样化，让师生共同参与，形成互动，比如可以多采取课堂提问、课堂讨论、当堂授课当堂测验等，能让学生绷紧神经学习，更重要的是能提高学生的综合素质。否则老师一个人讲课既辛苦学习效率也低。

另外，老师上课要有激情和幽默感，要激发学生的学习兴趣，给学生更多的鼓励。教师要多多学习，教学要认真、负责和严谨，要让学生意识到独立思考、批判与怀疑的重要性。

（九）其他

要严肃大学教育，让新生知道，大学比高中更重要，需要更多的努力，而不是把大学作为给自己贴标签的游乐场，不能认为自己毕业了就是一个合格的大学生了。由于学生的信息闭塞，学校所在地经济不发达，老师有责任给学生多介绍会计行业前景、就业趋势、会计目前状况、专业学习目标等信息。另外，会计英语方面也要加强，不仅仅是为了单纯的教学而教学。

六、结论与启示

一种人才培养模式的构建和形成并非一朝一夕之事，然而地方高校要提高会计本科人才培养质量，并在全国众多高校之中占有一席之地，不断地探索并建立有特色的人才培养模式是必然的选择。以社会需求为导向，以职业能力为内容的应用型人才培养模式应是地方高校会计人才培养的理性选择。然而，如何建立起提升会计人才职业能力的培养机制，则是值得我们深思且亟待解决与完善的现实问题。

对于会计职业能力，其包括的内容众多，这些也构成了地方高校会计本科人才培养质量提高的具体表现。灵活地学习和应用专业知识，并具有较强的专业操作技能是会计学专业人才必须具备的基本能力，是应用型人才的要求之所在，也是会计本科人才培养必须达到的基本要求。语言表达能力、团队合作精神、交际能力和计算机应用能力等是会计学专业技能之外综合能力的具体体现，是会计本科学生在实际工作中其发展潜力的重要基础。这些职业能力，我们可以将其分为三个层次：第一层次为基本职业能力，即大多数专业、大多数职业都应具有的职业能力，包括语言能力（含外语能力、写作能力、口头表达能力等）、团队合作能力、交际沟通能力、学习能力等，这一层次的能力可通过高校设置的通识课程与第二课堂来培养与提高；第二层次为专业基础能力，即会计学专业人才必须具备的基本操作技能，包括计算机应用能力、专业实践能力等，主要通过开设专业基础课程、专业课程及相关专业实践课程予以实现；第三层次为专业深化与拓展能力，即职业发展的潜在能力，包括专业创新能力、实际问题解决能力，主要通过开设相关专业方向课程予以实现，不同地方高校可根据其实际有选择性地开发出其有特色的模块，如中小企业会计模块、政府与非营利组织会计模块、税务会计模块等，这也是体现不同高校会计学专业人才培养特色之处。

第二节 对会计本科毕业生的调查反馈分析

一、研究设计

（一）问卷调查对象的选取

在调查问卷的发放对象上，我们选取的样本为 H 大学近五届会计本科毕业生，这是考虑到他们既有找工作的经历，也有实际工作的经验与体会，更重要的是他们由于毕业的时间短而对现行会计本科人才培养过程比较熟悉，能够结合他们实际工作中的体会来审视现行的人才培养模式。另外，H 大学的人才培养方案一直处于不断修订完善之中，较早毕业的学生的人才培养方案与现行的人才培养方案已有较大差别。

（二）调查问卷的设计

调查问卷涉及三个方面的内容共 15 个小问题：一是会计本科毕业生的就业现状；二是会计本科毕业生职业能力的自我评价；三是会计本科毕业生对现行人才培养模式的评价。

（三）调查问卷的发放与回收

调查问卷主要是在所选取调查对象的班级 QQ 群里以电子文本的形式发放，回收调查问卷共 160 份，筛选剔除无效的调查问卷 36 份，有效问卷 124 份。回收的调查问卷中，各年毕业的学生分布情况如表 5-13 所示。

表 5-13 回收调查问卷分布

毕业年份	2016 年	2017 年	2018 年	2019 年	2020 年	合计
回收份数	18	14	54	16	22	124

由表 5-13 可见，2018 届毕业生①回收的调查问卷最多，其他各届则相差不大。理论上，刚毕业三年的学生其意见更具有可参考性，因为三年的工作经历使他们对用人单位或工作岗位对会计人才的能力要求有了充分的理解，同时对现时的人才培养模式也有了清晰的认识，从而能将二者更紧密地结合起来对现行人才培养质量与模式进行评价。因此，回收的调查问卷在有一定代表性的基础上，突显了调研结论的有用性。

二、地方高校会计本科毕业生职业能力考察

对毕业生的职业能力状况，很难采取某种定量的指标予以直接衡量。在调查中，我们主要从其工作迁徙情况、对工作岗位的胜任、能力的自我评价等方面予以衡量。

（一）毕业生就业后的工作迁徙情况

工作迁徙是已毕业学生工作单位的变化，其原因可能是多方面的。我们主要考察毕业的工作迁徙是否是因其工作能力不强而不能胜任相关工作所导致的，因为这反映了学生的职业能力，进而反映了人才培养质量问题。被调查毕业生工作迁徙情况如表 5-14 所示。

表 5-14　被调查毕业生工作迁徙情况统计

工作迁徙次数与原因		2016 年		2017 年		2018 年		2019 年		2020 年		合计	
		人数	比例（%）	人数	比例（%）	人数	比例（%）	人数	比例（%）	人数	比例（%）	人数	比例（%）
迁徙次数	1 次	4	22.22	0	0.00	12	22.22	4	25.00	2	9.09	22	17.74
	2 次	4	22.22	6	42.86	12	22.22	2	12.50	6	27.27	30	24.19
	3 次	2	11.11	2	14.29	2	3.70	2	12.50	10	45.45	18	14.52
	4 次	0	0.00	0	0.00	2	3.70	0	0.00	0	0.00	2	1.61
	合计	10	55.56	8	56.14	28	51.85	8	50.00	18	81.82	72	58.06
迁徙原因	薪酬水平	2	11.11	0	0.00	12	22.22	4	25.00	2	9.09	20	16.13
	工作胜任	0	0.00	0	0.00	0	0.00	0	0.00	0	0.00	0	0.00
	人际关系	0	0.00	0	0.00	0	0.00	0	0.00	0	0.00	0	0.00
	工作环境	2	11.11	0	0.00	2	3.70	0	0.00	0	0.00	4	3.23
	其他	6	33.33	8	57.14	14	25.93	4	25.00	16	72.73	48	38.71
	合计	10	55.56	8	57.14	28	51.85	8	50.00	18	81.82	72	58.06

由表 5-14 可见，被调查毕业生中有 58.06% 的有过工作迁徙，其中工作迁徙两次的最多比例为 24.19%，有 17.74% 的毕业生发生过一次工作迁徙，14.52% 的毕业生发

---

① 2018 届毕业生即 2018 年毕业的学生，余同。

生过三次工作迁徙。除 2020 年毕业的学生有 81.82% 发生过工作迁徙外，其他各年毕业的学生发生过工作迁徙的均在 50% 左右。可见，H 大学会计本科毕业生工作迁徙还是比较普遍的。从工作迁徙的原因看，有 16.13% 的毕业生是因为薪酬水平不理想而进行工作迁徙，38.71% 的毕业生则是其他原因，即家庭、结婚、职业规划和晋升空间等。因此，虽然毕业生的工作迁徙比较普遍，但其工作迁徙并不是其职业能力不能胜任单位工作所致。

（二）毕业生对其工作岗位的胜任能力状况

毕业生适应其工作岗位的相关要求往往需要一个过程，这个过程的长短即胜任其相关工作需要的时间，可以在一定程度上表明毕业生职业能力的高低。胜任工作岗位的时间可以从两个方面予以表现：一是步入工作岗位之初基本胜任工作需要的时间；二是毕业生解决其专业能力与其相关工作岗位能力要求之间差距需要的时间。前者可以说明毕业的基本职业能力，后者反映毕业生的职业潜能及其发展能力，两者的时间越短，说明毕业生的职业能力越强。但从回收的调查表的统计发现，被调查毕业生对这两个方面的理解并不清晰，大部分被调查毕业生对这两类问题均做出了相同的答案。因此，我们以步入工作岗位之初基本胜任工作需要的时间来反映其工作岗位的胜任能力，具体统计结果如表 5-15 所示。

表 5-15 被调查毕业生工作岗位胜任能力统计

胜任工作时间	2016 年		2017 年		2018 年		2019 年		2020 年		合计	
	人数	比例（%）	人数	比例（%）	人数	比例（%）	人数	比例（%）	人数	比例（%）	人数	比例（%）
3 个月以下	12	66.67	8	57.14	34	62.96	10	62.50	12	54.55	76	61.29
3—6 个月	6	33.33	4	28.57	14	25.93	6	37.50	6	27.27	36	29.03
6 个月—1 年	0	0.00	0	0.00	4	7.41	0	0.00	2	9.09	6	4.84
1 年以上	0	0.00	2	14.28	2	3.70	0	0.00	2	9.09	6	4.84
合计	18	100.00	14	100.00	54	100.00	16	100.00	22	100.00	124	100.00

由表 5-15 可以看出，在被调查的会计本科毕业生中，有 61.29% 的毕业生自其步入工作岗位之始 3 个月以内就能基本胜任相应的工作岗位，29.03% 的毕业生基本胜任相应的工作岗位的时间在 3—6 个月，即被调查毕业生中有 90.32% 的毕业生能在 6 个月内基本胜任其工作岗位。基本胜任相应工作岗位的时间超过 6 个月的只有 9.68%，其中超过 1 年的仅有 4.84%。因此，H 大学会计本科毕业生的基本职业能力较强，大部分能较快地胜任其工作岗位的要求。但是，这里的胜任是基本胜任，并不代表其胜任能力强，职业发展潜能大。

（三）毕业生职业能力的自我评价

毕业生职业能力的强弱，除了通过在用人单位的工作表现衡量外，还可以依赖于已毕业学生在其工作一段时间后，结合工作体会对自我职业能力的评价。我们要求毕业生从综合素质、知识结构、专业知识、外语水平、计算机水平、学习能力、创新能力、实践能力等方面对自己毕业之时的职业能力进行自我评价，评价结果如表5-16所示。

表5-16　被调查毕业生职业能力自我评价

能力项目	很差		较差		一般		较好		很好		合计	
	人数	比例（％）	人数	比例（％）	人数	比例（％）	人数	比例（％）	人数	比例（％）	人数	比例（％）
综合素质	0	0.00	4	3.23	62	50.00	48	38.71	10	8.06	124	100.00
知识结构	0	0.00	4	3.23	78	62.90	40	32.26	2	1.61	124	100.00
专业知识	0	0.00	6	4.84	66	53.23	48	38.71	4	3.23	124	100.00
外语水平	4	3.23	32	25.81	72	58.06	14	11.29	2	1.61	124	100.00
计算机水平	0	0.00	8	6.45	84	67.74	32	25.81	0	0.00	124	100.00
学习能力	0	0.00	2	1.61	38	30.65	68	54.84	16	12.90	124	100.00
创新能力	0	0.00	22	17.74	80	64.52	16	12.90	6	4.84	124	100.00
实践能力	2	1.61	12	9.68	54	43.55	46	37.10	10	8.06	124	100.00
合计	6	0.60	90	9.07	534	53.83	312	31.45	50	5.04	992	100.00

由表5-16可知，被调查毕业生在职业能力自我评价时，总体上看，有53.83％的毕业生认为自己的职业能力一般，只有31.45％的毕业生认为自己的职业能力较好，认为自己的职业能力较差的占9.07％，5.04％的被调查毕业生则认为自己的职业能力很好。在各单项能力上，认为较差的主要是外语水平和创新能力，其比例分别为25.81％和17.74％，其次是实践能力和计算机水平，其比例分别为9.68％和6.45％；自我评价为较好的主要是学习能力，其的比例为54.84％，有12.90％的被调查毕业生认为自己的学习能力很强；专业知识、综合素质和知识结构则居于中等偏上水平，被调查毕业生大部分自我评价为一般至较好等级。从分析可以看出，H大学会计本科毕业生职业能力总体上一般，学生具备了一定的综合素质，有较强的学习能力，专业知识掌握程度较好，知识结构较合理。但是，学生的实践、创新能力不强，计算机应用能力有待加强。

三、会计本科毕业生对现行人才培养模式的评价

已毕业学生结合他们的工作经历与体会对现行会计本科人才培养质量与模式的评价，是衡量H大学会计本科人才培养质量高低与培养模式好坏的重要视角。我们主要

从以下六个方面来调查了解毕业生对人才培养模式的看法与评价:

(一) 毕业生对会计学专业就业前景的评价

反映一个专业生命力强弱的重要指标是该专业毕业生的就业形势,专业的就业前景同时也可以为其发展指明方向,比如是研究型发展方向还是社会需求型发展方向。我们通过对毕业生的问卷调查所反映出的会计学专业就业前景如表5-17 所示。

表5-17　被调查毕业生对会计学专业就业前景评价

等级	很好	较好	一般	不好	合计
人数	4	74	42	4	124
比例（%）	3.23	59.68	33.87	3.22	100.00

由表5-17 可以看出,59.68%的被调查毕业生认为会计学专业就业前景较好,33.87%的被调查毕业生认为会计学专业就业前景一般,只有3.22%的被调查毕业生认为会计学专业就业前景不好。因此,会计学专业较好的就业前景,要求地方高校在人才培养中必须坚持以社会需求为导向,以实践创新能力的提高为重点,采取应用型的人才培养模式。

(二) 毕业生对现行人才培养质量的评价

会计学专业的就业前景总体上虽然较好,但如果人才培养质量不高,也很难在好的就业前景之中有立足之地。表5-18 反映了被调查毕业生对会计本科人才培养质量的总体评价。

表5-18　被调查毕业生对人才培养质量评价

等级	很高	较高	一般	较低	很低	合计
人数	0	58	66	0	0	124
比例（%）	0.00	46.77	53.23	0.00	0.00	100.00

从表5-18 可以看出,53.23%的被调查毕业生认为会计本科人才培养质量一般,46.77%的被调查毕业生认为人才培养质量较高。可见,本科人才培养质量有待进一步提高。

(三) 毕业生对其大学期间所学习知识适用性的评价

人才培养质量可以从多个方面予以评价,而且不同的工作岗位对人才质量的要求有所差异,因此,不可能采用一个统一的模式衡量人才培养质量。这里我们通过毕业生大学四年所学知识与其工作需求的关系来考察,如表5-19 所示。

表 5-19　被调查毕业生大学学习适用性统计

项目	等级	人数	比例（%）
大学学习对工作的帮助	很多	72	58.06
	很少	46	37.10
	基本不能	6	4.84
	不知道	0	0.00
	小计	124	100.00
专业知识在工作中的应用	较高	8	6.45
	一般	12	9.68
	较低	86	69.35
	很低	18	14.52
	小计	124	100.00
专业知识能否满足工作需要	能	24	19.35
	基本能	60	48.39
	不能	38	30.65
	完全不能	2	1.61
	小计	124	100.00

由表 5-19 可见，在被调查的毕业生中，58.06% 的毕业生认为大学期间的学习对其工作有很多帮助，而 37.10% 的毕业生认为大学期间的学习对其工作的帮助很少。不同岗位对毕业生职业能力的具体内容有不同的要求，大学期间需要培养的不仅仅是学生从事某一行业或某一岗位的职业能力，而应该是在其综合职业能力的基础上侧重于专业职业能力，而在调查中发现，认为大学期间的学习对其工作的帮助很少的毕业生占到较大比重（37.10%），这种状况说明 H 大学会计本科人才培养在学生综合职业能力的培养上有所欠缺。专业知识在工作中的应用方面，69.35% 的被调查毕业生认为其大学期间所学的会计本科知识在工作中只得到较低的应用，更有 14.52% 的毕业生认为得到了很低的应用。会计本科知识在工作中的应用程度较低，说明 H 大学在人才培养过程中对会计本科知识的教学没有紧密地联系实际，导致教学与实践出现了较大的脱节，进而使学生所学的会计本科知识在其实际工作中没有得到应有的应用。大学四年期间所学会计本科知识在满足毕业生实际工作需要方面，总体上毕业生的专业知识基本能满足其工作的需要，但仍有相当比例（30.65%）的毕业生认为难以满足其工作的需要，其主要原因可能是学生在大学期间所学会计本科知识与实际工作的需要差距较大。通过以上三个方面的分析可以得出初步结论，即 H 大学会计本科人才培养中对学生的综合职业能力重视不够，而在专业能力方面与社会的实际需要有较大差异，最直接的表现是其专业知识与实践的脱节，学生的专业实践能力不强。

（四）毕业生对现行课程结构体系的评价

人才培养质量的提高是在一定的培养机制下，通过实施一定的综合培养体系来实现的。在这个体系中，课程体系结构是其重要的构成内容。H 大学现行课程体系由四部分构成：通识必修课、通识选修课、专业基础课和专业课、专业方向课。对于现有的课程体系结构，被调查毕业生认为基本合理，其具体情况如表5-20 所示。

表 5-20　被调查毕业生课程体系结构评价统计

评价内容	2016 年		2017 年		2018 年		2019 年		2020 年		合计	
	人数	比例（％）	人数	比例（％）	人数	比例（％）	人数	比例（％）	人数	比例（％）	人数	比例（％）
非常合理	0	0.00	0	0.00	2	3.70	0	0.00	0	0.00	2	1.61
基本合理	16	88.89	14	100.00	46	85.19	16	100.00	18	81.82	110	88.71
不合理	2	11.11	0	0.00	6	11.11	0	0.00	4	18.18	12	9.68
非常不合理	0	0.00	0	0.00	0	0.00	0	0.00	0	0.00	0	0.00
合计	18	100.00	14	100.00	54	100.00	16	100.00	22	100.00	124	100.00

（五）毕业生对会计本科实训模式的评价

会计本科有组织的专业实训一般包括校内实验和校外实训，但以校内实验为主，即针对会计本科课程如会计学原理和财务会计等配合开展手工模拟训练和电子模拟实训，帮助学生熟悉与运用会计本科理论知识，对会计实践形成初步的感性认识。手工模拟训练和电子模拟实训的效果如何，能否达到预期目的，在很大程度上会影响到学生专业实践能力的提高。被调查毕业生对 H 大学会计本科实训的评价情况如表 5-21 所示。

表 5-21　被调查毕业生对会计本科实训评价统计

项目	很满意		较满意		一般		不满意		合计	
	人数	比例（％）	人数	比例（％）	人数	比例（％）	人数	比例（％）	人数	比例（％）
手工操作实验	16	12.90	44	35.48	38	30.65	26	20.97	124	100.00
会计计算机实验	4	3.23	42	33.87	42	33.87	36	29.03	124	100.00

由表 5-21 可以看出，被调查毕业生对 H 大学会计本科实训的满意度比较低。对于手工操作实验，有 30.65% 的被调查毕业生评价为一般，20.97% 的被调查毕业生则不满意；对于会计计算机实验，有 33.87% 的被调查毕业生评价为一般，29.03% 的被调

查毕业生则不满意。两者比较看，被调查毕业生对 H 大学会计计算机实验的不满意度要高于手工操作实验。这说明 H 大学会计本科实训特别是会计计算机实验的效果不好，致使毕业生的专业实践能力较弱。其主要原因之一，是现行会计计算机实验软件大多为教学版而非商用版，其实验基础环境和实例数据也与企业的实际情况存在一定的差异。因此，需要加强专业实训的内容体系、组织管理、指导与考核等方面的建设，以此提高其专业实践能力。

（六）毕业生对会计本科实习模式的评价

专业实习是学生到企业或实践基地进行实地实习，熟悉会计环境，参与或直接顶岗工作，并对实习单位一定时期内生产经营过程中的经济业务进行会计处理，掌握基本的会计技能的一种实践活动，其是提高学生专业实践能力的重要途径。由于多种因素的制约，H 大学的会计本科实习基本上采取的是学生自己联系实习单位的"分散式"实习，这种实习方式有利于学生对实习地域、实习方式、实习内容等的选择，并能与学生的就业紧密联系，有很大的灵活性。但是，被调查毕业生对此却反映不一，如表 5-22 所示。

表 5-22   被调查毕业生对专业实习评价统计

满意度	2016 年		2017 年		2018 年		2019 年		2020 年		合计	
	人数	比例（％）	人数	比例（％）	人数	比例（％）	人数	比例（％）	人数	比例（％）	人数	比例（％）
很满意	0	0.00	0	0.00	2	3.70	0	0.00	0	0.00	2	1.61
较满意	6	33.33	6	42.86	14	25.93	0	0.00	8	36.36	34	27.42
一般	4	22.22	4	28.57	22	40.74	8	50.00	4	18.18	42	33.87
不满意	8	44.45	4	28.57	8	14.81	6	37.50	10	45.46	36	29.04
非常不满意	0	0.00	0	0.00	8	14.82	2	12.50	0	0.00	10	8.06
合计	18	100.00	14	100.00	54	100.00	16	100.00	22	100.00	24	100.00

由表 5-22 可见，对于 H 大学会计本科实习的现状，被调查毕业生中有 33.87% 的毕业生认为一般，较满意的仅占 27.42%，而有 29.04% 的不满意，非常不满意的有 8.06%。因此，从总体上看，被调查毕业生对会计本科实习的满意度一般，但有不满意之趋向。从各年分布来看，被调查毕业生中近三年毕业的学生评价为不满意的比例有上升趋势，从 2018 年的 14.81% 上升到 2020 年的 45.45%。这种评价反映了学生对建立专业实习基地进行集中实习的愿望。因此，在会计本科实习的未来改革中，需要将分散自主实习与集中统一实习相结合、毕业实习与学年见习相结合。

第三节 基于会计学专业的地方综合高校
应用型经管人才培养比较

一、其他高校会计学专业人才培养目标的定位

(一) 国外发达国家高校会计学专业的培养目标

国外发达国家高校的人才培养目标一般都是由各大学自己确定的，以体现各自的特色，会计学专业也是如此，其中最有代表性的是美国会计教育。自20世纪80年代以来，随着美国经济的飞速发展，其会计职业与过去相比也发生了很大的变化，美国相关高校、美国会计学会 (American Accounting Association，AAA) 和美国注册会计师协会 (American Institute of Certified Public Accountants，AICPA) 等机构与组织便开始了关于美国会计教育的探讨。目前，美国高校会计学专业本科生的培养目标一般是以"适应社会需要，毕业后能够顺利就业"为基础，强调着重培养"善于学习、应变和应用"的人才，施教方式比较注重能力，关注对综合能力的培养，特别是发现和归纳问题、分析问题和最终找到解决问题的能力。日本高等教育的总体培养目标是培养"面向国际的世界通用性人才"，其管理类学科 (包括会计) 本科教育的培养目标是"让学生掌握终生受益的原理性知识和处理问题的能力"。加拿大多伦多大学将会计本科的培养目标定位于"为将来可能接受的职业训练、工作或深造打下一个宽广的人文基础"，学生主要通过对有关经济理论课程、应用类课程和管理类课程的学习，为应聘于各类组织和下一步深造打好基础。澳大利亚大学的会计本科教育对培养学生在社会政治、经济环境和组织系统中的职业系统的职业角色有着非常明确的目标，即要使学生了解其未来职业生涯中所应承担的责任和具有的权利，例如强调如何培养学生的以下能力：继续学习、增长知识的能力及严谨的分析能力和创造力；愿意开始并参与变革；清晰地交流与流畅地写作；拥有团队合作的能力；拥有解决问题与做出决策的能力；自信并能够清楚地陈述自己的意见等。

(二) 国内高校会计学专业培养目标的现状

我们调查了30所国内高校会计本科教育人才培养方案，虽然其对人才培养目标的具体表述或定位各有不同，但不同学校以及同类型学校都突出了"高级专门人才"。以清华大学和北京大学为代表的综合研究型大学一般将会计学专业人才培养目标定位于

"致力于培养应用型、通用型、外向型的高级会计与财务管理人才，亦以培养一流的师资与研究人才为己任"。以上海财经大学和中南财经政法大学为代表的重点财经院校将会计学专业人才培养目标定位为"培养德、智、体、美全面发展，适应 21 世纪社会发展和社会主义市场经济建设需要，基础扎实、知识面宽、业务能力强、综合素质高、富有创新意识和开拓精神，具备会计、审计及管理、经济、法律等方面的知识和能力，具有独立履行注册会计师执业职责和承担大型项目审计工作能力，能在会计师事务所（会计公司）、政府审计部门及企、事业单位从事审计和相关业务及教学、科研工作的高级专门人才"。其他院校有的将会计学专业人才培养目标定位为"培养能在企事业单位、会计师事务所、经济管理部门、学校、科研机构从事会计学的实际工作和本专业教学、研究工作的德才兼备的高级专门人才"，也有的定位为"培养德、智、体全面发展，从事会计教学、科研和管理工作并能承担会计师职务的专门人才"。可以看出，国内大多数高校都强调会计学专业人才培养的弹性，即所培养的会计本科学生可以从事两方面工作：一是理论研究（从事教学、科研工作）；二是会计实务。这导致了会计本科教育的培养目标不明确，特色不突出，本科教育与研究生（硕士、博士）教育的人才培养目标界限不清。

（三）国内外高校会计学专业人才培养目标的启示

国内外高校会计学专业人才培养目标的定位可以给我们如下启示：

第一，会计本科教育更注重学生综合能力。西方发达国家在本科人才培养目标上更加注重对学生能力、个性和素养的培养，强调职业道德和人格教育，以及密切就业以满足社会的需要，并使其能够胜任工作或提高就职时的竞争力。研究生（硕士、博士）层次上，其人才培养目标虽也注重与实务紧密相连的各种能力和素质的培养，但更加强调学术性和研究性。借鉴西方国家会计人才教育的经验，我们在定位会计学专业人才培养目标时要更加注重学生综合能力的培养，以满足社会需要为中心。

第二，明确会计本科人才培养目标的选择。会计学专业人才培养目标需要明确两个问题：一是本科会计毕业生到底是从事会计实务工作还是从事会计研究或教育工作；二是会计本科是否能够培养出"高级"会计人才。将会计本科教育的培养目标确定为"高级专门人才"，不仅在会计教学中缺乏可操作性，而且也使得研究生阶段的会计人才培养目标缺乏空间。要在会计本科教育中培养出面面俱到，能适应任何部门、担任任何部门会计工作的会计人才未免过于天真，而要让本科生去从事科学研究工作，则其教学工作中需要一个较长的适应和改造过程才能达到，要培养既能适应会计实务工作，又能从事会计研究和教学工作的会计人才是不现实的。因此，对于一般高校来说，培养从事会计实务工作的应用型人才是会计本科人才培养目标的现实选择。

二、其他高校会计学专业课程的设置

(一) 国外发达国家高校会计学专业课程的设置

美国本科会计教育，既注重基本知识的教育，又注重通过这些知识的教学来提升学生的能力。尽管各个大学设计的会计学专业课程不尽相同，但大体都包括 AICPA 在其示范性课程表里所要求的三种知识，即一般知识、通用商科知识和会计知识。为了达到技能教育的要求，会计教材的编写与以前相比发生了很大的变化。最为突出的是，许多新教材所附的练习题不再像以往那样，答案并不是唯一的，而变得非常多样化，借此全面培养学生分析、表达、交际、合作等多方面的能力。虽然美国的大学会计教育强调了其培养目标是完成注册会计师应有的职业素质培养，但会计教学与执业资格考试却相对独立。会计教育改革委员会（Accounting Education Change Commission，AECC）发布第 5 号公报明确反对将会计教学与执业资格考试直接挂钩。该报告认为，在美国有些州中，学生未毕业就可以参加会计师考试。这样一来，学生接受会计教育的目的就变成了是考执业资格而已，很可能导致学生不专心学习其他课程。因此，第 5 号公报建议，专业执业资格考试必须具备学士学位才能参加考试。虽然 AECC 的建议不具有强制力，但他们仍然希望在美国有提供准备会计师考试或会计学专业考试方面课程的学校，不要将这些课程的学分计入毕业学分之中。将准备会计执业资格考试与学校会计教育分开，二者不能相对独立。

英国在大学本科会计教育中，每当出现会计领域的新技术、新理论，教师都会及时将其纳入授课内容之中，避免学生在学校学到的理论知识和社会需要脱节。同时，成为英国特许会计师（The Association of Chartered Certified Accountants，ACCA）成员是进入大公司和知名会计师事务所的通行证，因此，英国会计本科教育通常与 ACCA 紧密相连，会计学专业的课程设置和教学内容与 ACCA 考试挂钩，并随着 ACCA 考试科目与内容的调整而做相应调整。另外，英国会计学专业课程还特别注重对于会计基本知识的教学，如经济、统计和法律等，大部分课程都很注意培养学员的实际工作能力，并尽早让他们熟练掌握会计软件、电子表格和其他电脑使用技能，也就是既要求理论学习，也要求实践经验的积累。

加拿大的会计本科教学的重心已由技术操作转向基础教育。基础知识课程大幅增加，甚至不惜以牺牲技术性会计课程为代价，扩充学生在人文科学和自然科学方面的选修课，加强了学生在自然科学和研究人们在社会、组织和经济环境中的行为的人文科学方面的知识。同时强调经济知识中的非会计要素，高级金融学、证券投资组合与投资管理、金融组织与市场、风险管理、管理政策与战略以及高级经济学等课程已经作为会计学专业选修课开设。此外，一些新的会计课程，例如行为会计学、当代会计研究、会计史和国际会计等，也已经作为基础会计教育的重要组成部分被列入会计教学的计划之中。这种课程设置变动的目的在于通过建立一个坚实的多学科知识基础来扩展学生的视野。

澳大利亚的会计本科教育具有其明显的特征。以科廷科技大学为例，教学内容与技术资格考试挂钩，科廷科技大学在教学内容上还有一个重大的特征就是，某些重要的会计学专业课程（比如会计、财务管理、审计等）的授课内容与会计资格考试的要求相挂钩，有很多课程得到了澳大利亚会计职业组织甚至是英国会计职业组织的认可。可以说，科廷科技大学在会计教学内容上的这种安排，不仅使学生可以学到未来职业中最有用的知识，而且节省了学生们考取相关会计资格的时间。

（二）国内高校会计学专业课程的设置

通过比较我国30所高校会计学专业本科人才培养方案可以发现，我国多数高校会计本科专业课程的设置从内容上看均包括四个部分：一是公共基础课，诸如政治、英语、高等数学、计算机基础等；二是专业基础课，包括经济、管理、法律等相关课程；三是专业核心课（必修），主要有成本会计、中级财务会计、财务管理、审计等课程；四是专业选修课，主要有西方会计（英文原版）、会计理论、会计伦理学、内部控制、项目评估、国际比较会计、专业毕业论文、专题讲座、会计制度设计专题、计算机会计实务、电子商务、政府与非营利组织会计、税务会计等课程。

但是，不同高校也存在一定的差异。在公共基础课部分，清华大学和北京大学等研究型大学重点突出了英语、数学、计算机等基础工具课，主要表现为增加这些课程的学时和学分，其他的高校除了有的增设了基础社会科学、基础物质科学和基础生物科学等课程外，基本上都是按照教育部规定的公共基础课来设置的；在专业基础课方面，基本上30所高校中所有高校都开设了管理学、微观经济学、会计学基础、统计学、经济法、税法、市场营销等课程，22所高校开设了宏观经济学，5所高校开设了计量经济学，2所高校开设了管理经济学，仅有上海财经大学一所高校开设了政治经济学；在专业核心课程上，所有学校都开设了中级财务会计（一）、中级财务会计（二）、财务管理、成本会计、管理会计、高级财务会计、审计学、会计电算化课程，只是有的高校将管理会计分为管理会计（一）和管理会计（二）两门课程，有的高校将高级财务会计也拆分为两门课程，还有高校将成本会计和管理会计合成为成本管理会计开设，另外也有高校在以上专业核心课程中选择几门课程采用双语教学；在专业选修课上，各个高校的课程设置则差异很大，但几乎所有高校专业选修课的设置都是加深专业的深度，如财经类院校中的代表上海财经大学开设了会计理论、审计理论、财务报告分析、风险投资管理、管理咨询、外汇业务会计、股份公司会计、证券公司会计、国际会计等课程，综合类院校中的代表北京大学开设了财务报表分析、财务会计理论与政策、财务案例分析、项目评估、内部控制与内部审计、国际会计、金融企业会计等课程，一般院校如集美大学开设了税务会计与纳税筹划、会计信息系统、政府及非营利组织会计、国际财务管理（中、英）、会计理论、财务报表分析、金融企业会计、会计制度设计、小企业会计等课程。

（三）我国高校会计学专业课程设置存在的问题

综观我国高校会计学专业课程的设置，其存在如下问题：

第一，会计课程内容重复，缺乏合理性。现行会计课程体系主要包括专业基础课和专业主干课，而且大部分都是与会计相关的课程，这些课程之间交叉重复内容较多，如基础会计学与财务会计学在会计要素、会计核算及报表编制方面重复；管理会计与财务管理在预测、投资决策、财务预算等方面重复，这既影响了学生学习的兴趣，也削弱了学生自学的能力，同时，也影响了某些课程如成本会计课程的自然体系和独立课程体系的形成。

第二，专业课程比重畸高，其他相关学科比较欠缺。尤其是对提高学生人文素质方面（培养学生的自我学习发展能力）的课程重视程度明显不够。所谓"重技术教育"的做法只能造成会计人员知识面狭窄、适应性差，不仅难以妥善处理会计工作中的人际关系，而且不会合理运用其他学科中的概念和研究对象及研究方法去开辟新的会计领域。

第三，专业课程中较高层次课程薄弱。在专业课程中，相对比较容易的行业会计课程比重偏高，而较高层次的财务管理、管理会计课程却比较薄弱。这在客观上造成了大多数学生对行业会计把握得较好，对财务管理、管理会计课程只了解皮毛的现象。这就使得多数会计本科毕业生仍是一个初级的账房先生，而不是一个高级管理人才。

第四，必修课课程和选修课课程搭配不合理。必修课课程和选修课课程之间的搭配不合理，特别是必修课课时过多，使学生完全处于被动状态，剥夺了他们选择适合个人发展的知识结构和自学的权利，对于发挥学生的能动性、创造性形成了人为的障碍。

第五，缺乏职业道德教育内容。道德教育是全面素质教育中十分重要的内容。作为在经济领域处于特殊岗位的会计人员，会计职业道德教育是保证会计信息质量的重要约束因素。因而，会计职业道德教育是会计学专业素质教育的一个极为重要的内容。但是，在当前我国本科会计教育中，只有少数高校设置了会计职业道德的相关课程。

▶第六章

地方综合高校应用型经管
人才培养框架设计

第一节　坚持产出导向，优化"基础—专业—应用"
三段式人才培养设计

按照社会需求导向和能力培养中心，根据知识、能力、素质三维一体的人才培养理念，本书构建了"基础—专业—应用"三段式人才培养模式（见图6-1），以培养重知识、强能力、高素质的创新精神与实践能力并重的应用型复合人才。

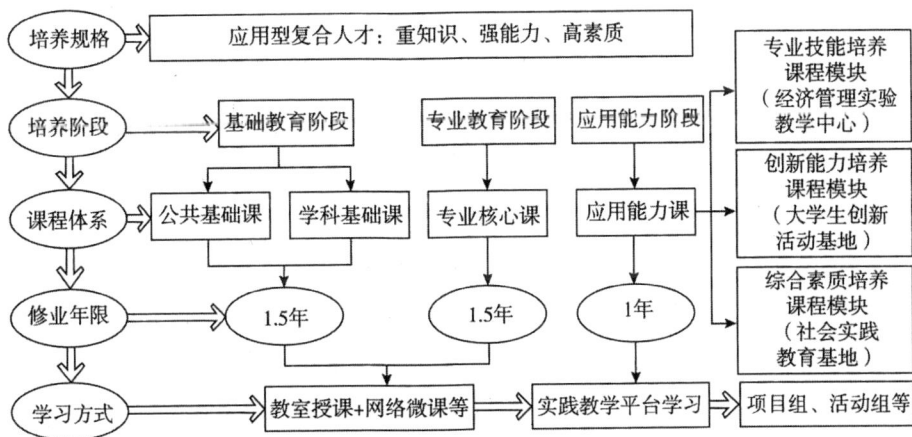

图6-1　三段式人才培养模式结构

"基础—专业—应用"三段式人才培养模式，是能力本位的经济管理类应用型复合人才培养体系的核心，把四年的培养过程分为三个教育阶段：3个学期的基础教育阶段，主要完成公共基础课程和学科基础课程学习；3个学期的专业教育阶段，主要完成专业核心课程学习；2个学期的应用能力阶段，主要完成应用能力课程学习。在应用能力培养阶段，通过实践教学、大学生创新活动（大学生创新训练计划项目、学科比赛、ERP协会、创业活动等）、社会实践等，以项目组、活动组、辅导讲座等形式，实现知识的应用，强化学生的实践能力和创新能力。

第二节　坚持能力生态，构建会计实践创新能力培养的课程模块体系

依据经济社会发展和行业企业对会计人才能力的需求，在"基础—专业—应用"三段式人才培养设计基础上，本书将会计人才的能力培养进一步细分为四个模块，即通识基础能力、专业核心能力、会计实践能力、创新创业能力，相应构建专业核心能力课程模块、会计实践能力模块、创新创业能力模块，形成了能力本位的实践创新课程模块体系（见图6-2）。该体系以提高学生的专业核心能力、会计实践能力、创新创业能力为目标，推动创新创业与专业教育紧密结合，开设系列能力培养课程，构建会计创新能力培养实践教学体系，探索会计实践创新能力培养路径，提升会计人才培养的应用型、复合型和创新型特色。

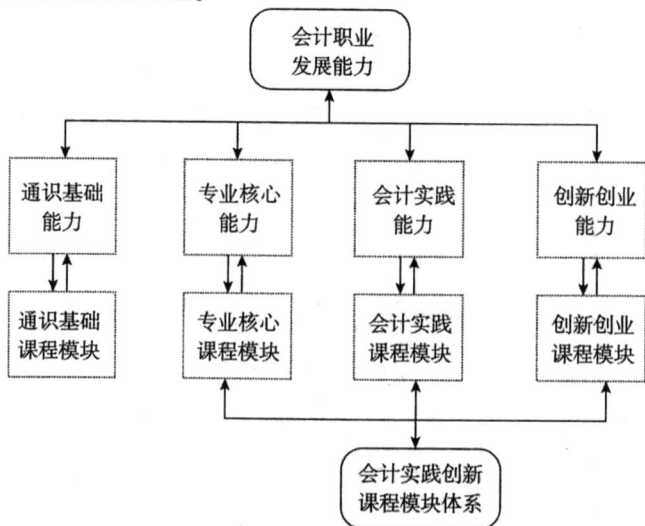

图6-2　会计实践创新能力课程模块体系结构

第三节　坚持开放共享，创建会计实践创新人才 "四全"培养模式

坚持开放共享、校企合作，创建全过程、全方位、全融合、全协同的会计应用型创新人才"四全"培养模式。

一是全过程的会计实践创新能力培养，即学生自入校开始直到大四毕业，大学四年持续性地开展实践创新能力培养。

二是全方位的会计实践创新能力培养，即在师生中广泛树立大课堂理念，突破45分钟传统课堂边界，以专业教育和创新创业教育充实课外空间，打造人人皆学、处处能学、时时可学的泛在化学习新环境。

三是全融合的会计实践创新能力培养，即推进会计实践创新能力培养中师生的广泛融合；推进专业教育与科技革命和产业变革的交叉融合；推进会计学学科与其他学科的交叉融合，鼓励学生综合性跨学科学习，选修技术类课程，增设大数据分析技术与工具、供应链管理、财务决策等专业拓展课，推动人才培养向"管理型会计"迈进；推进校企合作的深度融合，以教师、企业、学生的广泛参与为支撑，优化校企协同育人路径，完善会计学专业协同育人体系和校企共商共议机制。

四是全协同的会计实践创新能力培养，即实现会计学专业教育与创新创业教育的深度协同，强化创新创业实践教育；实现校企协同育人的深度协同，模块化、节点化校企协同育人内容，推行特色课程开发、双向双师培养、协同育人平台建设、协同育人实践教学、协同创新创业五位一体的育人模式，实现全过程全方位全融合的协同育人，形成合作共赢的校企协同长效机制。

第四节　坚持实践创新，构建"双平台多模块" 塔型实践教学体系

优化整合实践教学内容，构建实践教学的基础、综合、创新三类模块，实现由专业能力培养向创新创业能力培养的深化，实现从虚拟仿真到现实实践的渐进，形成有特色的、能力本位的经管类应用型复合人才"双平台多模块"塔型实践教学体系，如图6-3所示。

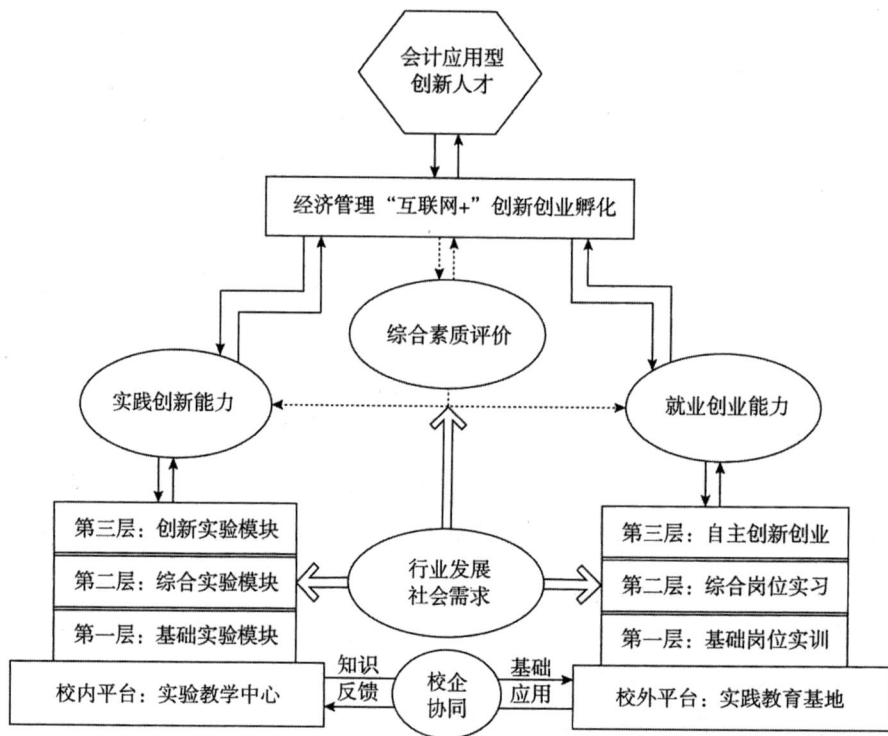

图6-3 会计应用型创新人才"双平台多模块"塔型实践教学体系

校内实践教学平台通过基础实验模块、综合实验模块、创新实验模块的实验教学，重在培养学生的实践创新能力；校外实践教学平台通过基础岗位实训、综合岗位实习、自主创新创业等模块的实践教学，重在培养学生的就业创业能力。其中，校内实验教学中心的教学，为学生在校外实践教育基地的实训、实习、创业等提供基本知识和专业能力；校外实践教育基地则是学生应用专业知识和培养专业能力的重要场所，它可以通过一定的响应机制，将行业、职业的实践能力需求反馈于校内实验教学平台，以修正实验教学内容和实验教学评价，促进教学方法、手段等的变革。以创业孵化为方法和手段，聚合学生的专业能力、实践能力、创新能力、创业能力等，并根据行业发展和社会需求构建能力评价体系。由此，校内外实验实践教学各层次模块，以课程为纽带，以大学生创新活动、学科比赛等第二课堂为补充，形成动态响应机制，实现校内外实验实践教学的协同和交互响应，以及校内平台虚拟仿真和校外平台现实实践的相互交融。

第五节 坚持持续改进，创建"校企合作—产教融合"的课程动态响应机制

建立以校企校地合作为基础、特色课程资源建设为纽带，通过基础、综合、创新三层次模块动态变化的响应机制，融合于经济管理"互联网＋"创业孵化，实现经管类应用型复合人才的培养目标，具体运行机理如图6-4所示。

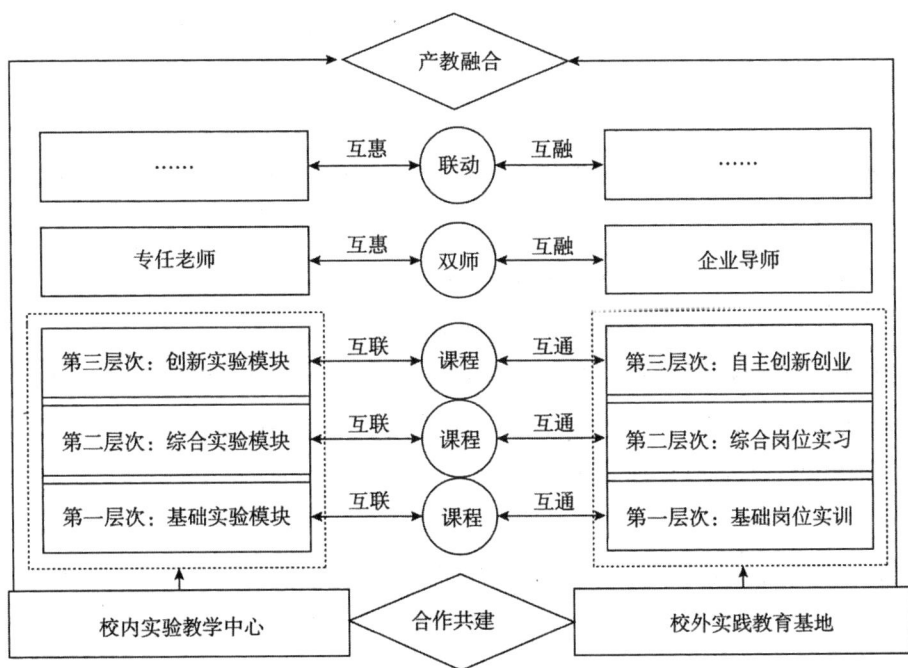

图6-4　实践教学课程运行动态响应机制

由图6-4可知，实验教学中心要想和实践教育基地实现校企合作共建，校内各实验模块的教学目标、教学内容、教学方法与手段等，就必须与校外实训、实习、创新创业的能力需求实现互联互通，并适时响应和动态调整。这种以校企合作为基础、以产教融合为目标的课程动态响应机制，具体体现于"点—线—面—体"的实践教学运行之中。"点"型实践教学以专业课程为主推行验证性实验，目的是巩固学生所学的专业基础知识，主要体现于基础实验模块，响应于基础岗位实训；"线"型实践教学以课程实践为主，通过模拟训练、ERP实验等课程推行综合性、设计性实验，主要体现于综合实验模块，响应于综合岗位实习；"面"型实践教学以虚拟仿真综合实验为主，通过

VBSE（Virtual Business Social Environment，虚拟商业社会环境）创新实验、大学生创新训练计划项目、学科比赛等，推行综合性、设计性实验和实践，培养学生的创新创业能力，主要体现于创新实验模块，响应于自主创新创业；"体"型实践教学以创业孵化中心为主推行"体"型实践教学，通过创业训练、创业实践等聚合学生的各项能力，并对学生的能力开展综合评价，实现产教融合目标。

第六节　坚持校企合作，搭建会计人才实践创新创业就业能力培养的驱动平台

搭建校内实验教学中心和校外实践教育基地两类平台，多途径、多手段、多方式地培养学生的实践创新能力和创业就业能力。一是建设经济管理实验教学中心；二是加强校企合作，建立校外实践教学活动基地；三是成立经济管理"互联网＋"创业中心，实现实践教学与创新创业教育的融合。

第七节　坚持以学生为中心，建设基于学生应用能力培养的教学工作团队

根据学生职业发展和能力培养需要，结合专业教师特点细化若干教学工作团队，引导教师在以学生为中心的过程培养中，建立师生交互融合的教学和学业指导机制，注重现代信息技术在专业教学中的应用；采取集中研讨、示范观摩、培训交流等形式，围绕专业协同发展、课程与教材建设、课堂教学改革等内容，开展一月一次的主题教研活动，完善会计实践创新能力培养体系，推动现代信息技术与教育教学深度融合。

第七章

地方综合高校应用型经管
人才培养综合改革

专业综合改革旨在充分发挥高校的积极性、主动性和创造性，结合办学定位、学科特色和服务面向等，明确专业培养目标和建设重点，优化人才培养方案。按照准确定位、注重内涵、突出优势、强化特色的原则，通过自主设计建设方案，推进培养模式、教学团队、课程教材、教学方式、教学管理等专业发展重要环节的综合改革，促进人才培养水平的整体提升，形成一批教育观念先进、改革成效显著、特色更加鲜明的专业点，引领示范本校其他专业或同类高校相关专业的改革建设。本章以会计学专业为例，对地方综合高校应用型经管人才培养综合改革进行研究与实践。

第一节　地方综合高校应用型经管人才培养
综合改革目标

以社会需求为导向，以专业内涵发展为主线，以人才培养为中心，形成多个专业发展方向以及政产学研用协同的创新人才培养体系，积极探索知识、能力、素质一体的三段式人才培养模式，将会计学专业点建设成深度契合社会需求的人才培养基地、服务社会阵地和文化传承领地。为了实现以上总体建设目标，本书试图围绕以下几个具体建设目标展开工作：

一、构建知识、能力、素质一体的三段式人才培养模式

在培养目标上，以社会需求为导向，以能力培养为中心，以培养重知识、强能力、高素质的会计人才为目标，促进学生全面发展，着力提高学生忠于职守、服务社会的职业素养，勇于探索的创新精神和善于解决问题的实践能力；在培养阶段上，分为基础阶段、专业阶段、能力培养阶段，以此构建课程结构体系；在培养对象上，立足多个专业发展方向，对学生实行分类定向培养，并建立可动态调整的定向培养方案；在培养主体上，倡导多方参与，将校政合作、校行合作、校企合作、校所合作融入教学和人才培养全过程，不断推进政产学研合作与协同创新；在培养过程上，推进点、线、面、体的渐进式培养，通过知识点的切入、能力线的串联、素质面的构建，最终培养出重知识、强能力、高素质的综合型人才。

二、打造专兼结合、能力互补的高素质教学工作团队

通过改革试点，根据专业人才培养多样化的要求和能力需求导向，建立一支专兼结合、比例合理、年富力强、学历职称与学科专业结构优化、既有深厚的理论基础又有较强的实践指导能力的高素质、复合型教学团队，提升整个教学团队的学术水平、实践应用能力和职业素养，为会计学专业综合改革提供师资保障。

三、建立模块化、多样化、动态化的专业课程体系

以能力培养为目标，在基础阶段、专业阶段、能力培养阶段分别建立课程群，形成完整的课程结构体系，并根据专业的不同发展方向建立可动态调整的能力课程模块；以三段式应用型人才培养为主线，分专业发展方向建立课堂讲授与案例教学相结合、课程学习与专题讲座相结合、理论知识学习与实践应用能力培养相结合的可动态调整的课程内容体系。

四、创新会计学应用型本科专业教学方法体系

结合多样化应用型人才培养体系，根据不同的专业发展方向，创新基于能力需要的会计学应用型本科专业教学方法体系，实现课堂教学情境、实验模拟仿真教学情境以及现场教学情境的动态化整合，形成"三境合一"的动态化教学方式，体现教学过程中的"学思结合"；建立整合校内外资源的多元化、开放式实践教学平台，为知识转化、理论升华以及能力、素质的提升创造平台，做到人才培养过程中的"知行统一"。

五、建立体系完善、运行高效、资源共享的实践教学平台

构建融实验、实训和实习于一体的实践教学体系；融专业教师、实验员、业界专家于一体的实践教学队伍；融教室、实验室、实习基地于一体的实践教学平台；融实验教程、实验指导书、实验大纲、微课视频于一体的实验教学资源体系。在传统校企合作共建实习基地的基础上，积极开展与企业共同制定实践教学方案、共同开发实验课程、共同编写实训教材、共同开展实践教学研究、共建实验室等深层次的校企合作。

六、创新多元化的教学质量管理和人才培养质量考评体系

深化改革教学管理体制，建立监控与保障结合、评价与反馈结合、激励与约束结合的全方位、多元化教学质量考评体系。以多方共同评价为主导，以提高学生专业技能的掌握和实践应用能力为目的，以激励学生将专业学习与职业兴趣有机结合为手段，建立校政行企所共同参与、单向评价与综合评价相结合、课程考试评价与实训实习评价相结合、知识结构评价与实践能力评价相结合的全方位、开放式人才培养质量考核与评价体系。

第二节　地方综合高校应用型经管人才培养 综合改革总体思路

会计学专业综合改革试点的总体思路是：根据《教育部财政部关于实施"高等学校本科教学质量与教学改革工程"的意见》《全面提高高等教育质量的若干意见》《关于深化高等学校创新创业教育改革的实施意见》等文件精神，以及普通本科高校"专业综合改革试点"、《工商管理类本科专业教学质量国家标准》和《会计学本科专业教学质量国家标准》等相关要求，在充分认识会计学专业建设现实的基础上，按照能力培养的中心和社会需求的导向，精心凝练会计学专业综合改革的理念，科学制定会计学专业综合改革的总体目标，将知识、能力、素质三位一体的人才培养理念，深入贯彻到培养模式、师资团队、课程体系、教学方法、实践教学、教学管理等各个环节，构建三段式人才培养模式，形成协调发展的多样化人才培养全系统，校企协同创新规划，全面推进会计学专业综合改革，培养具有良好职业素养、创新精神与实践能力并重的高素质应用型会计学专业人才。具体如图7-1所示。

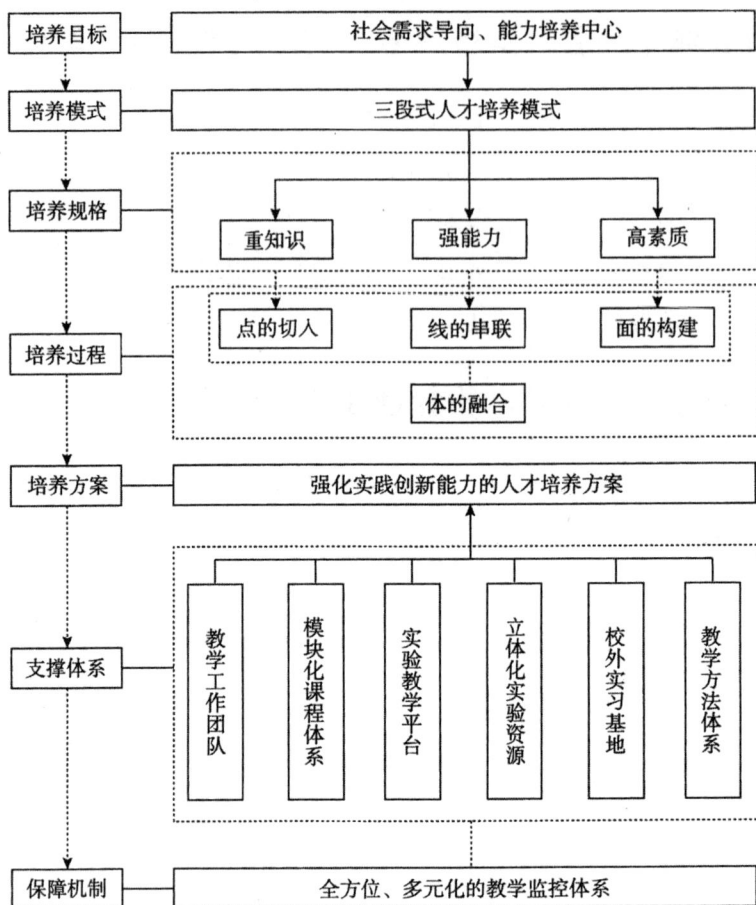

图 7-1 专业综合改革的总体思路

第三节 地方综合高校应用型经管人才培养
综合改革具体措施

一、构建三段式人才培养模式,优化人才培养过程

(一) 构建三段式人才培养模式

按照社会需求的导向和能力培养的中心,构建三段式人才培养模式,以培养重知识、强能力、高素质的创新精神与实践能力并重的高素质应用型会计学专业人才,具

体如图 7-2 所示。

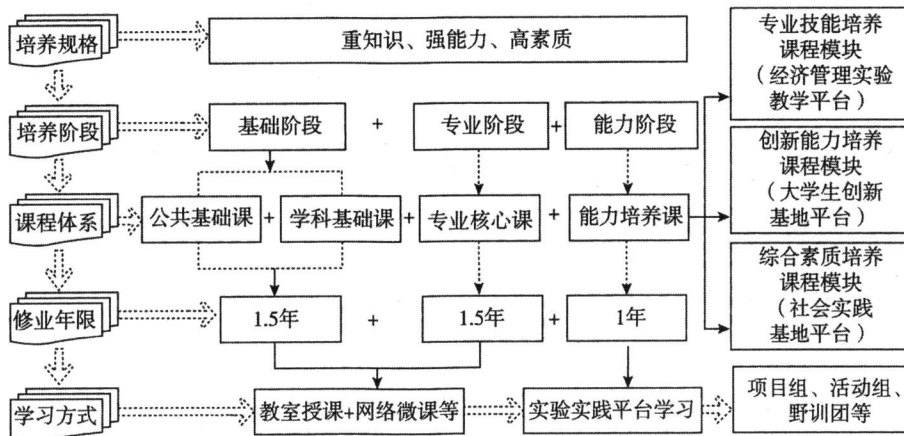

图 7-2　三段式人才培养模式结构

三段式人才培养模式即把学生的四年培养分为三个阶段：1.5 学年为基础阶段，完成公共基础课程和学科基础课程学习；1.5 学年为专业阶段，完成专业核心课程学习；1 学年为能力培养阶段，通过实验教学平台、大学生创新基地平台（大学生创新训练计划项目、学科比赛、ERP 协会、创业活动等）、社会实践基地平台，完成能力课程学习，强化学生的实践能力和创新能力。

在能力培养阶段，根据社会需求，确定不同的可适时动态调整的专业发展方向，以项目组、活动组、辅导讲座等形式，实施能力的定向培养。初步设立初级会计师和会计师事务所两个特色方向。初级会计师方向：强调学生会计学专业知识的运用，以专业技能能力为核心能力。通过强化会计信息化、会计手工模拟实验等，提升学生的会计学专业技能，大部分学生毕业时均能通过初级会计师考试取得初级会计师资格证书。会计师事务所方向：以会计师事务所为依托，通过在事务所中的项目式实训、定期式实习等方式，实施订单式培养。

（二）实行点、线、面、体四维一体的人才培养过程

遵循人才培养过程中的客观规律，力争在课程体系、能力训练、实习实训等各个环节实现点、线、面、体四维一体的人才培养。

点的切入：通过导入课程、通识课程、学科基础课程的开设，塑造学生各个领域的"知识点"，奠定坚实的学习基础。

线的串联：通过核心课程群的模块化，将零散的知识点进行有机系统的整合，串联成学生综合发展的"能力线"，培养学生的自律能力、自立能力、专业能力、应用能力及协调管理能力等。

面的构建：通过实习实训、企业调研、社会实践、项目开发等综合训练，将学生具备的知识、能力转化为个人素质，构建学生的专业素质、人格素质及宽广的商业视角素质等"素质面"。

体的融合：通过学科竞赛、科研活动、企业资源计划等创新平台，促进知识、能力、素质的三维融合，最终培养强能力、重应用、诚实守信的综合型人才。

二、建设基于学生能力培养的高素质教学工作团队

坚持"提高学历层次"和"充实双师型人才"的培养原则，实行"双师、双语、双向"的"三双"策略；结合校外实习基地建设，通过推行"走出去"和"请进来"的师资培训制度，不断提高教师的学术水平和实践能力；以素质教育和创新教育为重点，组建若干教学工作团队，引导教师在教学手段现代化、教学方式多样化、课程体系科学化、教学内容更新动态化等方面进行教学改革研究；推行专业教育导师制，建立教师和学生长期有效指导、沟通的渠道，打造师生交互融合的专业教学和学生学业指导机制。

基于以上思路，结合本专业每位教师的特点，根据人才培养模式和学生能力培养的需要，将专业教师组成若干具有不同内容的教学工作团队，具体如表7-1所示。

表7-1 教学工作团队一览表

序号	团队名称	教学工作内容
1	专业理论指导组	专题学术讲座、学生考研指导、学生论文等成果评审
2	校企合作外联组	金融行业实习基地联络和建设、订单式培养衔接
3	学生学业指导组	协助学生制定学业规划、学生学业困惑解答和引导
4	校外实习指导组	校外基地实习生选拔，实习过程中的带队、管理、指导
5	学科竞赛组	选拔、组织、指导学生参加各类学科比赛，管理ERP协会
6	专业建设和教学研究改革组	会计学专业建设改革规划，专业教学研究和改革
7	会计技能指导组	初级会计师考试指导和咨询；会计实验强化
8	教学方法改革组	教学方法研究与改革，青年教师指导，教学评价改革研究
9	考核改革研究组	组织实施考试改革、研究学生质量考核方案
10	日常教学管理组	会计学专业日常教学管理
11	专业核心课程群建设组	专业核心课程群建设规划和统筹
12	专业技能培养课程模块建设组	实验类课程建设，包括实验指导书、教学设计、微课建设等
13	创新能力培养课程模块建设组	创新能力培养课程模块建设的规划和统筹
14	综合素质培养课程模块建设组	综合素质培养课程模块建设规划和统筹

三、建立以培养执业能力、提高职业素养为核心的课程体系

根据专业不同发展方向的核心能力要求，每个专业发展方向的课程体系由四大课程群构成，即公共课程群、学科基础课程群、专业核心课程群和能力培养课程群。通过公共课程群和学科基础课程群的开设，奠定学生坚实的知识基础；通过专业核心课程群，培养学生的自律能力、自立能力、专业能力、应用能力及协调管理能力等；能力培养课程群开设专业技能培养课程模块、创新能力培养课程模块、综合素质培养课程模块，将学生具备的理论知识转化为个人的技术能力，提高学生的专业技能素质、人格素质等。

实行课程群（模块）负责人制，建立"课程群（模块）建设负责人统筹、学院主管、主讲教师具体负责实施"的三级管理体制；建立多人联课制度，根据每位教师的专长，以专题讲座、集中研讨等方式，共同完成一门课程的教学。

四、打造条件优良、资源充足、体系完善、高效共享的实践教学平台

基于经管类人才培养目标构建经管类实验实践教学体系，基于经管类实验实践教学体系搭建突出职业能力和创新能力培养的虚拟仿真实验教学资源平台，基于专业能力具备到提升的路径细化形成多层次、模块化的实验教学内容，基于人才培养模式改革构建校企合作、虚实结合的应用技术型实践教学模式。

（一）构建点、线、面、体四维一体的新型实践教学模式

"点"型实践教学：以课程为主推行"点"型实践教学。以验证性实验教学为主，目的是巩固学生所学的基础知识，主要由各专门实验室承担。"线"型实践教学：以模块课程为主推行"线"型实践教学。结合综合性、设计性实验开展教学，如课程设计、课程实习、模拟实验、业务实习等，着重培养与提高学生对同一课程的不同知识点，或同一专业的不同课程知识点的综合应用和融会贯通能力。"面"型实践教学：以虚拟仿真综合实验为主推行"面"型实践教学。以模拟训练、ERP、VBSE 等虚拟仿真实验为主，包括跨专业、跨学科的综合性、设计性实验，让学生在模拟的环境下，学会各个实践操作过程的连接，达到学会学习、学会应用和学习创新方法的目的。"体"型实践教学：以实践创新平台为主推行"体"型实践教学。为学生搭建多种体验式实践创新平台，结合大学生创新训练计划项目，支持一定数量的学生开展创新性实践项目，鼓励学生参与科学研究活动，培养学生的学术素养与科研能力；参加会计知识竞赛、ERP 大赛、ERP 沙盘模拟大赛、会计信息化大赛、财务决策大赛等学科竞赛，培养学

生解决实际问题的动手能力和创新意识；充分利用 ERP 协会，通过协会组织相关专业活动和校外兄弟院校经济管理类专业学生的交流，培养学生的组织、协调和沟通能力。

（二）打造集平台、指导书、视频、研究为一体的实验教学课程品牌

进一步完善实验教学平台，建立网络化、智能化、共享化的实验教学管理和控制平台，实现实验教学管理智能化、实验教学资源校内外共享化、学生自主实验网络化；组织实验教学教师团队开展跨专业虚拟仿真综合实验教学研究，建立融实验教程、实验指导书、实验大纲、微课视频、教学研究于一体的实验教学资源体系；加强实验教学的组织管理和教学过程考评，加大实验教学管理制度化、体系化研究。最终，将虚拟仿真实验课程打造成精品资源共享课程，实现实验教学资源向其他高校、向地方企业的有效共享，满足校内、校外其他相关专业的实践教学需求，以及企业界业务培训的需要。

（三）深化校企合作，协同创建"宽口径，多层级"的实习基地群

深化与企业的合作，双方联合开展会计学专业人才培养和专业教学计划，实施订单式培养方案，共同开发会计实习实训类课程，共同组建实习实训教学团队，共同开展实习前的专业培训、实习中的专业指导、实习后的总结与成绩鉴定等。

以湖北民族大学为例，其会计学专业实习基地以立信会计师事务所湖北分所为主，同时还辐射恩施州内、北京市、南昌市、武汉市，实习单位涵盖不同行业。校企双方在学生培养、资源共享、科研合作等领域可以实现有效资源整合。在基地建设中，以立信会计师事务所湖北分所为龙头，分析不同地域、不同行业实习单位的业务优势和特点，将学生分门别类地输送到各个基地实习实践，或者采取诸如轮岗式的实习模式，将同一批学生根据实习级别在不同的基地间依次输送，达到阶梯式的能力培养目的，有利于各个基地间的交流合作、业务输入输出等。

五、创新教学方法意识和教学范式

坚持学习与应用结合、共性与个性结合、传承与创新结合，建立与人才培养模式契合的教学方法体系。

（一）创新教学方法意识

树立双主体意识，强调教学相长、师生互动，"教"与"学"交替性地居于中心地位，活动的主体角色不断变换；树立开放意识，不断更新教学内容，加强对外交流，

实现教育活动与教学方法的国际化借鉴；树立问题意识，在教学中鼓励学生勤于问问题，学会由结论推而广之，举一反三，研究新情况、解决新问题；树立应用意识，知识源于书本，最终要走向应用，将分析、解决问题的方法逐步渗透到学生自己的认知活动和实验实践中；树立能力意识，除了培养学生的职业意识和专业能力外，还要注重对学生自律能力、自学能力、交际能力、管理能力等综合能力的培养。

（二）创新教学范式

实现由知识灌输式教学向师生共同探究式教学的转变；实现由教师授业解惑教学向合作式教学的转变；实现由单一的课堂讲授向讨论式教学、案例教学、现场教学等多样化教学方式的转变；实现由注重理论教学向实践应用教学为主的转变；实现由传统的闭卷考试向项目设计、专题调研、案例分析等多种考核方式的转变，加大力度引入计算机智能化考试模式。

六、建立全方位、多元化的教学质量监控体系

围绕人才培养质量目标，以就业为导向，以技术应用型本科教学质量体系纲要及程序文件为主线，以教学质量保障和监控环节为主要内容，全方位、有步骤地对教学管理、教学过程和教学质量的各个方面和环节实行监控。

改变传统的教学管理中"管理部门管理教师、教师管理学生"的垂直式管理模式，建立不同职称、学历、学科教师代表在教学管理制度拟订、修订中的书面商议制度等有利于发挥管理对象的主观能动性的制度，实现"水平式"管理；构建科学的教学质量评价与反馈体系，强调学科竞赛、社会实践、专业技能训练等第二课堂在教学质量评价体系中的重要补充作用。

鼓励教学管理研究，围绕教学管理过程中亟待解决的问题，通过发布教学研究课题的形式组织教师展开研究，建立切实可行和高效的教学管理制度，并应用于教学管理过程之中；设计本科生学业指导导师激励制度，包括指导教师遴选、学生选拔、激励约束等具体机制，有利于培养学生的创新精神和提升其实践应用能力；完善教师教学质量评价制度，改变传统的教学质量评价思维，鼓励老师创新教学方式方法，肯定一切能突出自身特色、有利于学生能力培养的教学方法和范式。

▶ 第八章

地方综合高校应用型经管
专业课程体系重构

在应用型本科人才培养标准基础上，重构知识、能力、素质三位一体的专业课程体系，以课程群为单位，凸显课程群在具体教学中的知识传输、能力塑造和素质培养功能，并互为一体，横向助推，纵向拓展。遵循大课程观进行课程建设，以促进课程体系的整体优化、获得学科优势，突破独立的课程界限，打破面面俱到的课程设置特征。强调每个群单元的知识传授、能力培养、素质提升功能，结合专业特征和社会需求，将所有课程进行关联分类与整合，发挥各群单元的模块功能。打破当前课程与课程之间的界限，找出理论课之间的内在联系、实验课之间的内在联系，通过每个课程群的理论学习及实践实训学习，具备解决相关问题的能力。本章以会计学专业为例，对地方综合高校应用型经管专业课程体系重构进行研究。

第一节　地方综合高校应用型经管专业课程
体系重构的背景分析

会计主要是应一定时期的商业需要而发展的，会计本科专业培养目标亦是动态发展的，并与社会主义市场经济发展相辅相成。改革开放以来，会计教育事业得到了空前发展，取得了令人瞩目的成就，各阶段会计人才的培养目标和人才培养规格做出了适时调整。经济社会的变革要求会计职业的角色功能做出必要的改变和重新定位。《教育部关于全面提高高等教育质量的若干意见》（高教〔2012〕4 号）和《国家中长期教育发展改革和发展规划纲要（2010—2020年）》提出，高等教育需要优化结构，立足区域经济与社会发展，办出特色。各高校需结合自身实际，全面深化教育教学改革和真正实现各专业人才发展与建设目标。各类院校在教育经费投入、教育规模、学科建设、师资力量、生源质量等方面存在各自的差异，因此，人才培养目标定位不可同质化。面对社会对高等教育的异质化需求，地方高校会计学专业人才培养需要优化结构、转型发展、突出特色。

当前，会计人才呈现供需不对称的矛盾关系，核算能力为主型的低端人才过剩；经验丰富、具备过硬职业能力和专业素养的高端人才短缺；互联网技术飞速发展、教育方式多元化、教育资源开放化，引发学生学习方式的变化；会计从业资格证取消，入职门槛升高，倒逼会计教育改革。高质量的会计教育是支撑和提高会计地位的有效方式，会计学专业人才培养应定位于博学的专业人才。教育改革大环境的变化、财经法律法规的调整变动、会计学专业人才的供需矛盾以及当代大学生的学习方式转变等，引发了地方高校会计学专业人才培养定位的思考。

基于能力培养的会计学专业课程体系重构，是人才培养模式改革中顶层设计的关键和核心，以知识、能力、素质发展为主线的高层次应用型人才培养模式，将专业教育与业务实践相结合、专业教育与岗位胜任能力相结合、专业教育与学生创新创业教育相结合，是高校会计学专业转型发展的可行之道。

第二节　地方综合高校应用型经管专业课程
体系重构的意义

会计史学家迈克尔·查特菲尔德（Michael Chatfield）曾说过："会计的发展是反应性的"，"会计主要是应一定时期的商业需要而发展的"，"并与经济的发展密切相关"。事物是发展的，会计本科专业培养目标亦是动态发展的，并与社会主义市场经济发展相辅相成。经济越发展，会计越重要。改革开放以来，我国会计教育事业先后经历了全面恢复（1978—1985年）、改革探索（1986—1992年）、飞跃发展（1993—1999年）、国际化（2000—2015）阶段，会计教育事业得到了空前发展，取得了举世瞩目的成就。各阶段会计人才的培养目标和人才培养规格做出了适时调整。经济社会的变革要求会计职业的角色功能做出必要的改变和重新定位。会计职业领域从传统的记账、算账、报账为主，拓展到内部控制、投融资决策、企业并购、价值管理、战略规划、公司治理、会计信息化等管理领域，执业重心由传统的财务会计向管理会计倾斜；会计师在组织决策、战略判断等管理活动中的参与度逐步提高，需要会计人才具备沟通协调、战略管理、组织文化、信息分析等能力；会计国际化的必然趋势要求会计人才熟悉国际市场规则和会计规则，具备跨文化沟通能力和国际视野。新环境对会计人才的知识储备、能力水平、素质修养提出了新的要求。会计教育要应对这一现实需求，必须厘清会计人才知识储备、能力水平、素质修养三者的内涵与逻辑关系，探索会计人才培养的目标和载体。

一、联系了当前会计教育的实际

习近平总书记多次就教育工作做出重要论述，我们要联系教育改革发展稳定的实际，联系工作实际和思想实际，努力做到学以致用、用以促学、学用相长。在高等教育改革中，做到改有所依、改有所进、改有所成。《国务院办公厅关于深化高等学校创新创业教育改革的实施意见》明确提出：高校教育要坚持问题导向，补齐培养短板，突破人才培养薄弱环节。本项目根据新环境下市场对会计学专业人才的知识、能力和素质要求，明确新形势下会计人才培养的目标，重构会计本科教育课程体系。

二、顺应了高等教育的三大规律

《国家中长期教育改革与发展规划纲要（2010—2020年）》指出："提高质量是高等教育发展的核心任务，是建设高等教育强国的基本要求。"新形势下，高等教育和高等院校发展中的类型、层次和形式定位以及人才培养中的方向、规格和目标定位问题，都是至关重要的。

（1）遵循人才培养中的无限性规律。在人才培养过程中，资源、方式、环境、条件或机遇等因素不同，就会出现不同的培养效果和目标，这是人才培养的普遍性。但一定要注意人才培养和发展规律中的特殊性和无限性问题，高校人才培养方案应体现一定的侧重、特色，但不能局限和隔断或封顶人才的培养和发展。

（2）把握教育中的职业性规律。按照《国家中长期教育改革与发展规划纲要（2010—2020年）》和《国家中长期人才发展规划纲要（2010—2020年）》提出的"建立和完善现代国民教育体系"和坚持"三个面向"，注重在实践中发现、培养、造就人才，构建人人能够成才、人人得到发展的人才培养开发机制的要求，以及探索推行创新型教育方式方法和改革职业教育模式的要求，破除普通教育就是普通教育、职业教育就是职业教育的局限认识，找准通过职业教育服务于高校会计人才培养的定位。

（3）掌握应用科学发展中的开放性规律。开放性是指遵循客观事物的开放规律，采取积极的开放工作，实现开放的科学发展。会计本科教育同任何客观事物一样，都是在实践中不断调整、变化、完善自己而实现科学发展的。

三、有利于推动会计学本科专业转型发展

地方高校转型发展适应了国家经济转型升级的要求，也是高校生存发展的现实需要。转型的关键是明确办学定位、凝练办学特色、转变办学方式，把办学思路真正转到服务地方经济社会发展上来，转到产教融合、校企合作上来，转到培养应用型技术技能型人才上来，转到增强学生就业创业能力上来。而课程教学是人才培养的主渠道，科学合理的会计学专业课程体系是培养大学生创新能力的重要载体，是人才培养过程中知识呈现的重要载体和知识传播的主要落脚点，是提高会计人才人文科学素质、专业素质和身心素质的必要条件。

第三节　地方高校会计学本科教育课程研究分析

一、高校会计学本科教育课程设置研究

刘永泽认为，在会计国际化环境下，会计课程的设置应该不只局限于会计学科知识的系统性，还应该打破传统的学科知识结构，与财务、金融等相近的学科进行知识整合，强调学科的综合性和知识的完整性；杨雪认为，国际化会计人才培养的课程设置应考虑通用性强、可比性强；孔令辉认为，会计本科教育的课程设置应在厚基础、宽口径的指导思想下、以能力为导向调整培养方案，同时要把职业道德教育贯穿其中，注重对学生正确价值观的培养；危莹、高电玻认为，我国高校的会计课程偏重会计制度、会计准则等一些知识的解释，缺乏应有的理论论述及分析；蓝文永认为，在我国现有财经院校中，会计学专业课程设置，出现各门专业课程建设中过多强调单科内容的完整性，而忽视整体专业教育课程内容的系统性的问题，使单项课程内容交叉、重复，这样既增加了各科教师的负担，造成了资源的浪费，又减少了学生有效学习和实践的时间；易玄、刘冬荣的研究表明，经过多年的调整，我国大多数大学的专业设置基本适应了会计国际化的趋势；肯尼（Kinney）认为，应更多开设信息技术、金融方向、战略管理等方向的课程，以适应会计职能在组织管理中的转变；日本的会计学校中则更多传授国际会计准则等方面的知识，以适应会计国际化的趋势。从以上分析可以看出，多数研究都认为课程设置应该更宽泛，而不仅仅是局限于会计学专业知识，应在课程设置中进行科学融合，加大实践教学比重，培养学生多方面的能力素质。

二、本科会计学专业人才知识、能力、素质研究

会计师开始在利用会计信息参与决策或支持决策的过程中扮演重要的角色，这就需要未来的会计师拥有三种重要的能力：职业判断能力、信息分析能力和沟通能力。刘永泽、翟胜宝指出，这些知识和能力需要从本科层次的会计教育做起。为了更好地实现这一目标，建立科学的课程体系是非常重要的一环。周萍强调传统的教育方式已不能适应新环境，认为会计本科毕业生应具备沟通技能、治理技能、人际关系技能；应具备一般知识、企业与组织相关的知识和会计与审计的知识。周碧雁指出，会计从业人员应该具有新的知识结构、计算机和网络技术知识、良好的业务操作技能、良好的沟通和解决问题的能力、较强的分析问题能力、优良的思想品德、开阔的视野、创新的思维、能快速适应瞬息万变的环境。程安林、李婉丽基于国际业务能力出发，提出应培养具有全球视野，熟悉国际惯例，掌握国际会计审计通用规则，具有全面综合素质、国际执业资格与适应国际业务能力的通用会计人才。《会计学本科专业教学质量国家标准》明确提出，会计学专业人才应定位于博学的专业人才，这种人才应具有诚信意识和专业操守，具备人际交往和沟通能力、信息获取能力、自主学习、终身学习和持续创业能力。相关研究显示，具备以下素质的会计人才比较受企业欢迎：有丰富的从业经验，有较好的学习能力和适应能力，有诚实的品行和踏实的工作态度，有良好的沟通能力，具有战略思维，能够支持决策。

综上可知，外部市场变化促使会计职能转变，并对会计人才的知识结构、能力水平和素质拓展提出了更高的要求，普通的"账房先生"将一去不复返。相关学者侧重于研究会计人才能力特征，且具有不同的侧重面，鲜有学者将会计本科人才知识、能力、素质培养与课程体系结构有机地结合起来。会计要发展，教育是关键。基于知识、能力、素质培养的会计学专业课程体系的构建，不仅重组了课程结构和内容，还重塑了教学主客体、教学实施方案与实施机制等。

第四节　地方综合高校应用型经管专业课程体系重构路径

一、厘清知识、能力与素质关系，明确会计学本科人才的三个维度

知识是客观事物的固有属性或内在联系在人们头脑中的一种主观反映，知识也是

形成人的能力的阶梯和载体；素质是个体在先天的基础上，通过后天的环境影响与教育训练而形成的某种活动的基本品质和基础条件。一般把人的素质分为五个方面：思想道德素质、科学文化素质、专业素质、身体素质和心理素质。能力和知识是形成人的综合素质的基本元素。会计本科专业课程体系的重构，必须建立在会计人才知识要求、能力要求和素质要求的目标上，并作为本项目研究的根本出发点和落脚点。结合《国家中长期人才发展规划纲要（2010—2020 年）》《会计学本科专业教学质量国家标准》及用人单位对人才的需求，会计本科毕业生应具备以下三个维度的素质：

（一）知识要求

会计本科学生应掌握管理学和经济学等基础学科的理论和方法，为自己的发展打下一个良好的、知识扎实的基础；具备学科基础知识后，系统掌握基本理论、方法和技能在内的会计专门知识，了解本学科的理论前沿和发展动态，熟悉国内外与会计有关的法规制度和国际会计惯例；还需要具备文学、社会学、心理学、历史学、政治学、伦理学、哲学和艺术等方面的人文知识，掌握并运用高等数学、统计学、外语、计算机等方面的知识技能。

（二）能力要求

会计本科学生的能力结构包括专业能力和综合能力两方面。学生需要熟练掌握定性和定量分析方法，准确地陈述和处理跨级事项，撰写会计工作报告和财务分析报告，养成职业判断能力，提升决策水平，通过敏锐的洞察力对信息进行恰当分析，为决策支持和风险管理提出合理建议；还要具备人际交往与沟通能力、信息获取能力，以及自主学习、终身学习和持续创新的能力。

（三）素质要求

会计学专业学生的素质包括人文和科学素质、专业素质和身心素质三个方面。学生应该具备良好的道德修养和社会责任感，具备会计知识和技能，具有创新意识与分析、解决问题的基本能力，身心健康，能正确处理人与自然和社会的关系等。

二、基于能力培养的会计学专业课程体系重构内容

当前高校会计学专业课程体系存在诸多问题：理论部分厚重，实践内容不足，强调单科内容的完整性，忽略整体专业教育的系统性，学生有效学习时间和实践能力不足、创新创业意识薄弱、岗位胜任能力缺失，会计本科毕业生综合能力与市场需求不匹配等。建立知识、能力、素质三位一体的阶梯型培养模式，可以让学生在不同学习阶段有所侧重，做到知识、能力、素质协调发展，不断提高自身的社会竞争力，成为

博学的专业人才，如图 8-1 所示。

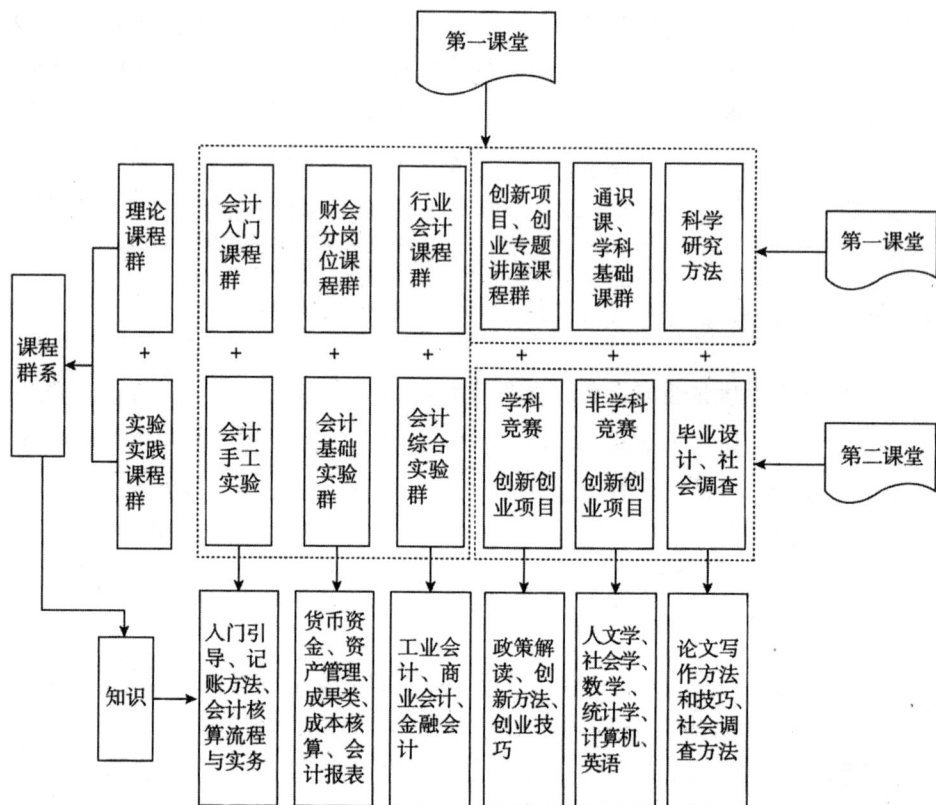

图 8-1　会计学专业课程群设计

第五节　基于能力培养的会计学专业课程体系重构方案

一、以知识、能力、素质为主线的人才培养框架

（一）以知识传授为基础，构建课程群

知识是客观事物的固有属性或内在联系在人们头脑中的一种主观反映，知识也是形成人的能力的阶梯和载体。结合《国家中长期人才发展规划纲要（2010—2020 年）》《会计学本科专业教学质量国家标准》及用人单位与毕业生问卷调查，对会计学专业人才的知识需求做如下描述：会计本科学生知识结构由学科基础知识、专业知识和其他

知识构成，具体应掌握经济学和管理学等基础学科的理论和方法；系统掌握会计基本理论、方法和技能，了解本学科的理论前沿和发展动态及国内外制度；具备人文科学、自然科学、社会科学等技术知识。学习和实践是获取知识的主要手段，也是会计学专业人才知识形成的主要途径，课程教学则是学生学习和实践的第一渠道。这就需要在会计学专业人才知识内容要求的前提下，科学合理地构建相应的课程体系。现有的课程体系设置主要有两种模式：一是单轨式，即"公共课＋专业基础课＋专业核心课＋选修课"的设置模式，也是当前的主流模式；二是双轨式，第一层为专业基础课加专业核心课程，第二层为计算机信息技术类的实践课程，主要是理工类院校会计学专业选择的模式。而某类知识或能力的培养，单靠一门课程学习难以实现，需要几门具有内在关联的课程教学合力完成。因此，必须突破以上两种模式，构建一套关系密切、逻辑合理的课程群体系，按会计学专业所需知识，形成知识模块，再按模块开设课程，进而构建课程群。

（二）将知识转化为能力，强化实践教学

知识极为重要，没有知识就没有人类的一切。然而，"知识就是力量"是有前提条件的，必须具备相关的能力，才能真正地将知识转换成真实的力量，做到学以致用，理论指导实践。许多大学毕业生纸上谈兵、眼高手低、高分低能、有知识而无能力，用人单位满意度低，大学毕业生自我肯定弱化，社会对高校人才培养质量评价滑坡，引发了近年来高校人才培养的反思，大学生的能力培养成为大学本科教育亟待解决的问题。北京大学原校长吴树青教授曾提到：为什么我们的高等教育没有培养出文科大师？因为尖子人才不但要博学多知，还要能运用知识，开拓创新。急功近利是培养不出"大家"和"大师"的。因此，高层次应用型会计人才既要有宽厚的知识功底，又要具备解决具体问题的动手、动脑的能力。而这样的能力，是技能与心理特征的综合体现，集思考、探索与创造于一体的外在表现。大学会计本科人才应该具备哪些方面的能力？针对这一问题，通过对近三年会计学专业毕业生组织网络调查，回收整理问卷，分析结果表明，会计本科生需要具备如下能力：文书能力、信息处理能力、语言表达能力、组织沟通能力、撰写工作报告能力、自主学习能力、持续创新能力等。总的来看，会计本科生的能力结构包括专业能力和综合能力两方面。要做到学以致用、理论指导实践，将所学的理论知识转换成解决实际问题的能力，并不是课堂教学所能达到的教学目标，需要拓宽教学平台、创新教学方法、将实践教学作为知识与能力转换的主要媒介。

在实践教学过程中，学习过程从"以教为主导"转变为"以求教为主导"、学习方式从"以理论为主导"转变为"以问题为主导"、学习内容从"以知识为主导"转变为"以应用为主导"，这种教学模式的转变和创新有利于形成学生自主求学、求真的

动力，有利于提升学生自我管理、团队协作、沟通协调的能力，容易产生师生共勉的良性循环，有利于实现全面的师生交流与沟通过程，教书育人、因材施教在这个过程中自然体现。实践教学能帮助学生尽快了解和掌握专业技能，使学生一进校就参与专业实训，将所学的理论知识感性化，构建专业认知能力和解决问题的能力。高层次应用型会计学专业实践教学体系层层递进、互为一体，由手工、基础、综合三类模块组成，实现了由基本业务处理能力到基础岗位胜任能力再到综合岗位能力的纵向深化。

（三）将知识、能力内化为素质，做实第二课堂

如前所述，知识是基础，能力是知识的具体运用，而素质则是知识和能力的内化。有知识和能力不一定就有高素质，但是没有知识和能力绝对不会有高素质。因此，素质的塑造一定是以知识和能力为前提的。在当前会计人才结构不合理、高层次会计人才供给不足、会计入职门槛升高的情况下，高校更应该注重会计本科人才素质培养。《会计学本科专业教学质量标准》中指出：会计学专业学生的素质包括人文和科学素质、专业素质和身心素质三个方面。具体来说，会计学专业学生应具备良好的道德修养和社会责任感，具备会计基本知识和技能，具有创新意识与分析、解决问题的基本能力，身心健康，能正确处理人与自然和社会的关系等。总的来说，包括人文素质、专业素质、创新素质、身心素质。然而，会计学专业教育如何将学生的知识和能力内化为这些素质？纵观中国教育历史，无处不彰显素质教育。大教育学家孔子主张有教无类、不能举一隅不以三隅反、"学而不思则罔，思而不学则殆"；《中庸》提出为学的"五序"："博学之、审问之、慎思之、明辨之、笃行之"；儒家学派把"修身，齐家，治国，平天下"作为知识分子崇尚的信条；湖南岳麓书院以"博于问学、明于睿思、笃于务实、志于成人"为教育传统。可见，素质教育的形成不外乎三个方面：学习、思考、实践。简言之，在学习、思考和实践中塑造学生的人文素质、专业素质、创新素质和身心素质，是会计学专业人才培养的落脚点。学生在第一课堂中学习了知识、培养了能力还远远不够，素质的全面塑造需要通过第二课堂来锤炼，将知识和能力深入地内化、上升为内在素质。

二、以能力为本位进行课程设置

传统的课程体系一般按照通识课、学科基础课、专业基础课和专业核心课的四段式设置程式，强调对知识的系统性及全面性训练，但传统课程体系重知识积累、专业操作能力、对专业技能与岗位实践缺乏应有关注。以知识、能力和素质为本位进行课程体系改革，须摒弃传统的课程设置程式，按照社会对会计本科人才的实际需求，将专业课程设置与专业岗位有机结合，在课程教学中实现专业知识的循序学习、能力的渐进式导入和素质的全面提升，做到专业能力、实践创新能力和其他综合能力并驾齐

驱，促进学生知识、能力、素质螺旋式的提升。

三、构建双平台、多模块的实践教学体系

在平台建设上，校内实践教学平台和校外实践教学平台相辅相成、各有侧重。校内实践教学平台通过手工实验模块、基础实验模块、综合实验模块的实验教学，重在培养学生的基本业务处理能力、具体岗位和综合岗位的感性认知能力；校外实践教学平台通过基本业务处理实训、基础岗位实习、综合岗位实习的实践教学，重在培养学生的实际岗位的真实操作水平，校内外实验、实践教学的全面融合，综合培养学生的创新精神、创业意识和创新创业能力。其中：校内实验教学中心的教学，为学生在校外实践教育基地的实训、实习、创业等提供基本知识和专业能力；校外实践教育基地则是学生应用专业知识和提升专业能力的重要场所，它可以通过一定的反馈机制，将行业、职业的实践能力需求作用于校内实验教学平台，以修正实验教学内容和实验教学评价，促进教学方法、手段等的变革，进而不断提升学生的综合能力。

四、实施教学创新实践

会计学专业的实践性和应用性很强，在教学中进行单项的知识灌输式教学必定是失败的，必须以能力本位为中心进行教学创新。该专业进行的教学创新实践，主要是以岗位群工作任务相关性为逻辑基础构建专业课程，以项目为载体构建教学内容，以完成工作任务为课程目标，实施任务驱动行动导向的教学模式，与传统教学模式相比，更适合学生学习，更有利于培养其职业能力。

第六节　基于能力培养的会计学专业课程教学保障机制

一、实验教学平台

实验教学是培养会计学专业学生能力的重要手段。会计信息化实验室、ERP 沙盘实验室、电子商务实验室、VBSE 跨专业综合实验室等，承担相关课程的实验、实训教学任务。

二、实践教学基地

搭建会计本科学生专业实习平台。与企业、会计师事务所、银行等建立校企合作、

有计划地向实习基地输送实习生，培养学生的岗位胜任能力、解决问题的能力、沟通协调能力，积累从业经验等。同时，为企业输出人才，节约用人成本等，从而达到双赢目的。

三、"双师型"教师队伍

"双师型"教师应能按照市场调查、市场分析、行业分析、职业及职业岗位群分析，调整和改进培养目标、教学内容、教学方法、教学手段，注重学生行业、职业知识的传授和实践技能的培养，能进行专业开发和改造等。可以通过研修基地与实习基地的建设来打造"双师型"教师队伍，提升专职教师的技能水平，亦可引入"1+1"模式，即专职教师与兼职教师耦合的模式。

四、合作办学，共享教学资源

聘请外籍教师承担相关课程教学，与国内其他高校合作办校，不定期进行学术交流、共享教学资源，为本校会计学生提供国际化的教学条件、引入国际化的教学理念和手段。

知识、能力、素质三位一体的会计学专业课程体系，突破了独立的课程界限，打破了面面俱到的课程设置特征，强调每个群单元的知识传授、能力培养、素质提升功能，结合专业特征和社会需求，将所有课程进行关联分类与整合，发挥各群单元的模块功能。同时，探索课程之间的最优组合，构建课程模块的最优秩序，优化和整合教学内容，需要转变会计教育理念、进一步建设"双师型"教师队伍、搭建教学资源共享平台、探索和创新教学改革、实施科学的教学质量评价等。

▶ 第九章

地方综合高校经管类专业
实验教学研究与实践

伴随着高等院校教育的迅猛发展，高等院校教育也正逐步向更加注重素质与能力培养的方向发展，人才培养的目标也由过去的知识型向具有创新精神、创造能力和创业精神的"三创"复合型高素质人才转变。随着实践教学改革的不断深化，各学校相继建立了一系列实验室，实践教学质量不断提高，在培养高等综合性人才素质"三创"人才中发挥了积极的作用。从另外一个角度看，近几年来，大多数学校实验室建设是以自身专业为依托、独立建设、分散实施的，目的是解决专业教学计划中所开设课程的实验课，实验室建设在一定程度上满足了各专业的独立教学，增加了验证性质的实验内容。但是，传统的实验教学存在实验教学内容、手段、方法与企业经营的实际脱节的问题，未能体现能力导向的人才培养路径，学生不能学以致用。在实验教学中，实验实训形式单一，很多脱离了商业实际工作的职业环境，对学生综合素质和职业能力培养的力度不够；实验的内容是事先给定的，实验步骤也是固定的，学生在实验过程中往往按部就班就可以得到最终结果，但当外部条件发生改变时，学生不能随机应变提出解决方案；传统实验目的主要在于巩固知识及专业操作技能，忽略了道德、人格、综合素质和能力等方面的积淀和训练，实验的定位也限制在了实验课程的内容设计和知识的综合上，在沟通能力、团队意识、职业道德等方面的实训严重不足，这样的人才很难适应经济管理领域的职业需要和现代社会发展的需求。

第一节　经管类专业实验教学的发展

我国经济发展模式的转型与现代企业制度的建立迫切需要高素质、多样化、复合型的高端经管类人才。地方高校中偏重知识传授的传统教学模式显然已难以适应这一需求，所以经管类专业需要打破旧有社会科学人才培养模式，引入实验、实习教学，将学校教育与社会需求衔接，能力培养和知识内化并重，开放教育与实验教学结合，构建一套贯穿学科基础、专业基础、专业综合、学科综合和创新能力的实验教学体系与教学模式。这一改革思想已然成为我国地方高校教学改革的主导思想。在这样的背景下，实验教学也在发生着根本性变革。

一、理论教学实验化

经济管理类专业的实验教学指运用现代教育技术改变过去教学方式中的课堂演示型、专业训练型、课外检索阅读型的单一模式，形成开放性、自主式的教学方式，培养学生运用理论知识解决实际问题的能力，提高学生对现实问题的洞察力、判断力、处理能力、创新能力等。

理论教学实验化的概念最早由美国著名经济学家、2002 年诺贝尔经济学奖获得者弗农·史密斯于 20 世纪 80 年代提出。他和其他一些学者经过 10 多年的努力，将加州理工学院、亚利桑那大学、波恩大学等建成了实验经济学的"重镇"，使在 20 世纪 80 年代还颇为流行的"经济学不可能成为一门实验科学"的错误认识逐步廓清。实验室的建设带动了美国经济学科的发展，较早地采用实验教学的方式为美国经管学科的世界领先地位奠定了坚实的基础。

20 世纪 90 年代中期，我国高校经管类专业开始逐步引入实验教学形式。1994 年，中国人民大学建立了国内第一个经济学科实验室，之后全国大部分设立经管类专业的高校都设计了相应的实验教学环节，经管类实验中心的建设呈现出蓬勃发展的态势。近年来，实验教学的应用逐步改善了原来纯理论教学导致学生动手实践能力差、缺乏创新性的不足，推动了经管类专业实用型人才培养模式的发展，大大提升了学生创新性能力的培养。但较之国外创新的商科教学模式、先进的实验教学人才培养机制，我国的经管类实验教学仍有待加强。

二、实验教学综合化

随着学科的发展，经济管理类专业之间也呈现出不断交叉、渗透与融合的发展趋势。与此相适应，经济管理类实验教学也应以学科建设为依托，遵循人才培养的成长规律，适应科学技术发展的规律和趋势，步入交叉、协作、融合、协同之路。传统的实验教学模式多为演示性、流程性的，能培养学生实事求是的科学态度，帮助学生掌握实验基本技能和提高动手能力。不足之处是循规蹈矩，不利于主动性和创造能力的培养。综合性实验是让学生综合运用所学知识去处理问题，设计性、创新性实验是让学生在遵循基本的理论知识及实验要求的基础上自由发挥。社会需要具有较强创新精神和实践能力的高素质人才，这就要求实验室在发展中，在演示性、流程性实验的基础上，开设更多综合性、设计性实验项目。经济管理类实验的综合性、协同交互、资源共享、实验过程与结果不确定、实验要求高等特点，无疑将推动经济管理类各专业的不断发展与新专业的诞生。

三、实验教学仿真化

所谓实验教学仿真化就是将仿真技术应用到实验教学中来，从而增加实验教学的真实性、实践性、趣味性以及互动性。商科类的仿真教学是用计算机或设计的场景来模拟真实的管理活动或社会现象，学生模拟扮演某一角色进行技能训练的一种教学方法。仿真教学能在很大程度上弥补客观条件的不足，为学生提供近似真实的训练环境，提高学生职业技能。仿真教学是近10年来发展起来的并且越来越受到人们重视的新方法。仿真教学的应用十分广泛，从自然科学、经济管理科学到工程技术的许多学科教学中都可以采用。随着多媒体技术的发展，仿真的效果更是令人叹为观止。

仿真教学不仅是一种新的教学方法，也是一种将理论与实践相结合的新教学手段，更是未来智能化教育的基础，是一种新的科学研究手段，为本科生、硕士生、博士生以及专业教师提供了一个教学和研究的平台，延展了创新的想象空间，必将在未来的智能化教育领域中取得重大的发展，成为现代教育的基础。鉴于此，国外商科院校创新式地提出了校内实习的思路，要求院校搭建仿真的环境与模拟企业真实的业务，让学生在校内实习就能感受到真实的工作环境和业务流程，在一定程度上解决商学院学生实习困难、实习效果不好的问题。这种仿真既要求在实训环境上具有仿真性，也要求在业务模拟和流程上具有高仿真性。

四、教学科研一体化

目前，国内外一流大学的成功经验是突出科学研究在人才培养中的重要性，强化教学和科研的协调统一，积极推进教师教研一体化，努力推动学生学研一体化，学校把教授作为教学一线的主力军，要求教授在积极从事科学研究的同时，保证在教学上投入足够的精力，在理论教学和实验教学中融入科学研究的内容、思想和方法。这样，一方面可以提高学生的学习兴趣，丰富教学内容，另一方面也可以弥补知识更新快、教材内容滞后的缺陷，使学生不仅学习到相关学科的前沿知识，更重要的是掌握科学的学习方法，使学生养成研究探索的习惯，努力在校园中形成一个追求真理、崇尚学术研究的良好氛围。实验室是教学和科研相结合的基础平台，要提升高校教学和科研结合的水平，必须加大商科实验室建设的投入，加强科研工具的配置，推动科研与教学相结合的产出。

五、校企合作紧密化

校企合作是实现"把企业搬进学校"梦想的重要举措，商科类专业的实验教学应以企业真实的管理信息系统为基础，以符合学校教学需要的完整实验课程体系为依托，以建设经管实验教学中心、特色专业、企业实训平台等为手段。可通过共同制定人才培养方案、共同开发和编写教材、共同承担专业课的理论和实验教学、共同组织学生实习、共同推荐学生就业和共同开发教研产品六个层面，共同培养"金手指"（具有较强的动手能力）的学生和"双师型"（具有丰富理论教学经验和企业实际工作技能）的教师，校企合作不但可以促进学校理论教学与企业实际应用的交流，为实践教学带来最新的技术和观念，也为学生提供了更多的学习和实践机会，同时为企业培养了大批"量身定做"的人才，满足了企业对人才的实际需要，为双方带来了经济与学术效益，真正实现了学校和企业双赢的目标。

虚拟仿真实验教学模拟真实环境的基本要素和主要特征，使学生在仿真市场环境和企业环境中，通过对市场经济活动和企业生产经营活动主要规律的把握，进行角色体验和角色分析，认识和掌握各项实际业务，运用专业知识，参与模拟企业的运作过程，进行生产经营决策，解决实际问题，及时处理企业性的各项经济业务，使企业的业务工作在实验室得以再现。学生能在模拟真实环境中实现不同业务职能、任务要求的综合集成、系统训练，根据业务内容不同，自主设置流程，确定业务规则，真正体现"真实经营"，由"模拟"向"实际"转换。

第二节　地方综合高校经管类专业实验教学模式

为了建设高水平、有特色的经济管理行为虚拟仿真实验教学中心，优秀实验教学师资"团队＋梯队"的建设与管理是其重要条件之一。但目前大多数虚拟仿真实验教学中心普遍没有属于自己的师资"团队和梯队"；或者是重"团队"，轻"梯队"。团队基于现在，而梯队基于未来。团队建设是梯队形成的前提和基础，而梯队形成是团队建设的延续和发展。那么，如何结合虚拟仿真实验教学中心的定位，以及高校的实际情况，建设并管理优秀的实验教学师资"团队＋梯队"呢？现已成为各校经济管理行为虚拟仿真实验教学中心所面临的迫切需要解决的重要难题之一。为此，一方面，我们收集了10家经济管理类（2014年获批）虚拟仿真实验教学中心网站，发现其师资成员大多是兼职而非专职教师，实验中心工作年限大多相对较为短暂（1—2年）；另一方面，以"经济管理实验中心＋师资队伍建设"中英文表达及其相近关键词为参照，分别在中国知网、百度、EBSCO等网站进行搜索。结果显示：国内外学者对不同专业师资队伍的建设与管理研究较多；而对经济管理实验教学中心，尤其是虚拟仿真教学师资队伍的研究成果非常少。基于此，我们以虚拟仿真赛事经验传承为抓手和突破点，以制度体系设计为基础和保障，研究高校虚拟仿真实验教学中心，探讨师资"团队＋梯队"的建设与管理。

一、"团队＋梯队"实验教学模式的意义

从学科专业发展的角度来看，师资"团队＋梯队"的建设与管理将有利于各教学单位、不同专业知识的融会贯通，加强不同专业教师间的交流和学习，促进不同学科专业的建设；从实验教学中心建设来看，师资"团队＋梯队"的形成与管理是其重要内容之一，能够与虚拟仿真实验教学资源建设、管理和共享平台建设以及管理体系建设等方面形成联动，发挥协同作用。师资"团队＋梯队"的建设与管理不仅可以推动高校虚拟仿真实验教学中心的发展，还可以为建设高水平一流大学做出贡献。

二、"团队＋梯队"实验教学模式的目标

第一，做好虚拟仿真赛事的经验传承工作，吸引、选择和培养来自不同专业的虚拟仿真教学师资力量。具体目标：选择有影响力、持续的、稳定的赛事；理清并总结不同赛事的经验；构建参赛师生"团队＋梯队"；打造经验传承的平台。

第二，建立一套科学合理的虚拟仿真教学师资"团队＋梯队"的制度体系，留住虚拟仿真教学师资并充分发挥其成员的积极性和创造性。此套制度体系主要包括四个方面的内容：授课等相关的常规管理制度；师资成员关于虚拟仿真教学或参赛的培训制度；提供参赛、参会等资金和审批相关制度；从奖金、荣誉或职称评定等方面制定激励制度。

第三，打造有实力的虚拟仿真教学师资"团队＋梯队"，实现良好的循环建设和科学的制度管理。设计打造虚拟仿真教学师资"团队＋梯队"的流程和制度，并通过试点试验，对"团队＋梯队"的自然演化进行微观调控。

三、"团队 + 梯队" 实验教学模式内容

以虚拟仿真赛事经验传承为抓手和突破点，研究如何选人和育人；以制度体系设计为基础和保障，研究如何留人和用人；最终促进验教学中心和师资"团队 + 梯队"的建设与管理。实现虚拟仿真赛事经验传承、制度体系设计和"团队 + 梯队"师资建设与管理三个方面的联动。

（一）虚拟仿真赛事经验传承

以虚拟仿真赛事为抓手和突破点，吸引大量来自不同专业的教师参与虚拟仿真教学，是师资"团队 + 梯队"建设与管理的前提条件。目前，虚拟仿真赛事对教师而言，缺少足够的吸引力。其原因：一方面在于指导老师需要投入大量的时间和精力；另一方面在于大多数参赛队伍未能在有影响力赛事中取得优异成绩。因此，做好虚拟仿真赛事经验的传承，将有助于吸引大量优秀的指导老师从事虚拟仿真教学。需要考虑的是，究竟有哪些赛事比较有影响力，而且赛事举办具有连续性和稳定性？虚拟仿真比赛的经验究竟是什么？参赛队伍及指导老师的梯队该如何建设？都有哪些平台可供赛事经验的传承和固化？

（二）制度体系设计

以制度体系设计为基础，可留住大批虚拟仿真教学的优秀教师，并且能够充分发挥各位老师的积极性和潜能，是师资"团队 + 梯队"建设与管理的保障。而目前，大多数实验教学中心缺少这样一套科学合理的制度体系。因此，设计一套科学合理的制度体系，将有助于留住优秀的虚拟仿真教学老师并充分发挥其作用。需要考虑的是，如何对专兼职教师进行日常授课管理？如何对不同专业的教师提供培训计划？如何对专兼职教师带队外出比赛、参会等事宜，提供资金或程序上的保障和支持？如何通过奖励、职称评定等方法，对专兼职教师实施激励？

（三）"团队 + 梯队"师资建设与管理

实验教学中心不仅要建设"团队"，而且还要形成"梯队"；不能只看眼前，更应看到未来；这样才有利于中心的长远健康发展。需要考虑的是，该如何选人、育人、留人和用人；团队成员的构成（如性别、年龄、专业等）；"团队 + 梯队"该如何建设和管理；如何衡量建设和管理的效果等。

第三节 跨专业虚拟仿真综合实验教学模式

一、问题的提出

根据《教育部财政部关于实施"高等学校本科教学质量与教学改革工程"的意见》（教高〔2011〕6号），为引导高校主动适应国家战略和地方经济社会发展需求，优化专业结构，加强专业内涵建设，创新人才培养模式，大力提升人才培养水平，2012年1月13日，教育部下发了《关于启动实施"本科教学工程""专业综合改革试点"项目工作的通知》（教高司函〔2011〕226号），并于2012年1月20日下发了《教育部关于批准实施"高等学校本科教学质量与教学改革工程"2012年建设项目的通知》（教高函〔2012〕2号），批准53所高校实施专业综合改革试点项目，建设180个专业综合改革示范点。2012年2月24日教育部下发了关于印发《教育部高等教育司2012年工作要点》的函（教高司函〔2012〕19号），在教育部2012年工作要点中提到"本科教学工程""实践教学环节""创新创业教育"。2012年3月16日，教育部下发《教育部关于全面提高高等教育质量的若干意见》（教高〔2012〕4号）。2015年5月，国务院办公厅印发了《关于深化高等学校创新创业教育改革的实施意见》（国办发〔2015〕36号），要求各高校要加强专业实验室、虚拟仿真实验室、创业实验室和训练中心建设，促进实验教学平台共享。由此可见，国家对本科院校实践教学给予了高度重视，鼓励学校开展跨专业综合实训，开展案例教学、探究式教学等的教学方法改革，鼓励校企合作探索产学研合作新模式。

因此，树立全新的实验教学理念，加强实验教学手段创新已是高等教育改革发展的必然趋势。地方高校经济管理类专业要培养适应21世纪经济全球化需要，既具有开拓、创新与创业精神和竞争、合作意识，又具有实际操作能力的高素质经管人才，实验实践教学更是具有不可替代的重要地位。跨专业虚拟仿真综合实验教学得到越来越多的院校的重视，并已在各高校相继开展实施，但地方综合高校如何结合自身特点，开展有特色、有创新的跨专业虚拟仿真综合实验教学，是值得研究的重要课题。通过跨专业虚拟仿真综合实验教学模式的研究，可以构建立体化、跨专业、虚拟仿真的经管类跨专业虚拟仿真综合实验教学体系和实践平台，进而拓宽学生的实践背景，使学生获得直接经验和替代经验，全面提升学生的创新精神、实践能力、创业能力。

二、国内外研究述评

跨专业虚拟仿真综合实验教学目前还处于起步阶段，许多方面尚需要进一步研究。关于经管类跨专业虚拟仿真综合实验教学的研究，目前主要集中在三个方面：

一是理论上的研究。主要涉及综合实训体系构建与平台建设、教学方式与方法、课堂组织形式、考核内容与方式、实验教学团队建设等。如李静敏认为，经济与管理跨专业综合实验教学应完善实验教学团队绩效考核和科研激励机制；蒋文杨等认为，实施管理类跨专业综合实训，需构建综合实训的理论体系、技术方法体系、工具体系以及决策支持系统。

二是高职和独立院校跨专业综合实验研究。卢德湖基于 VBSE 探讨了高职院校实验教学模式的创新，包括 VBSE 实训课程特点、VBSE 实训课程设计理念等；孙爱娟为高职院校推进虚拟仿真教学改革提出了自己的策略；陈岫研究了独立学院经管类跨专业综合实验教学的目标；历岩结合黑龙江科技学院和经管类跨专业综合实习，分析了独立院校经管类跨专业综合实习存在的问题。

三是普通本科院校跨专业综合实验教学的经验介绍。祝爱民介绍了沈阳工业大学的管理类跨专业综合实验体系构建与实施情况，建立了包括专业感性认知实验、单一课程模拟操作实验、专业综合实验和跨专业综合实验四个层次在内的跨专业综合实验体系；张淑玲、黄启结合福建工程学院的经管类跨专业综合实训平台建设，分析了平台建设的必要性、构建方案、保证制度等；向晓书结合广东商学院的跨专业仿真综合实习平台，阐述了跨专业仿真综合实习教学组织与管理的核心环节；孙纯学介绍了兰州大学文科跨专业实验教学中心的建设思路、建设模式、建设过程。

由于跨专业虚拟仿真综合实验教学体系的复杂性和多元性，各个院校的基础条件、专业设置、管理模式、师资队伍等，均存在很大差异。因此，不存在一个能满足所有院校的跨专业虚拟仿真综合实验教学模式。地方综合高校具有"地方性"和"综合性"的特点，其经管类跨专业虚拟仿真综合实验教学体系的设计与教学模式的建立，应有其特殊性。

三、跨专业虚拟仿真综合实验教学目标

跨专业虚拟仿真综合实验教学的目的是构建体现多层次、模块化、综合性、仿真性的，包括基础实验平台、课程单元实验平台、课程综合实验平台、专业综合实验平台和创新（创业）实验平台的，体现专业、学科之间相互渗透与交叉的经管类实验教学体系，并建立起有效的经管类跨专业综合虚拟仿真实验教学执行机制和保障机制，使之成为经管类应用型人才培养的重要基地。具体来说，跨专业虚拟仿真综合实验教学目标包括以下内容：

一是改革实验教学模式，创新人才培养机制。改变传统的以知识传授为主要任务的人才培养体系，自行设计实验方案，从验证、认知到综合、设计，再到研究创新，通过自主式、探究式、讨论式、研究式的学习，培养学生的创新精神和实践能力。

二是弥补实验教学体系的不足，提升学生的综合实践能力。跨专业综合实践可以有效调整理论教学和实验教学、课堂实验和课外实训、校外实习和校内实践之间的关系，将经管类各专业最基本的理论、方法和实践融合到一起，完善实验教学体系，丰富实验教学内容，提高学生的综合实践能力。

三是创新人才培养评价体系。通过制定科学完善的考评体系，评价学生的专业能力专业素质，将知识、能力、素质作为人才培养评价不可或缺的三个要素，将实践能力、创业能力、创新能力作为人才考评的重要标准。

四是优化、整合教学资源。跨专业综合实践活动的开展增强了专业学科之间的沟通联系，作为一个教育教学平台它可以打破学科专业间的狭隘，进而优化、整合教学资源。

四、跨专业虚拟仿真综合实验教学模式内容

随着教育主管部门和各院校对实验教学工作的愈发重视，高校实验室的管理工作正朝着规范化、制度化、综合化、虚拟仿真化的方向发展。经管类跨专业综合虚拟仿真实验教学作为经管类应用型本科人才培养模式改革的重要举措，其规范化、标准化是各高校实验教学中心建设过程中共同面临的问题。跨专业虚拟仿真综合实验教学是充分利用综合性大学的学术优势和学科优势，依据学科专业的相关度和学生的兴趣、爱好以及学校和地区的实际情况，使不同专业的学生在本专业知识学习的基础上，开展超越原有专业界限的具有综合性、实践性、自主性和创造性特点的学习活动，并通过构建虚拟仿真的实验环境来保证其得以有效实施。

(一) 确立实验教学目标体系

经管类专业根据人才培养目标和培养规格的要求，结合专业特点制定本专业总体及各个具体实验教学环节的教学目标，它是实验教学应达到的标准。在整个实验教学体系中，目标体系是核心部分，在一定程度上决定着实验教学内容体系、实验教学管理体系和实验教学保障体系的结构，在整个体系中起动力作用。以培养大学生创新能力为最高宗旨的实验教学创新体系的总体目标应该是：以培养学生实践能力、创新能力和提高教学质量为宗旨；以知识传授、能力培养、素质提高和全面协调发展的素质教育理念为指导；创设仪器设备先进、资源共享、开放服务、绿色环保的实验教学环境；以学生为本，不断创新实验教学内容与方法；以社会需求为经济管理类实验教学创新导向，构建以校内综合实践、校外实习基地为依托的"实验、实训、实习"三位

一体的实验教学模式。

（二） 构建经管类实验教学体系

跨专业虚拟仿真综合实验教学是经管类实验教学体系的重要构成部分，因此，需要研究经管类实验教学体系框架、跨专业虚拟仿真综合实验教学在经管类实验教学体系中的地位与作用、与其他专业性实验教学环节的协调与统一等。

（三） 建立跨专业虚拟仿真综合实验教学平台

搭建先进、动态、综合性、设计性、虚拟仿真性的实验平台是综合实验实施的基础，该平台不仅指向某个专业，而且关注行业、企业、岗位、任务的工作过程的训练，可以实现不同业务职能、任务要求的综合集成、系统训练。同时，平台可进行二次开发，根据业务内容不同，自主设置流程，确定业务规则，真正体现"真实经营"，由"模拟"向"实际"转换。

（四） 构建有效的实施机制

第一，师资队伍建设。拥有一支素质优良、年龄结构和知识结构以及职称结构比较合理、相对稳定、富有活力的实验教学队伍，是综合实验教学顺利进行和发展的根本条件。根据跨专业虚拟仿真综合实验教学的特点，通过青年教师深入企业锻炼、鼓励教师大力开发实验中心实验软件和实验项目、组织编写适合教学使用的实验教材和实验指导书、组织教师进行教学内容和教学方法及教学组织形式研讨等，来不断提高综合实验教学的质量。

第二，教学方式与教学方法改革。传统的实验项目一般以操作性为主，学生的自主设计性和模拟经营的对抗性相对不足。跨专业综合实验增强了实验项目中的自主设计性和模拟经营中的对抗性。充分发挥教师的引导作用，将理论学习与实际训练紧密结合起来，注重培养学生动手能力，突出教学内容和教学方法的应用性、综合性、实践性，丰富课堂教学和实验教学环节。

同时，在组织跨专业综合实验教学过程中，将博弈对抗法、协作学习法、角色扮演法、专题讨论法、点评法、试错法和案例法等多种方法引入教学过程，使师生关系发生根本性变化。教师从以讲授知识为主，转变为以策划教学内容、创设学习情境、配置学习资源、引导学习方向、监控学习过程、评估学习效果为主；学生从知识的被动接受者转变为知识的积极探究者。注重学习过程的双主性与开放性，充分体现学生学习为主体、教师教学为主导的"双主"教学。

第三，课堂组织形式创新。在跨专业综合虚拟仿真实验教学中，需要打破自然班界限，创新学生学习组织形式，将来自不同专业的学生混合编组，每个学习小组就是一个知识结构相对完整的群体，旨在为自主式、协作式学习提供组织保障，为仿真公司运作提供多重角色资源。多种课堂组织形式在教学过程中并存，学生既是模拟市场环境的构造者，又是模拟企业的行为人；既是学习的主体，又是学习活动的组织者。同时，由于学生来自不同的专业，所以跨专业授课团队也应由不同专业的教师组建而成。跨专业综合实验教学应改变按专业或课程设置教研室的例行做法，组建"团队式"教师教学组织。教师在团队中分工协作，分别负责实验项目的研发、相关条件的建设、实验现场指导等环节。

第四，考核内容与方式革新。为了确保跨专业综合实验相关课程的教学质量，必须改变传统的考试模式，建立一套与跨专业综合实验课程相匹配、与企业绩效考评相衔接的考核模式，使团队业绩考核和个人业绩考核相结合，教师考核与学生考核相结合，学生团队考核与学生个人考核相结合。考核指标由团队业绩考核指标与个人业绩考核指标综合而成。

（五）构建有效的保障机制

第一，教学支撑体系建设。跨专业综合实训平台支撑下的综合性教学活动对师资的要求较高。实训内容的综合性要求教师掌握多个专业内容；实训内容的创新性要求教师掌握最新的实时的社会实践；实训的交互性要求教师具备组织能力和现场掌控能力，多个方面都对师资建设提出了更高的要求。同时，跨专业综合实训课程的设计需要从课程体系建设的角度来规划和执行，课程体系设计是否合理关系到人才培养的质量。

第二，实验教学管理制度建设。从跨专业实验教学的实际需求出发，制定教学管理体制标准文件。标准文件包含工作性文件和约束性文件两部分，其中：工作性文件是工作的规范表格，目的是使工作流程化、具有操作性；约束性文件是一种规定，是对实验教学活动的重要准绳，它反映实验教学过程对学生个体、学生团队、教师个体、教师团队以及其他实验参与者的要求。教学管理体制标准文件的落实关系到实验教学质量的保证与提高，它可以对学生组织、教师组织、教研活动、课堂管理、成绩管理等实验教学中的各个环节进行规范和监控，最终目的是提高实验教学的教学质量。因此，合理运用教学管埋体制标准文件，是解决跨专业教学的难点及关键环节；使教学课堂规范化同时满足跨专业班级的个性化需求，是保证教学质量的关键。

▶ 第十章
地方综合高校应用型经管人才培养校企协同育人

　　"协同"在英文中有"synergy""collaboration""cooperation"等多种表述，在《汉语大词典》中是齐心协力、互相配合的意思。德国学者哈肯（Haken）首次提出了"协同"的概念，指系统中各子系统的相互协调、合作或同步的联合作用及集体行为，结果是产生"1 + 1 > 2"的协同效应。而人才培养模式是指在一定的教育理论与教育思想指导下，为了实现培养目标而采取的动态组织形式及运行机制。结合对"协同"和"人才培养模式"的理解，可以对协同育人模式定义如下：协同育人模式是指两个或两个以上的办学主体通过相互合作、互相配合，发挥各方优势，共同制定培养方案，充分利用各方教学资源，提高学生实践创新能力，培养能适应和满足经济社会发展需要的高级专门人才的一种人才培养模式。

　　协同育人模式由来已久。例如，在美国、德国具有100多年历史，在我国也有近30年历史的校企合作教育就是一种重要的协同育人模式。随着社会人才需求的改变和我国高等教育事业的发展，协同育人模式近年来呈现出多样化、普及化的态势。纵观学术界，学者们针对高校协同育人的模式、路径和亟待解决的问题展开了丰富的研究。蔡志奇认为，协同育人模式多样化是应用型本科院校强化教学改革、提高人才培养质量、满足社会人才需求、实现自身可持续发展的重要途径。刘哲信提出，通过建立长期稳定的教学实习就业平台、现场教学、校企互动、项目化教学落实校企协同育人机制。石钧针对现阶段协同育人的深度和广度不够等问题进行了思考，提出地方应用型本科高校要从自身的实际和发展需要出发，通过提升学校服务地方的经验和品牌效应，以及构建完善的保障机制来推进协同育人。可见，地方高校协同育人人才培养机制研究是十分必要的。根据地方综合高校经管类专业人才培养目标，结合"新文科"建设的新形态，以全过程的校企协同育人为目标，以深层次的校企协同育人为内容，以教师、企业、学生的广泛参与为支撑，构建可持续的全过程、全方位、全融合校企协同育人模式，模块化、节点化校企协同育人内容，建立校企协同育人长效机制，推动创新创业教育与专业教育紧密结合，深入推进应用型人才培养能力，是提升经管类专业人才培养质量的有效途径。

第一节　推进校企协同育人的意义与现状分析

一、推进校企协同育人的背景与意义

为推进地方高校应用转型发展，全面提高应用型人才培养质量，提升学生实践创新和就业创业能力，国务院、教育部等发布了系列文件，如《教育部关于全面提高高等教育质量的若干意见》（教高〔2012〕4号）、《教育部国家发展改革委财政部关于引导部分地方普通本科高校向应用型转变的指导意见》（教发〔2015〕7号）、《国务院办公厅关于深化高等学校创新创业教育改革的实施意见》（国办发〔2015〕36号）等。由此，应用型复合经管人才成为转型地方高校经管人才培养目标的基本定位，其核心是能力本位，重点是通识基础能力、专业实践能力、创新能力、创业能力和就业能力的融合与提升。如何培养并提升这些能力，成为地方综合高校会计人才培养亟须解决的重大现实问题之一。校企协同育人的研究，就是探索地方综合高校经管类专业应用能力培养的路径，其研究意义表现在以下几个方面：

（一）为地方综合高校经管类专业人才应用能力培养路径提供选择

地方综合高校应用复合型经管人才能力的培养，离不开校内实验实践教学和校外实践教育基地两类平台，它们能够多途径、多手段、多方式地培养学生的实践创新能力和创业就业能力。其中，以全方位、全过程、全融合的校企协同育人为目标，以教师、企业、学生的广泛参与为支撑，优化校企协同育人路径，建立企校协同的长效机制，是提升应用型、复合型经管人才能力的重要途径。

（二）提升应用复合型经管人才与行业企业需求的契合度

对接产业行业发展变化，根据社会、行业、企业对人才能力的需求，针对性培养契合社会需求的应用复合型经管人才，是新时代应用型人才培养的基本要求。因此，地方高校需要以 OBE（Outcome – Based Education，成果导向教育）为理念，优化人才培养方案，构建应用型课程体系，更新教学内容，改变教学方式方法，拓展培养路径。校企协同育人，要求人才培养、教学管理与社会需求有效对接，是提升应用复合型经管人才与行业企业需求契合度的有效路径。

（三）为校企协同育人模式提供路径和方案选择

校企协同育人是提升学生实践创新能力的重要途径，但无论是合作形式、内容，还是合作成效，目前都还处于浅层次阶段，存在"学校热、企业冷"的现象，即校企合作处于失灵状态。同时，人才培养是个长期的复杂过程，期望一家企业全过程、全覆盖、深层次地参与到从新生入学到毕业就业的整个培养环节中，是不现实的。因此，针对如何实现可持续的全过程、全方位、全融合"三全"校企协同育人，本书进行了研究与实践，以期为校企协同育人提供路径和方案选择。

二、校企协同育人现状分析

（一）校企协同育人现实分析

2012 年 3 月 16 日，教育部在《关于全面提高高等教育质量的若干意见》中提出"创新人才培养模式""探索与有关部门、科研院所、行业企业联合培养人才模式""推进协同创新""探索建立校校协同、校所协同、校企（行业）协同、校地（区域）协同、国际合作协同"的新模式后，全国各地的高等院校通过不同的方式在校企协同育人模式、合作制度和机制等方面进行了大量的研究、实践和探索，取得了一定的成效。但是，从实际现状看，目前的校企协同育人还存在较多问题，主要表现在以下几方面：

一是教师参与度有待提升。虽然地方综合高校经管类专业应用型人才培养的目标与方向得到了广泛认同，但在如何培养特别是培养路径的选择上，教师深入思考的程度不够；教师对应用型人才培养的教学研究与改革了解不够，与应用型人才培养相适应的教学能力有待提升。

二是学生参与度有待提升。在校企协同育人的内容、时间等方面的选择上，学生是被动参与者，其激情不够、热情不高，能够真正有效参与各种校企协同育人内容的比率偏低，且成效不太明显。

三是企业参与度有待提升。企业是校企协同育人的中坚力量，但企业以营利为目的的本质和学校的区位性，在很大程度上决定了目前能参与到校企协同育人中的企业数量不足，特别是一些优质企业，而且即使是参与了校企协同育人的企业，其参与的程度也较浅，主要是以实习性的用工为主，全过程性的协同育人积极性不高。

（二）校企协同育人理论研究分析

校企合作兴起于国外，自20世纪60年代引入我国后，我国学者对这个领域进行了广泛的理论研究。

一是校企协同育人的重要性研究。普通高校的传统教育模式大多数是重理论而轻实践甚至无实践，培养的学生很难适应当前社会的高速发展。韩笑认为，通过与企业合作协同育人，增加学生的实习实训，提高学生的实践能力，改变以学校理论授课为中心的传统人才培养模式是十分必要的；党蒙等认为，校企合作是高校的科研成果回馈社会的重要途径，是高校科研成果转化与市场化的现实需要。校企合作为人才培养提供了重要的实践平台，高校在这个平台上可以更好地将理论与实践相结合，培养出理论水平高、动手能力强、符合社会需要的高素质科技人才。徐科军指出，随着高等工程教育改革的深入，尤其是卓越工程师教育培养计划的全面实施，校企合作在人才培养体系中的作用会越来越突显。

二是校企协同育人的模式研究。李廉水提出了政府推动、自愿合作、合作连接和共建实体四种模式；王章豹等提出了以校企合作教育为中心的人才培养型合作模式，以提高技术创新能力为宗旨的研究开发型合作模式，以联合开发生产高附加值的科技产品为目的的生产经营型合作模式，以及以教育、科研与生产紧密结合为特征的立体综合型合作模式；朱桂龙等提出了技术协作模式、契约型合作模式以及一体化模式三种校企合作模式；黄亚妮提出了八种校企合作模式，即企业配合模式、校企联合培养模式、学工交替模式、全方位合作教育模式、"实训—科研—就业"模式、双定生模式、工学结合和校企双向介入模式、结合地方经济全面合作模式；董大奎等认为，学校可以与大型企业集团合作，在学校（院）内建设实训基地；董馨等提出了基于协同创新理念的校企合作模式；沈燕提出"5321"校企合作模式；李国春认为，可以采取订单合作培养模式、校企合作培养模式、顶岗实习培养模式；杨诚提出的共生型校企合作模式，汪占熬等提出的创新创业共生型校企合作人才模式，都强调共生型。

三是校企协同育人的保障机制研究。为了校企合作的顺利开展，我们不仅要具备动力，还要拥有校企合作的保障机制。叶继强提出，为促进校企合作进入更深层次，保证校企合作规范进行，校企双方必须建立相关规章制度。刘骅等认为，高校与企业共同培养高质学生的顺利进行需要注入大量资金，因此他认为解决当下校企协同合作存在问题的根本途径是建立多渠道资金投入机制、经费保障机制。杨帆认为，应当建立健全运行管理机制，政府作为校企合作过程的评价者和监督者，应完善监督机制，建立专门机构与组织协调各个主体，实现各方自身利益，保障校企合作的顺利开展。付世秋等指出，我国在校企合作方面的法律保障制度不够完善，在传统背景下的有关保障校企合作顺利实施的法律法规现已经不适应当下社会需求，要根据现下社会背景和人才需求制定相关的法律法规，从而培养出适应社会需求的应用型人才。

四是校企协同育人的实践经验介绍。有学者介绍了自己所在学校或专业在校企合作、协调育人方面的做法，例如：夏英俊等以华南农业大学数学与信息学院统考学专业为例，介绍了校企协同人才培养模式的实现路径；徐青云等介绍了山西大同大学煤炭工程学院的校企协同育人教学模式。

综上，虽然我国学者对校企合作、协同育人的研究逐渐向多元化、跨学科发展，能够让我们了解校企合作在我国的最新开展情况，但这些研究过于碎片化，没有形成系统性研究，而且研究发展不均衡，大部分倾向于校企合作现状分析，对校企合作领域、类型、模式、运行、效果、机制等方面的研究不够深入，导致难以对校企合作进行完整、全面的了解。同时，作为提高高等院校教育质量重要途径的校企协同人才培养模式目前在我国尚处于起步阶段，高等院校与企业之间无论是合作的形式还是内容，均没有成熟的模式可以借鉴，而且不同院校之间在办学定位、学科专业设置、学生规模、资源条件等方面差异性很大，不同专业对学生实践能力的要求也不尽相同，这就决定了采用统一的校企协同人才培养模式是不现实的。因此，探索适合不同学科专业特点的校企协同人才培养模式，以提升大学生的实践能力和创新创业能力，是当前提高高等院校教育质量的现实要求。

第二节　校企协同育人面临的主要问题

一、教师、企业、学生参与度低的问题

在全方位、全过程、全融合的校企协同育人中，教师、企业、学生的广泛和深度参与是关键。因此，需要引导教师以校企协同育人为平台，主动对接企业资源和行业企业对人才能力的需求，建立专业教师定期走访企业机制，适时了解行业发展态势和人才能力需求，更新教学内容和改进教学方式方法；把校企协同育人的内容模块化或节点化，采取一定的方式，让不同的企业在协同育人中完成不同的模块或节点，进而构建起由多家企业共同参与的全过程校企协同育人体系；建立从大一开始直到大四毕业为止的一套校企协同育人内容和节点体系，让学生在不同的学业完成阶段接触到不同的企业，参与到不同的校企协同育人内容中；在师生中广泛树立大课堂理念，突破45分钟课堂边界，以校企协同教育和创新创业教育充实课外空间，打造人人皆学、处处能学、时时可学的泛在化学习新环境。

二、如何建立校企协同长效机制的问题

在校企协同育人中，合作双方资源与能力的异质性与互补性的程度决定了校企双方合作动机的强弱，任何一方的实力太弱，就会使另一方的合作动机减弱，合作就难以为继，因此，要实现全方位、全过程、全融合的校企协同育人，合理选择协同育人企业是开端。同时，由于校企协同育人的建立与运行过程是一个起始于驱动机制、成长于沟通与运行机制、归结于分配机制的有机过程，所以加强校企协同育人的过程管理，是实现校企资源优势互补的重要手段，能促进科学、公正、合理的利益分配机制的形成，为合作的长效运行提供保障。另外，由于企业的生产经营与学校教学存在着各自的规律与特点，导致双方在校企合作期间难免会出现时间上的矛盾冲突，为了解决校企合作的时间错位，学校应适应企业的生产经营特点与规律，突破传统的管理方式，建立有效的、适应校企协同育人模式的教学管理制度，以减轻企业负担，实现校企协同育人、协同发展的办学目标。

第三节 校企协同育人创新方向

一、校企协同育人"三全"模式创新

校企协同育人就是将优质企业资源转化为育人资源，引入高校人才培养全过程，以创新性应用型人才培养为中心结合点，带动和促进高校与企业相互配合、支持和共赢，共同承担育人的职责。校企协同人才培养的特点如下：

一是设定的人才培养目标能够适应社会需求。由于与高等院校合作的企业是行业内的佼佼者，受聘的技术专家在行业内资历深厚、具有丰富的实践经验，对于行业的发展趋势和从业人员应具备的素质均能准确把握和清醒认识，所以高等院校与其共同讨论研究之后设定的人才培养目标、制定的培养方案以及设置的专业课程更能够满足行业发展的要求，不至于使人才培养目标与社会实际需求相脱节。

二是能够显著提升学生的实践能力和创新能力。在校企协同培养人才过程中，高等院校通过与企业共同制定培养方案、设置专业课程引入企业的管理理念、操作流程等实践知识、经验，将其贯穿到日常的教学活动中，使教学更贴近实际，锻炼学生解决实际问题的能力。

因此，要校企协同开展人才培养，需要建立全过程、全方位、全融合的"三全"模式。

二、校企协同育人内容创新

传统的校企合作以实习、就业用工为主要形式，企业参与的广度和深度远远不够，不能体现全过程、全方位、全融合的协调育人。因此，现实中就出现了以下矛盾：学校想引入优势的企业资源但不知道如何利用这种资源，企业希望参与到学校人才培养中但不知道采取什么方式参与到哪些领域之中，学生有渴望企业参与人才培养的殷切要求但没有实实在在享受到校企协同的育人效益。

因此，如何丰富校企协同育人的内容，将合作企业引入到学生培养的全过程之中，根据不同的协同企业，针对性地实施不同的校企合作内容，并在其中的关键环节取得实质性突破。由此，节点化、内容化校企协同育人的内容，细化到大学四年的每个阶段，实现校企协同育人的内容固化、校企协同育人的规程固化、校企协同育人的节点固化，成为校企协同育人的重要创新内容。

三、校企协同育人运行机制创新

校企协同育人能够有效运行的关键，是要建立具有共同利益的长效机制。在校企协同育人中，学院、企业、学生均有各自的利益诉求，学校站在应用型人才培养的总体框架下，考虑如何把企业的各种优质资源尽可能地纳入教育教学体系中来，让更多学生受益成才；企业则在追求自身盈利的前提下，希望能接收到为企业直接所用且能为企业不断创造价值的人才；学生则按照自己的职业规划和职业判断，根据自己的偏好和时间，来决定自己的选择。

在校企协同育人的具体实践过程，由于许多企业看不到参与校企协同育人能够获得何种利益，导致其积极性不高，不愿意投入人力、物力，普遍存在"学校热、企业冷"现象。因此，为激发优质企业参与校企协同培养人才的积极性，探索地方综合高校经管类专业校企协同的机制、方法，需要创新校企协同育人运行机制。

第四节　校企协同育人培养机制

《国家中长期教育改革和发展规划纲要（2010—2020年）》提出，要"创立高校与科研院所、行业企业联合培养人才的新机制"。《教育部关于全面提高高等教育质量的若干意见》（教高〔2012〕4号）也提出了要坚持"需求导向、全面开放、深度融合、创新引领"原则，"探索建立校校协同、校企协同、校地协同、国际合作协同等开放、集成、高效的新模式"。因此，如何通过校企协同育人，探索高校人才培养模式，形成校企协同人才培养机制是应用型本科院校提高人才培养质量的关键。课程教学是人才培养的主渠道，科学合理的专业课程体系是培养大学生创新能力的重要载体，是人才培养过程中知识呈现的重要载体和知识传播的主要落脚点，是塑造人才人文科学素质、专业素质和身心素质的实现过程。本章以财会类专业为例，将创新创业教育融入课程系统，丰富课程、创新教法、强化师资，探索具有本土特色的校企协同人才培养机制。

一、深入搭建财会类专业多元化协同育人平台

当前，我国大部分高校的经济与管理学院已具备一定的平台基础，可以与企业、银行、会计师事务所等建立合作关系，将人才培养，尤其将学生的实习实训环节与银行、政府、企业、会计师（税务师）事务所的业务和岗位培训紧密结合，做到了尽可能地与市场对接。但是，这还远远不够，高校需要在协同育人的内容和机制上，在以下方面做进一步深入和拓展：校企协同育人主体参与人才培养方案的设计、企业高管和专业技术人员到校内互动、校内外教师交流、培养"双师型"教师队伍、多层次的学术交流与服务等，如图10-1所示。

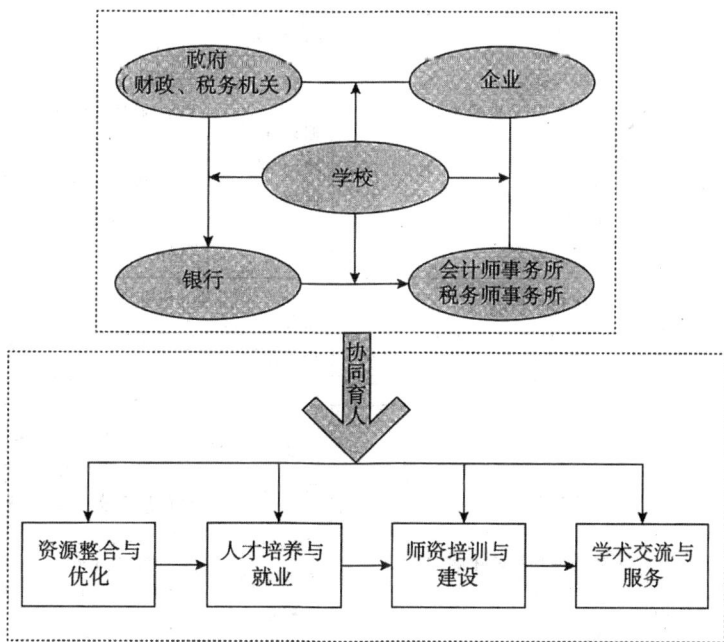

图10-1　财会类专业多元化协同育人平台功能

二、调整供给改革侧下的财会类专业人才能力培养框架

应用型本科院校财会类专业人才培养主要以应用能力培养为主，按照企业岗位群

对会计人才知识、能力与综合素质的要求，实现专业培养环节与产业链、课程内容与职业标准、教学与生产过程的对接。在对企业（市场）财会岗位职责调研的基础上，掌握与本专业相关的就业岗位能力素质需求情况，确定职业岗位群，并细化为基本能力、专业能力和实践创新能力，确定相应的课程模块。模块课程以满足企业会计岗位需求为目标，不同岗位对应不同的课程模块，从而构建以应用能力培养为核心的模块化课程体系。以会计学专业为例，其模块化课程体系如表10-1所示。

表10-1　会计学专业人才能力培养与对应的课程矩阵表

能力培养	能力要求		课程模块	开设课程
基本能力	①政治思想素质与能力 ②逻辑思维能力、人际关系能力 ③就业与创新能力 ④语言应用能力 ⑤信息技术应用能力 ⑥国防观念与安全教育		通识课程模块（必修、选修）	马克思主义基本原理、毛泽东思想和中国特色社会主义、大学英语、体育、专业认知、职业规划、计算机应用基础、形式与政策、军事理论、就业指导
专业能力	专业基础能力	①计算与分析能力 ②语言表达与写作能力 ③财经法规运用能力与职业道德	学科基础课程模块	经济数学、统计学、管理学、宏微观经济学、会计学原理、经济法、会计职业道德
	专业核心能力	①会计核算与分析能力 ②财务软件应用操作能力 ③税务筹划能力	专业核心课程模块	中高级财务会计、成本会计、管理会计、财务管理、审计学、会计信息系统、税法、税务筹划
	专业综合能力	①财务预测与决策能力 ②职业判断与思考能力 ③风险管理能力	专业综合课程模块	财务报表分析，Excel在财务中的应用、会计制度设计、公司战略与风险管理
实践创新能力	①独立思考与判断能力 ②创新性思维能力 ③团队写作能力		实践创新课程模块	课程实训、毕业设计与毕业论文、第二课堂、创新学分、学科竞赛、专业大赛

三、财会类专业协同育人培养实施方案

（一）以市场需求为导向校企共拟人才培养方案

培养人才是高校的重要使命，如何做到有的放矢，使培养出的人才能够适应社会和时代的需要是每一所高校都要面对的考验。高校应适时组织教师及企业人员共同参加人才需求调研、超前预测分析工作，以能力为本位、素质为基础，及时地制定出人才培养方案。在人才培养方案的制定过程中，学校要贯彻适应性、整体性的质量观，在企业提供岗位需求的基础上，由学校与企业专家等组成的专业指导委员会通过分析岗位（群）对知识、能力、素质等的基本要求，制定行业特色鲜明、适合学生可持续发展和企业需求的人才培养方案，并根据岗位需求情况及发展变化情况调整人才培养目标和课程设置，确保所培养的毕业生符合行业的需求，适应社会的发展。培养方案必须十分重视学生实践能力和可持续能力的培养，在实际教学中引入"做中学"的模式，尤其注重案例教学与实践教学，帮助学生通过感性认识不断提升理性思维高度。

（二）校企共建"双师"结构教学团队

"双师"结构师资队伍，是提高专业核心竞争力的关键之一，是提高教育教学质量的重要保证，也是高等院校建设、改革、发展的基础和保证。核心竞争力是围绕培养应用型人才所拥有的独特教育资源和整合这些资源而形成持续竞争优势的能力，其实质是专业可持续发展的综合实力。专业建设、实训建设和实践教学都离不开一支高素质的"双师"结构师资队伍的支撑，要求教师必须具备较高的学历和扎实的专业理论功底。经管类专业的专业属性还要求教师应具备丰富的实践经验和较强的动手能力。学校一方面可以选送教师到企业一线去学习实践操作，提高实践教学能力，另一方面可以聘请行业专家到学校进课堂承担实践教学任务，校企共建稳定的"双师"结构师资队伍，以确保人才培养质量。

（三）创建校企多方共同参与的教学质量评价机制

校企合作的共同目标是高端应用型人才培养，让"产品"来评价"产品"生产单位，具有权威性。高等教育的产品是学生，因而学生的质量应该成为衡量校企关系质量的出发点，也应是衡量人才培养模式成功与否的准则。因此，从受教育者的视角，研究其对教学的满意度、就业率、专业对口率、薪酬水平、在劳动力市场中的表现、用人单位的满意度等应该成为衡量合作项目质量的重要因素。工学结合人才培养模式下，教学质量监控、评价与保障体系的建设关系到高等教育的人才培养质量，积极探索和强化教学管理，建立并完善校企合作的教学质量监控、评价与保障体系和教学激励机制，切实落实教学质量管理目标责任。加大学生参与质量评价的力度，吸引行业企业参与人才培养质量评价，以学习能力、职业能力和综合素质为评价核心，将就业创业能力、企业满意度、社会评价作为衡量人才培养质量的重要指标，逐步形成以学校为核心、教育行政部门为引导、社会参与的教学质量监控、评价与保障体系。让社会、用人单位与学生参与人才培养全过程，让学生有接受教育的知情权，行业协会、用人单位了解人才培养过程，密切行业协会、用人单位与教育教学的联系。在课程评价、学生评价中注重学生的自我评价，培养学生的自我管理意识和增强学生的责任感。邀请行业协会、用人单位人员讲授实践性课程，按照行业生产质量管理模式和职业标准考核评价学生。

▶第十一章

高职经管类专业人才培养
模式的要素和特征分析

第一节 高职经管类专业人才培养模式的要素分析

一、人才培养模式的要素界定

人才培养模式是在一定的现代教育理论和教育思想的指导下,按照特定的培养目标和人才规格,以相对稳定的教学内容和课程体系、管理制度和评估方式,组织和实施专业人才教育教学过程的总和。因此,人才培养模式的构成要素实际上主要涉及四方面问题,一是培养什么人;二是用什么培养人;三是怎样培养人;四是培养人怎样。第一个问题主要涉及价值层面的培养目标和培养规格,属于目的要素;第二个问题主要涉及保障层面的培养制度,属于制度要素;第三个问题主要涉及行为层面的教育过程,属于过程要素;第四个问题主要涉及结果层面的质量评价体系,属于评价要素。对于专业层次的人才培养模式,这四大要素基本都体现在专业人才培养方案之中。

(一) 培养目标

培养目标受到社会对人才类型、规格的需求与学生的基础条件及全面发展要求的共同制约,它是人才培养模式中的决定性要素,它对人才培养进行质的规定,是全部教育工作的核心,是一切教育活动的出发点和归宿。培养规格则是在培养目标基础上,进一步规定了人才培养的层次、服务方向及知识、能力、素质要求。培养目标可以有多种表达方式，《教育大辞典》对培养目标的解释是指教育目的或各级各类学校、各专业的具体培养要求，一般包括人才根本特征、培养方向、培养规格、业务培养要求等内容。培养目标受社会对人才类型、规格的需求与学生的基础条件及全面发展要求的共同制约，它是培养模式中的决定因素。人才培养目标，即培养者对所要培养出人才的质量和规格的总规定。一般可以表述为：培养社会发展需要的、具有某些素质的全面发展的人才。这里的全面发展的人才指的是个体身心和谐发展的专才，而不是样样精通、百科全书式的通才。

（二）培养制度

培养制度是有关人才培养的重要规定、程序及其实施体系，是人才培养得以按规定实施的重要保障与基本前提，是培养模式中最为活跃的一项内容。人才培养制度包括专业设置制度、修业制度和日常教学管理制度三类。专业设置制度是教育部门根据学科分工和产业结构的需要所设置的学科门类，它规定专业的划分及名称，反映了培养人才的业务规格和就业方向，通常包括设置口径、设置方向、设置时间和空间等内容。修业制度有学年制和学分制两种形式。学年制高度结构化，课程有严密的层次划分及先后顺序，课程修习以学时、学年为计算单位，便于统一培养人才，不足之处主要在于缺乏灵活性。学分制按院（系）招生，按学科专业类制订教学计划和组织基础教学，学生学习的自主权较大，可以实行弹性学制。学分制也有不足，表现在教学计划的完整性、系统性不易保证，教学内容和质量标准缺乏统一要求。

（三）培养过程

培养过程是为实现培养目标，依据人才培养制度的规定，运用教材、实验实践设施等中介手段相互配合，以一定方式从事教学活动的过程。因而培养过程是人才培养模式的本质属性，它包括专业设置、课程体系、培养途径和方法、培养方案等要素。

专业设置是根据学科分工和产业结构的需要所设置的学科门类，是人才培养模式的重要构成要素，它规定着专业的划分及名称，反映人才培养规格和就业方向。

课程体系是教学内容按一定的程序组织起来的系统和教学内容及其进程的总和，是人才培养活动的载体。衡量课程体系构造形态的指标主要有课程体系的总量与课程类型、课程体系的综合化程度、结构的平衡性、设置机动性、发展的灵活性等五个方面。

培养途径和方法是指人才培养活动所借助的一定的载体，通常包括基本途径和综合途径、教学途径和非教学途径等。基本途径就是普遍认同和采纳的课程教学、科学研究和社会实践；综合途径就是产学研结合的一体化培养途径；非教学途径是相对正常教学活动而言的，主要包括一切被称之为"隐性课程"的教育环境及教育活动，比如校园文化、社会实践、课余活动等。

培养方案是指人才培养模式的实践化形式，主要包括培养目标的定位、教学计划和非教学途径的安排等。其中，培养目标的定位主要是明确人才的根本特征、培养方向、培养规格及业务培养要求；教学计划是具体规定一定学校的学科设置，以及各门学科的教学顺序、教学时长和教学活动，它是培养方案的实体内容，一般由课程的设置、学时学分结构和教学过程的组织这样三部分组成。

（四）培养评价

培养评价是指依据一定的标准对培养过程及所培养人才的质量与效益作出客观衡量和科学判断的一种方式。它是保证人才培养质量的重要措施，包括人才培养评价内容、评价标准、评价方法等。培养评价是人才培养过程中的重要环节，能对培养目标、制度、过程进行监控，并及时进行反馈与调节。有了这种反馈与调节，就可根据实际需要，定位人才培养目标，修订专业方向教学计划，组合新的课程体系，选择更优的教学方略，探索更适合教学要求的组织形式，使之朝着既定的目标前进，最终实现培养目标，并可使培养模式日臻完善。人才培养从入口、过程到出口是一个统一的过程，在各个环节都需要一定的评估措施以保证人才培养的质量。在入口上，需要选择有一定培养潜能的学生进入学校，通常通过考试的方式来完成。在培养过程中，不仅包括通过考试或考查的方式对学生学业成绩进行评价，还包括通过多种方式对学校办学思想、办学条件、教师、课程与教学等进行评价。在出口方面，学校通过设定一定的标准，以能否获得毕业证书和学位证书的方式作为人才培养是否完成的标志。由于教育与社会联系紧密，在设定各种评价标准时，社会的要求应该得到充分反映。

二、高职经管类专业人才培养模式的要素分析

由于本书探讨的是专业层面的人才培养模式，所以其构成要素应该与人才培养模式的四大要素一致，但又应该带有专业的特殊性。本书通过对 25 省（市、自治区）92 所经管类高职院校①的人才培养模式进行实证研究，认为高职经管类专业人才培养模式的要素应该包括以下几个方面：

（一）培养目标

如前所述，培养目标是高职经管类专业人才培养的出发点和归宿，它在高职经管类专业人才培养模式中占有极其重要的地位。但要确定高职经管类专业人才培养模式

---

① 92 所经管类高职院校的数据来源于《高等职业教育人才培养质量年度报告（2014）》，所谓经管类高职院校是指主要专业或全部专业设置为经管类专业的高职院校。

的目标要素，还需考察以下两个现实依据：

第一，培养目标要体现经管类专业学生的发展需要。培养目标解决的是培养什么样的人的问题。学生作为被培养对象，他们的发展需要是确定培养目标的重要依据之一。只有遵循学生的身心发展规律，了解他们的发展需要，培养目标才可能真正得以实现。

第二，培养目标要体现经济社会发展的需要。教育是一种社会活动，必须适应社会发展的需要。如社会经济和政治制度直接决定着教育的体制和发展方向；社会生产力和科技发展的水平决定着学校人才培养的类型与规格；社会文化常常制约或影响到校园文化等。因此，脱离社会发展需要而制订的培养目标没有任何现实意义。

在本书所调查和研究的 92 所经管类高等职业院校中，除去没有对其培养目标进行定位的 28 所外，其他 64 所院校对培养目标的界定见表 11-1。

表 11-1　64 所经管类高等职业院校的培养目标简述

省份	序号	学校名称	培养目标描述
安徽（7 所）	1	安徽财贸职业学院	着力把学生造就成为"能财会贸、财贸双全"的应用型、创新型现代经营与管理人才
	2	安徽国际商务职业学院	培养高素质技能型商务人才，形成"外贸、外语；商务、服务"的办学特色
	3	安徽商贸职业技术学院	以全面提高现代服务业所需要的高端技能型人才培养水平为目标
	4	安徽涉外经济职业学院	培养生产、建设、管理和服务第一线所需要的德智体美全面发展的高素质技能型专门人才
	5	安徽审计职业学院	培养现代服务业高端技能型人才
	6	徽商职业学院	为区域经济建设和发展培养一批高素质技能型人才
	7	合肥财经职业学院	为地方经济社会发展培养面向生产、建设、管理、服务一线的高端技能型人才
北京（1 所）	8	北京财贸职业学院	面向首都现代服务业，以培养"有爱心、讲诚信、负责任、能财会商"的高端技能型财贸人才为目标
福建（1 所）	9	福建商业高等专科学校	重点面向现代服务业和新兴产业，多层次、全方位为社会发展和经济建设培养生产、建设、管理、服务第一线的高素质技术技能人才，在地方经济社会发展中发挥重要作用
广西（2 所）	10	广西工商职业技术学院	培养第三产业的管理、服务一线的高等职业技术应用型专门人才
	11	广西经贸职业技术学院	成为现代商贸和农村财会金融、农产品营销、信息化建设和农产品电子商务、高端技能型人才培养示范基地

省份	序号	学校名称	培养目标描述
广东 (5所)	12	广州工商职业技术学院	培养高素质技能型人才，服务地方经济和社会发展
	13	广州华南商贸职业学院	打造人才培养专业技能的"商贸"特色和人才培养思想品德的"人品"特色，为培养更多的高素质的技术技能型人才而努力
	14	广州科技贸易职业学院	培养区域发展先进制造业、高新技术产业和现代服务业所需要的高素质技术技能型专门人才
	15	广州涉外经济职业技术学院	培养"三外两高"型人才，即具有外语、外经、外贸专门知识的高素质、高技能人才
	16	惠州经济职业技术学院	培养面向区域经济发展的生产、建设、服务、管理一线的高素质技能型专门人才
海南 (1所)	17	海南工商职业学院	培养高素质技术技能型人才
河南 (3所)	18	河南财政税务高等专科学校	培养高素质技能型专门人才
	19	河南经贸职业学院	培养生产、建设、管理、服务第一线需要的高端技能型人才
	20	郑州财税金融职业学院	培养生产、建设、管理、服务第一线需要的高素质技术技能型人才
黑龙江 (1所)	21	黑龙江商业职业学院	培养具有综合素质的财经类和社会急需的经营、管理、生产、服务等一线岗位需要的高端应用型、技能型人才
河北 (3所)	22	石家庄财经职业学院	立足河北，面向中小微企业，以财经类专业为主，培养适应经济社会发展需求的高素质技术技能人才
	23	石家庄城市经济职业学院	培养"品德优、专业强、懂经济、会管理、能创业"的高素质技能型专门人才
	24	石家庄经济职业学院	为现代经济社会培养经济管理领域高素质高技能型专门人才
湖南 (6所)	25	保险职业学院	面向金融保险行业和湖南区域经济社会发展，培养管理、服务一线岗位（群）需要的高素质技术技能人才
	26	湖南工商职业学院	培养面向生产、服务一线的高素质劳动者和专门人才，为本市经济和社会发展提供有效的服务
	27	衡阳财经工业职业技术学院	培养面向生产、建设、管理、服务一线需要的大专层次的高素质技术技能型人才
	28	湖南商务职业技术学院	为供销行业和湖南区域经济发展，大力培养生产、建设、管理、服务等领域，尤其是第三产业所需要的高素质技术技能型人才
	29	湖南外贸职业学院	适应生产、建设、管理、服务第一线需要的高素质技术技能型人才
	30	长沙商贸旅游职业技术学院	为地方商业及现代服务业输送了高素质的技术技能型合格人才
吉林 (1所)	31	长春金融高等专科学校	培养德智体美全面发展，具有高素质、高质量、高技能、应用型财经类人才

省份	序号	学校名称	培养目标描述
江苏（2所）	32	苏州经贸职业技术学院	培养面向生产、建设、管理、服务第一线的高素质技能人才
	33	无锡商业职业技术学院	实现具有"技术好、会营销"的高素质技能型人才培养目标
江西（4所）	34	江西财经职业学院	围绕江西经济社会发展需要，以培养职业素质高、专业能力强、具有可持续发展能力的高素质技能型人才为目标
	35	江西工业贸易职业技术学院	为社会培养大批面向生产、服务、管理一线的高端技能型人才
	36	江西经济管理职业学院	培养更多更好的生产、建设、管理、服务第一线需要的，具有创新精神的管理类高素质技能型专门人才
	37	江西旅游商贸职业学院	面向生产、建设、管理、服务一线，培养既能动手，又能动脑，既有理论知识，又有实践能力的，旅游商贸类高端技能型人才
辽宁（1所）	38	辽宁金融职业学院	为社会培养合格的高级应用型专业人才
内蒙古（1所）	39	内蒙古商贸职业学院	为内蒙古经济生产、建设、管理、服务一线培养具有现代商人头脑和文化素养、能操作、会经营、懂管理的高技能人才
山东（2所）	40	山东商业职业技术学院	培养讲诚信、懂经营、善沟通、能创业的现代服务业技术技能型人才
	41	潍坊工商职业学院	培养专业基础扎实、综合素质高、实践能力强，在生产、建设、管理、服务一线工作的高端技能型专门人才
山西（5所）	42	山西财贸职业技术学院	为山西经济转型跨越发展培养"会管理、能营销、懂财务、有专长、高素质"的高等财经应用型专门人才
	43	山西财政税务专科学校	为山西新能源工业基地建设培养大批高素质的技能型人才
	44	山西管理职业学院	培养高素质技能型人才
	45	山西金融职业学院	培养适应金融及财经行业生产、服务、管理第一线需要的高等应用型人才
	46	山西经贸职业学院	培养生产、建设、服务和管理一线需要的高端技能型专门人才
陕西（2所）	47	陕西财经职业技术学院	为生产、建设、服务和管理一线培养财经类高素质技能型专门人才
	48	陕西经济管理职业技术学院	根据陕西经济建设和产业发展趋势，以应用型、复合型人才培养为目标
四川（5所）	49	四川财经职业学院	以面向管理、服务第一线，培养"品德高、技能精、身心健、行为美、善理财、会经营"的高素质、高技能型财经专门人才为目标
	50	四川工商职业技术学院	立足四川，辐射西南，为轻工业及现代服务业培养高端技术技能型人才
	51	四川工业管理职业学院	培养现代服务业高端技能型专门人才
	52	四川管理职业学院	为本省经济建设及社会发展培养实践技能强、具有良好职业道德的高素质技能型人才
	53	四川商务职业学院	面向区域经济，为行业企业培养培训、经营、管理、服务方面的高素质高技能现代商务人才

续表

省份	序号	学校名称	培养目标描述
天津（1所）	54	天津商务职业学院	学院立足天津、面向全国，服务区域商务事业，特别是外经贸行业发展，以就业为导向，培养职业素养良好、外语应用能力较强、现代服务业技能突出的高素质技术技能人才
云南（2所）	55	云南经济管理职业学院	致力于培养"品德高尚、技能娴熟、专业知识扎实、综合素质高的满足社会发展需要的高素质应用型人才"
	56	云南商务职业学院	让学生达到一专多能、多证多能，真正成为复合型、实用型的人才
浙江（5所）	57	浙江经济职业技术学院	培养高素质技术技能型人才
	58	浙江经贸职业技术学院	培养高素质技能型人才
	59	浙江农业商贸职业学院	立足地方，面向全省，接轨长三角，以农商科专业为主，为生产、建设、服务、管理第一线培养所需高端技能型专门人才
	60	浙江商业职业技术学院	为现代服务业发展培养高素质技能型专门人才
	61	义乌工商职业技术学院	培养高素质技能型人才
重庆（3所）	62	重庆工贸职业技术学院	使学生在具备相应的职业能力的同时，也获取适应社会进步与其自身终身发展所需的素养，成长为"专业有特长、就业有优势、创业有能力、提高有基础、发展有空间"的技术技能型人才
	63	重庆工商职业学院	为重庆创意文化产业和现代服务业培养生产、建设、服务、管理第一线的高素质技术技能型人才
	64	重庆商务职业学院	培养高素质技能型人才

对表 11-1 进行分析可知，经管类高等职业院校的人才培养目标至少应包含 3 个方面：第一，体现了服务区域经济和区域产业发展的需要，64 所经管类高等职业院校中有 23 所明确提出了为地方经济建设和社会发展而进行人才培养，占到全部院校 35.9%；第二，体现了被培养学生的高素质和高技能的发展要求，64 所经管类高等职业学校中有 59 所明确提出对人才的发展要求为高素质或者高端人才，占到全部院校的 92.2%；第三，体现了专门人才培养的领域要求，64 所经管类高等职业院校有 35 所明确提出了培养人才的专门性，或者是财经类人才，或者是金融类人才，或者是商务类人才，或者是第三产业人才，或者是现代服务业人才，或者是新兴产业，不一而论，占到全部院校的 54.7%。由以上实证分析，结合前文对人才培养目标的概念论述，本书总结出高职经管类专业人才培养模式的培养目标就是要面向区域经济和产业发展，主要为第三产业（尤其是现代服务业）和新兴产业培养高素质技能型的经济管理专门人才。

具体来说，高职经管类专业人才培养的目标也包括知识目标、能力目标、素质目标三个部分。

1．知识目标

知识是能力和素质的载体，丰富的知识可以促进能力和素质的提高。没有一定量的知识的积累，不要说成为高素质技能型人才，就是成为合格的现代公民，也无异于空谈。从表11-1可以看出，高职经管类专业人才的知识结构应包括文化基础知识、专业知识和创新知识三个层次，从而满足人才培养目标的高素质、高技能要求。

（1）文化基础知识包含工具类知识、科学基础知识和人文知识。工具类知识，即中外文字、逻辑思维和方法论、计算机知识，使人能基本正常地表达自己的思想、情感，从而从事专业性工作和一般性工作。科学基础知识，即数学、物理、天文、地理、医学及科技发展方面的知识，是构成现代人理性思维和科学精神的知识养料，同时也具有一定的工具性作用。人文知识，即哲学、伦理、文学、艺术、审美等方面的知识，是构成现代人积极的价值理念和人文情怀的知识要素。由于高职经管类专业的学生一般从事的是管理类和服务类的行业，经常与人打交道，因此，文化基础知识在其专业知识结构中应占据重要地位。

（2）专业知识是知识结构的主干，专业知识结构包括陈述性知识（学问知识）和程序性知识（实践知识）两大要素。陈述性知识是关于世界是什么的知识，程序性知识是关于"为什么"和"怎么办"的知识，程序性知识的掌握能促使学生主动进行概念、原理的理解，以及将储存于头脑中的有关原理、定律、法则等命题知识转化为技能，实现这些知识由静态向动态的转化，由储存知识转化为探究知识，由缓慢再现知识向创造性地解决问题转化，从而提高解决实际问题的能力。由于高职经管类专业的技能型人才强调对问题解决的执行和监控，灵活性强，因此程序性知识在其专业知识结构中应占主要地位。

（3）创新知识包括创新的概念、内容、创新方法以及创新途径等。学生只有掌握了创新知识，才能更好地激发创新意识和动机，从而充分发挥学生的创新潜力和聪明才智，解放学习和创新激情，从而达到培养学生独立思考问题和解决问题的能力，因此，创新知识对高职经管类专业的高素质技能型人才的培养也很重要。从表11-1可以看出，很多经管类高职院校都将创新型人才的培养写入了他们的培养目标。

2．能力目标

根据经管类高职院校培养高素质技能型经济管理人才的培养目标，可以把高职经管类专业学生的能力结构归纳为专业能力、创新能力和社会能力三大要素。

（1）专业能力指从事岗位活动所必须具备的学科能力和专门技能，对高职经管类专业而言，专业能力则特指经济与管理方面的学科能力和专门技能，比如财政金融、财务会计、经济贸易、市场营销和工商管理领域内的学科能力和专门技能。

（2）创新能力指从事创新活动所必需的创新意识、思维和实践能力，对经管类专业而言，创新能力的培养能极大地提高学生的实践能力和综合素质，因此创新能力的培养在经管类专业人才培养模式中很重要。比如安徽财贸职业学院就把创新型人才的培养明确列在学校的人才培养目标和定位中。

（3）社会能力是个体适应社会和与社会协调发展的能力，是人们生存的一种基本能力，高职经管类专业学生的社会能力应主要包括沟通合作能力、人际交往能力和终身学习能力，上述能力是体现他们高素质的重要方面，否则，高职经管类专业的学生将难以立身于生产、建设、管理和服务的第一线。

3. 素质目标

对素质的定义有很多种，一般认为，素质是人的内在之物，是人们在先天遗传条件下，经过环境熏陶、教育培养和自身活动的历练，日积月累形成起来的基本稳定的内在品质，可以通过人的外在行为表现出来。素质至少包括五个方面，即思想素质、道德素质、文化素质、业务素质和身心素质。因此，素质不是一种或几种独立的品质，而是反映为一种"结构"，称为素质结构。由于高职经管类专业培养的人才是高素质、高技能的，所以其素质结构应主要包含以下三个方面：

（1）较高的思想道德修养。首先，高职经管类专业的学生应有向上的精神、奋斗的精神和百折不挠的精神；其次，高职经管类专业的学生还应有较高的道德水准。因为"一切人类价值的基础是道德"。高职经管类专业的学生只有加强社会公德、职业道德、家庭美德修养，努力培养文明礼貌、遵纪守法、爱岗敬业、奉献社会、尊老爱幼等优良道德品质，才能有效提高自身素质，在社会上有所作为。

（2）健康的人格。人格，作为一种个性心理和道德的品质，是先天遗传因素和后天教育因素相互作用的结果。健康的人格包括三个方面：一是健康的需要和动机、兴趣和爱好、智慧和才能、人生观和价值观、理想和信念、性格和气质；二是正确地处理人际关系，发展友谊，这样的人在人际交往中显示出自尊和他尊、理解和信任、同情和人道等优良品质；三是积极向上的工作观和事业观。只有拥有健康的人格，高职经管类专业的学生才能在灵活多变的商业环境中把握正确的方向，获取前进的动力。

（3）较高的文化业务素质。高职经管类专业的培养目标是高素质的技能型人才，因此他们应该首先具有较高的文化素养，包括较强的文字写作、语言表达能力，健康的业余爱好，掌握社会科学基本理论、知识和技能，有较强的逻辑思维能力。其次具有较高的业务素质，包括具有正确的学习目的和学习态度，养成勤奋好学、刻苦钻研、勇于探索、不断进取的良好学风；系统掌握专业知识，具有认识、分析、解决实际问题的能力；掌握学习现代科学知识的方法，积极参加社会实践和专业技能训练，善于了解专业发展动态；具有参与设计、科研、组织管理、创新的能力以及在实际工作中熟练使用外语、计算机的能力等。

（二）培养制度

高职经管类专业的人才培养制度应该包括专业设置制度、修业制度和日常教学管理制度三个方面。高职经管类专业的设置制度应该立足于区域经济发展，与区域经济的产业结构变化和调整相适应；高职经管类专业的修业制度一般应以学分制为主，使专业和学生都有较大的自主权；高职经管类专业的日常教学管理制度则应规范、系统和全面，以确保教学运行高效、平稳、有序，杜绝重大教学事故和教学管理事故的发生。

（三）培养过程

培养过程是人才培养模式的主体部分，而教学内容和课程体系、培养途径和教学方法则是培养过程中重要的要素。教学内容和课程体系是培养目标的具体化，是人才培养模式改革的主要落脚点；培养途径是人才培养模式实现的载体；教学组织与方法则是人才培养模式的重要内容。对于高职经管类专业的人才培养模式而言，其培养过程应该具有以下特征：

第一，以职业需求为导向，以应用型和实践性为特征更新教学内容，优化课程结构，构建理论教学、实践教学和素质教育交融的素能一体化课程体系。高等职业教育的课程体系结构是以培养职业素质和能力为主旨来构建的。为了适应职业（群）的需求，高等职业教育确定课程与教学内容体系的方法，一般采用职业分析—教学设计连贯法，即根据职业活动系统，进行职业分析，然后根据教育规律和学生认知规律，以应用性与实践性为特征，进行教学设计，从而使课程与教学内容体系具有高等职业教学自身的系统性。

第二，实践教学的主要目的是培养学生的应用能力，在培养计划中占有较大比重。高职经管类专业的人才培养模式应加强实践教学的比例，三年制专业的实践教学时数占总学时的比例应不低于40%。

第三，校企合作、工学结合、产学结合是高职经管类专业培养人才和提高质量的基本途径。不同类型的知识、能力和素质结构体系需要不同的教学过程。高职经管类专业培养高素质技能型经济管理专门人才，这个目标决定了高职经管类专业必须实施以岗位活动和业务流程为导向的教学过程，并据此科学合理地确定课程体系，选择和组织教学内容。

第四，探索多种教学方法是提高高职经管类专业教学质量的重要手段。高职经济管理类专业应注重教学改革，强化学生综合素能的培养，包括积极推行"教、学、做"为一体的情境教学方法，坚持"学中做、做中学"，推动"任务驱动""项目导向""案例分析""模拟训练""模块教学"和"课证融通"等教学方法改革。

（四）培养评价

培养评价是检查人才培养模式效果的重要依据和保障。由于高职经管类专业培养的是知识、能力和素质协调发展的高素质技能型人才，所以对其人才培育质量和效率的评价也必须是高标准和多种形式的。安徽涉外经济职业学院出台的《关于课程考核方式改革实施办法》较好地诠释了高职经管类专业人才培养评价的标准和形式，首先，以职业能力标准作为测试学生最终成绩水平的基准，增加对学生能力的考评、学习过程的考核和在工作现场的考核比重。其次，采用阶段评价、目标评价、项目评价、理论与实践一体化评价等多种评价模式。再次，结合课堂提问、学生作业、平时测验、实验实训、技能竞赛及考试情况，综合评价学生成绩。最后，注重学生动手能力和实践中分析问题、解决问题能力的考核，对在学习和应用上有创新的学生予以特别鼓励，全面综合评价学生的知识、能力和素质。

第二节　高职经管类专业人才培养模式的特征分析

一、人才培养模式的特征分析

对近些年学者们的研究进行归纳，得出人才培养模式具有以下几个方面特点：

第一，系统性。人才培养模式是一个系统，由培养目标、培养制度、培养过程、培养评价四个要素（也称为子系统）构成。如前所述，培养目标是最重要的构成要素，并且统摄培养制度、培养过程和培养评价等要素，而各个构成要素或者子系统之间又是相互作用的。

第二，独立性。人才培养模式虽然由四个构成要素组成，但是这四个构成要素却可以保持相互的独立性，以便按需调整、适时变革，从而形成新的人才培养模式。人才培养模式的变革正是源于四个构成要素的相互独立性，但应该注意的是，尽管四个要素之间相互独立，并有其独特的、不可替代的功能，但是由于它们都是人才培养模式这个大系统下的一部分，因此，互相之间存在不可分割的内在逻辑联系。

第三，中介性。根据人才培养模式的基本概念，人才培养模式不是无源之水，它是以某种教育思想、教育理论为依据，然后将其具体化而形成的一种教育实践操作范式。因此，人才培养模式具有中介性。

第四，可操作性。人才培养模式是教育理论在教育实践中运用的具体化，必须具备可操作性的特点，否则就不能实践教育理论，更实现不了教育目标，而且，人才培养模式的可操作性正是由中介性的特点所引发的。

第五，相对稳定性。如前所述，人才培养模式是一种相对稳定的教育教学过程，因此，相对稳定性就必然是它的特点之一。人才培养模式必须是相对稳定的，因为一般一届学生的培养过程至少是3—4年，也就是人才培养模式的效果至少在3—4年后才能显现，在这段时间之间，人才培养模式应该保持不变，以确保教育的稳定有序。

第六，灵活性。人才培养模式也必须具有灵活性，由于人才培养模式本身由四个独立子系统组成，如果哪个子系统由于设计实施的效果不佳而影响到整个系统的实施效果时，应该对它进行调整，以保证人才培养模式的具体运行效果。另外，稳定性与灵活性二者并不冲突，灵活性更多表现为子系统的微调，但是当相对稳定性的时限超过，而影响人才培养模式的内外部因素也发生了重大的变化时，灵活性就表现为大调整了。

第七，多样性。由于教育内在规律和自身不平衡发展的原因，更兼社会经济发展对多样化人才的需求，因此，人才培养模式必定是多样化的，否则不能满足当前教育对人才培养的需要。

二、高等职业教育人才培养模式的特征分析

1999年11月，第一次全国高职高专教学工作会议总结了高职高专教育人才培养模式的六条基本特征。

一是以培养适应生产、建设、管理、服务第一线需要的高等技术应用型人才为根本任务。

二是以社会需求为目标、以技术应用能力的培养为主线设计教学体系和培养方案。

三是以应用为主旨和特征构建课程和教学内容体系，基础理论教学以应用为目的，以必须够用为度；专业课加强针对性和实用性。

四是实践教学的主要目的是培养学生的技术应用能力，在教学计划中占有较大比例。

五是"双师型"师资队伍的建设是高职高专教育成功的关键。

六是产学结合、校企合作是培养技术应用型人才的基本途径。

2000年1月17日教育部发布《关于加强高职高专教育人才培养工作的意见》，以行政规章的形式确认了上述六条基本特征，从而形成了当前我国高等职业教育人才培养模式的特征。

三、高职经管类专业人才培养模式的基本特征

（一）经管类高职院校人才培养模式举例

本部分选取5省8所有特色的、有代表性和实践效果较好的经管类高等职业院校界定出其人才培养模式的类型，并以此为基础分析高职经管类专业人才培养模式的基

本特征。

1. 安徽财贸职业学院——"订单式"人才培养模式

安徽财贸职业学院紧密联系经济社会发展实际和企业行业需求来开设专业，按需订单培养，由此来满足企业对人才规格和质量的要求，从而解决学校教学工作与实践岗位工作脱节的矛盾，使毕业生的知识、能力和素质结构与工作岗位要求近距离对接，促进毕业生对口就业和日后发展。安徽财贸职业学院从 2007 年起就与辉隆集团、来发新能源科技有限公司、同庆楼集团、稻香楼宾馆等企业签订了订单培养协议，开展订单培养，2011 年又与天为集团、顺丰快递公司签订了订单培养协议，开办天为物流班、顺丰速运综合业务班、顺丰速运呼叫中心班，辉隆集团也提出初步意向，要求学院再办一个辉隆财会班。

在实践"订单式"人才培养模式中，安徽财贸职业学院又深化教学改革，全面推行"厂中校""校中厂"校企合作模式，通过人才培养与生产劳动和社会实践相结合的教学模式，着力提升学生的实践技能。

（1）把工厂引入学校，创办"校中厂"。2007 年，与双赢再生资源公司共建校园体验站；2008 年，与永达超市共建"大学生创业园"，在校设立连锁超市等，将工厂、企业引入校园；2009 年，与北京创先泰克科技有限公司签订合作协议在校设立生产开发基地；2012 年，与顺丰快递公司合作建立了顺丰速运呼叫中心。通过这些手段，在校内外同时开展工学结合，真正实现了校内、外实训的交叉融合。真实的职业情境，激发了学生浓厚的学习兴趣；教师深入企业一线实践锻炼，实践教学能力得到显著提高；企业工程技术人员在教学现场对学生进行评价，增加了人才培养质量环节的企业元素，受到了学生、教师的一致好评。

（2）把教室搬到工厂、商店，创办"厂中校""店中校"。近几年安徽财贸职业学院又相继与荣事达太阳能科技有限公司、沃尔玛超市、广告会展中心、卜蜂莲花超市、世纪金源大饭店等企业签订协议联合培养学生，校企双方共建实训基地。在学生在读期间，即将"教室"搬到企业车间、公司，理论教学主要由学院教师负责，实践教学主要由企业兼职教师承担，学生"边学边做、工学交替"直至毕业。通过创办"厂中校"，强化了学生动手能力培养和职业经验的获取，提高了学生适应企业工作的能力，实现了学生实训、就业与企业的零距离对接。这种校企联合办学模式使企业得到了自己急需的人才，也帮助学院解决了相关教学资源不足的问题，学生提前实现了预就业，真正达到了企业、学校、学生三方受益的目的。

2. 北京财贸职业学院——"校企合作、双主体育人"人才培养模式

北京财贸职业学院面向首都现代服务业，以培养"有爱心、讲诚信、负责任、能财会商"的高端技能型财贸人才为目标，以服务业基层领班人职业岗位需要和职业资格标准为依据，以满足学生可持续的职业生涯发展需要为落脚点，构建了文化基础课、

职业基础课、职业能力课和财贸素养课"四类型"课程体系，建立了"专项技能训练、岗位综合能力实训、产业园实习、顶岗实习"四级实践能力培养体系，建成了专业技能训练区、财贸产业园、技能大师工作室和校外实习实训基地四类职业能力培养基地，实施校企"双主体"育人模式，推行毕业证书、职业资格证书、财贸素养证书"三证书"制度。按照"品牌企业文化环境熏陶，专家式教师指导，上班式学生学习，研究式师生工作，竞赛式学习考核"的课程设计理念开发了"上班式"课程，实现了财经类高职工学结合人才培养模式的创新。

北京财贸职业学院紧密加强与行业企业的联系，校企共建教学过程与生产过程有机融合的三类生产性实训基地。第一类是"专业技能训练区"，完善财贸大楼"上班式"课程仿真实训环境，建成集学生实训、教师培训、技能竞赛与鉴定等功能于一体的综合性实训基地。第二类是"财贸产业园"，按照公司化运营模式，建设部分专业的生产性实训基地。第三类是"技能大师工作室"，通过校企共建方式，承担高技能人才培训、师资培训、产品工艺研发和成果转化、技术咨询与服务、"非遗"技艺和特殊技艺传承与发展功能。

3. 福建对外经济贸易职业技术学院——"订单式"人才培养模式

福建对外经济贸易职业技术学院物流管理专业与苏宁集团、超捷国际物流集团、福建盛丰物流集团、德邦物流集团、福州万集物流公司、沃尔玛集团等企业开展全方位的校企合作，开设了"盛丰班""苏宁班""德邦班""万集班""超捷班"等十六期校企订单联合培养班。学校根据订单企业对人才需求的不同，为学生和企业量身定制合理的培养方案，并建立了由企业专业技术人员、行业专家、校内专家共同组成的专业建设委员会，对专业建设和发展进行研究和指导。同时，合作企业还安排企业的经理、技术能手、资深员工等作为兼职教师，到学院开设选修课，开展企业进课堂活动。物流管理专业通过开展订单联合培养的方式，与合作企业建立起了人才共育、过程攻关、成果共享和责任共担的合作机制。推进校企合作"订单班"培养，深化校企合作订单培养模式、工学交替人才培养模式，使学校物流管理人才培养方案更贴近于市场需求、课程设置更符合企业需要、教学手段更为丰富和完整、培养的学生更能适应企业的要求，不仅有利于人才培养质量的提高、有利于毕业生就业竞争力的提升，更促成了就业工作的早开展、早推进、早落实。由于企业全程渗透式地参与相关专业的人才培育，毕业生在走出校门之际，事实上已经是为相关行业和企业"量身定做"的人才，所以毕业生与企业之间形成了互相信任互相付出的良性循环，毕业生在订单企业中就业留存度高。校企合作由此实现三方共赢。

4. 广州工商职业技术学院——"产学研结合"人才培养模式

广州工商职业技术学院主动与部分影响力大的行业群体、规模以上企业群体以及科研机构开展全方位合作，并要求每个专业至少与一个大型企业（行业）或多个中小企业进行深度合作，依托行业企业共同制订人才培养方案、拟定课程内容、编写教材、组建教学团队、建设实验实训基地、开展科研、开展社会培训等，把协同创新贯穿于人才培养的全过程。多年来，学院与广州安正达会计师事务所、广州农商银行、海通证券股份有限公司、广州拜尔冷链聚氨酯有限公司、广东省物流协会冷链物流专业委员会、广东圣地集团贵丽物业有限公司、国光电器股份有限公司、广州市鸿利光电股份有限公司、广州市共能资讯科技有限公司、广州精点计算机科技有限公司、广州漫游计算机科技有限公司等234家企业行业建立深度合作关系。2013年，学院与企业签订订单培养60人、共同开发课程7门、共同开发教材10本、共建校内实训基地（室）8个、接受学生顶岗实习4045人、接受学生就业3731人、共同承担教科研项目十多项。

5. 广州华商职业学院——"校企融合、协同育人"人才培养模式

广州华商职业学院是太阳城集团投资创办的民办高职院校。太阳城集团下属有七大产业模块，这七个企业集团与学院是手足兄弟，在董事会的统一指挥下，全力支持学院，对学院提出的要求有求必应。因此，广州华商职业学院的办学不是一般意义上的校企合作，而是血浓于水的校企融合；不是一般意义上的工学结合、顶岗实习，而是校企联手、协同育人。为此，学院的工作重点在校企融合、协同育人上进行深化教学改革。第一，要求各系根据自己所办专业，在太阳城集团所属企业寻找校企融合、协同育人的结合点，聘请相关企业的领导和专业技术人员参与系部专业建设，共同制订专业人才培养方案。第二，各专业在相关企业建立实习实训基地，充分利用相关企业的教学资源，校企协同培养学生专业技能。第三，实施校企人员相互交流，学院聘请企业专业技术人员承担专业课和实践课教学任务，派专业教师到企业挂职担任技术员，提高教师双师素质。第四，创新体制机制，校企融为一体。经多方论证，董事会决定将太阳城大酒店与学院工商管理系合为一体，太阳城大酒店与工商管理系共同开办酒店管理专业，工商管理系与太阳城大酒店共同经营太阳城大酒店。第五，调整学时安排，改革育人模式。根据太阳城大酒店运营规律，调整学期编制，实施每学年分三学期的多学期制。调整学时安排，专业理论与专业实践课相对集中编排，把课堂搬进太阳城大酒店，师生在学习中经营酒店，在经营酒店中学习专业课程，在完全真实的环境中进行学习和实训。

6. 广州科技贸易职业学院——"校企合作、工学结合"人才培养模式

广州科技贸易职业学院适应区域经济与社会发展需要，遵循教育规律和人才成长规律，深化教育教学改革，创新教育教学方法，努力探索并初步形成了"融入地方、携手行企、合作育人、服务经济、共同发展"的办学模式和多样化校企合作、工学结合人才培养模式。不断丰富"项目导向模式""分段递进模式"等融"教、学、做"于一体的人才培养模式的内涵，将校内外的学习、实习和社会实践活动有机结合，不

断提升学生价值，形成各类人才辈出、创新创业人才不断涌现的局面。

2012 年，广州科技贸易职业学院颁发了《广州科技贸易职业学院关于深化人才培养模式改革的指导意见的通知》（穗科贸〔2012〕98 号），在意见中明确提出"政、校、行、企多方合作，教、学、做、创四位一体"的办学思路，提出从专业建设、课程建设、竞赛推动、师资队伍、校企合作、素质教育、评价体系和保障等方面协同创新的措施和实施意见。学院 5 个专业群以核心专业为重心，积极开展资源整合、协同共建工作。各个专业加强了专业调研和岗位分析，重新梳理建设思路，设计教学体系，深化校企合作，凝练人才培养模式，在推进校企深度融合、深化模式改革方面取得了明显的成绩。

7. 贵州商业高等专科学校——"订单培养"人才培养模式

贵州商业高等专科学校长期坚持面向市场办学，坚持校企合作和产学研结合，着力培养学生的实践能力、创新能力和创业能力，自 1999 年起实行"一书多证"毕业制度；相继与国内百余家大中型企业集团以及地方政府合作建立实践教学基地和实习就业基地，实现教学与就业岗位的"零距离"对接；积极推行订单式培养，近年来相继组建了"北京华联班""贵州饭店班""百灵班""爱普生班"等形式多样的订单式班级，深受企业和学生的欢迎。

贸易经济系与百灵企业的订单培养模式就别具特色，分为虚拟班、实体班、冠名招生班三种形式。虚拟班是学生入学后组建订单班，生源来自各不同专业，经企业与学生双向选择后确定班级人选并签订相应协议，学生继续完成专业所要求的课程和活动，在业余时间按要求完成企业增设的课程与活动，并在顶岗实习期间完成要求的项目与活动。实体班是学生入学后组建订单班，生源来自相同的专业，经百灵企业与学生双向选择后确定班级人选并签订相应协议，人才培养方案按照百灵集团要求增设百灵企业所需的课程，学生在日常教学活动中完成已经修改的专业人才培养方案所要求的课程和活动，并在顶岗实习期间完成要求的项目与活动。冠名招生班是冠以企业和专业名称来招生的班级，学生一经入学即组建订单班，人才培养方案由相应专业与企业确定，学生在日常教学活动中完成特别为冠名订单班专业学生的专业人才培养方案所要求的课程和活动，经企业与学生双向选择后确定班级人选并签订相应协议，并在顶岗实习期间完成要求的项目与活动。

8. 合肥财经职业学院——"双证书"制人才培养模式

自 2008 年开始，合肥财经职业学院科学定位培养目标，明确人才规格，创立"岗位导向、校企合作、双证融通、突出两创（创新、创业）"的财经特色人才培养模式，不断提高学院人才培养质量。一方面，加强实践教学（尤其是职业技能训练）环节，强化学生实践能力和职业技能的培养，打通课程教学内容与国家职业资格考核标准的连接，实现"双证融通"，推行毕业生"双证书"制度。另一方面，学院将各专业对口的职业资格证书获得率一直纳入人才培养方案指标考核体系中，深入推进和实施职业培训、创业培训和职业技能培训工作。近几年来，学生就业情况比较好，各专业学生进入各个对口的岗位的比例高，其中通过专升本、应征入伍和基层事业单位就业的比率也在逐年上升。

（二）高职经管类专业人才培养模式的基本特征

从上述 8 所代表性的经管类高职院校所构建的各具特色的专业人才培养模式来看，高职经管类专业人才培养模式应具有以下七大基本特征：

第一，培养目标——基于就业导向、职业需求的高素质技能人才培养。高职经管类专业的培养目标要主动适应地方经济建设的需要和行业企业发展的需求，以就业为导向，以满足职业需求为基础，培养高素质技能型专门人才。高等职业院校经管类专业的毕业生在完成 3 年的人才培养过程之后，应该具有基础理论知识适度、职业岗位能力强、综合素质高等特点，从而更好地为地方的经济社会发展贡献自己的力量。

第二，课程建设——基于工作岗位和业务流程的课程体系和课程内容开发。如前所述，高职经管类专业的标准化程度不高，工作过程不清晰，甚至工作领域也不清晰，因此，不容易进行基于工作过程的课程开发，需要开发更加注重纵向联系的基于工作岗位或业务流程的课程体系和内容。以此来形成和构建经管类学生的综合素能体系。

第三，教学运行——基于"素能本位"的工作与学习过程相结合机制。高职经管类专业培养的学生应该具有较高的综合素能，因此，高职经管类专业应做好以下工作：

首先，树立教育教学的质量观，确立人才培养质量工作的中心地位，把发展重心放到学校的内涵建设和提高学生的综合素能上来。其次，坚持育人为本，德育为先的理念，把人文素质培养融入到人才培养的全过程，加强学生的基本素能培养。最后，坚持教学过程的实践性、开放性和职业性，狠抓实训、实习、素质拓展三个平台相贯通的实践教学体系，融"教、学、训、做、评"为一体，加强学生的专业和职业素能的培养。

第四，根本途径——基于校企合作、工学结合的多样化培养途径。校企合作、工学结合是高职院校人才培养的根本途径。高职经管类专业应结合专业特色，充分发挥政府、行业和企业的作用，推行订单培养、工学交替、产学结合、双证书、课岗证融合等多样化人才培养途径，从而更好地实现高职经管类专业的人才培养目标。

第五，师资队伍——基于"双师"结构教学团队的教师专业化发展。建设专兼结合的"双师"结构教学团队是高职经管类专业人才培养的关键。高职经管类专业由于理论性强于实践性，且实践性教学不容易做到与高职工科类专业一样贴近生产实践，所以尤其要重视教师的专业化发展。高职经管类院校和专业不仅要增加聘用有企业工作经历的专业教师的比例，更要安排没有企业工作经历的专业教师下企业实践，以增强其理论联系实践的能力。同时，高职经管类院校也应多聘请行业企业的专业技术人才和骨干担任兼职教师，逐步形成实践课程主要由兼职教师讲授的授课机制。

第六，基地建设——基于综合素能培养的仿真模拟性的实习实训基地建设。加强实训、实习基地建设是高职院校彰显办学特色的重点。高职经管类院校和专业的实习实训基地建设与高职工科类院校和专业应该不太一样，生产性的校内外实习实训基地少，而仿真模拟性的实习实训基地多。因此，这些基地的建设就需要本着建设主体多元化的原则，多渠道、多形式筹措资金，多种形式地开发仿真模拟实习实训软件和公司，比如 8 所院校的校中企、企中校、产业园基地等。

第七，质量监控——高标准、多主体参与的质量评价体系。高职经管类专业应树立全面质量管理的理念，以"规范＋特色"为基本策略，完善教学质量监控与教学评价体系。重视过程监控，吸收用人单位参与教学质量评价，逐步完善以学校为核心、教育行政部门引导、社会多主体参与的教学质量保障体系，从而保障高职经管类专业的持续健康发展。

▶ 第十二章

国外适应高职经管类专业的
四种人才培养模式类型

第一节 德国的"双元制"模式

以德国为代表的"双元制"人才培养模式是一种由培训企业和职业学校双方（即校企双方）在国家法律、制度的保障下分工培养技术工人的职业培训体系。它的主要特点如下：

第一，不是只由学校一个主体（即一元），而是由企业和学校两个主体（即二元）共同担负培养人才的任务，这样就可以按照企业对所需人才的要求来共同确定教学目标并组织教学和岗位培训。

第二，学生能在企业真实的岗位上进行培训，并能得到企业工作人员的指导和教授，因此能较熟练地掌握工作岗位所需的技术和技能，毕业后能很快地熟悉工作环境并顶岗工作，受到企业的普遍欢迎。

那么德国"双元制"模式的职业教育是怎么形成的呢？究其根源，其形成和发展是德国社会经济发展和科学进步的产物，是在德国几百年的职业教育实践逐步产生和发展中形成的。德国"双元制"模式的职业教育中的"一元"行业企业培训，其雏形可追溯到中世纪的同业工会对师傅的培训。早在 12 世纪时，德国的同业工会就对企业中的师傅培训作了明确规定，但是此时还没有所谓的学徒培训。直到 19 世纪时，德国的手工业和商业企业开始对学徒也进行职业培训以满足行业企业对人才的新需求。但是这种培训到了 19 世纪 70 年代时又不适应了，因为此时的德国基本完成了工业革命，使资本主义生产从工场手工业过渡到了机器大工业。工业的迅速发展和机器的广泛使用，使得企业对劳动力的质量要求大幅提高，行业和企业创办的学徒制培训暴露出了缺点，即不能满足机器大工业生产对技术工人的技术技能要求。与此同时，此时作为"双元制"模式中的另"一元"的职业学校也逐渐发展起来，从只作为城市手工业者及其子弟的学习场所逐渐发展成为培养满足工业革命技术要求的技术工人子弟学校；并且自1920年起，该种学习场所改称为职业学校，由此成为与行业企业培训相匹配的一种义务教育学校。自1938年起，德国正式实行普通义务职业教育制度，但正式使用"双元制"这个称谓则始于1948年。1969年，德国政府又在《职业教育法》中正式对"双元制"模式作出规定，使其逐步制度化和法制化。此后，德国政府又在《青年劳动保护法》《职业教育促进法》《实训教师资格条例》等职业教育法律中对"双元制"模式作了进一步的规定，使这一制度和模式得到了进一步的发展和完善。因此，到20世纪70年代以后，德国"双元制"模式的职业教育进入到一个崭新的发展时期，并在1990年10月之后，出现了"双元制"的职业学院和专科大学，顺利实现了"双元制"职业教育向高等教育领域的延伸。

一、"双元制"人才培养模式的内涵

如前所述，"双元制"人才培养模式是一种典型的职业教育模式，在该模式下，职业教育的两个主体——学校与企业分工协作，各自贡献自己的优势条件和资源，但是以企业为主；同时教授理论与实践知识，使理论和实践紧密结合起来，但是以实践知识为主；共同培养行业企业所需的技术技能型人才。在该模式下，学生具有双重身份，在学校是学生，在企业是员工；学生既能学到专业的理论知识，又能学到专业的实践知识，从而使自己既具有专业理论知识，又具有专业技术和技能以及解决职业实际问题的能力。

具体而言，"双元制"模式的职业教育主要有以下几个显著特征：

第一，两个培训主体，即企业和职业学校。

第二，两种教学内容。即在企业主要是传授与专业和职业有关的知识、技能和经验；在职业学校主要传授与专业有关的知识和技能，以及与基本素质和能力有关的知识和修养等，包括语、数、外、政治、体育和文化等。

第三，两种教材。为满足同时教授理论和实践知识的要求，"双元制"模式使用两种教材，即实践教材和理论教材。企业使用的是实践教材，是由联邦职业教育研究所编写的全国统编教材，以便使企业培训达到统一的标准和质量；职业学校使用的是理论教材，这种教材不是全国统编教材，而是由学者和专家自行编写的，学校可以根据自己的需要进行选择。

第四，两种实施方式。企业遵循德国联邦职业教育研究所制定的培训条例来对学生进行教育和培训；职业学校则遵循所在州文教部颁布的教学计划自行组织教学。

第五，两类教师，即实训教师和理论教师。在企业对学生进行教育和培训的老师是实训教师，他们的身份是企业的员工；而在职业学校对学生进行教育的是理论教师，他们的身份是国家公务员。

第六，两种身份。"双元制"模式下的学生有两种身份，在企业时是企业的学徒；在职业学校时是学校的学生。

第七，两类考试，即技能考试和资格考试。德国的"双元制"职业教育模式要求学生参加两种考试，其中技能考试是针对企业的教育和培训而制订的，考试方式和内容以其在企业接受的实践教学内容为主，主要考核学生对所学专业知识和技能的掌握程度，考试的组织实施者一般为行业学会；资格考试则是针对职业学校的专业理论教学而制订的，考试的内容包括所学的各个科目，方式包括笔试和口试两种，考试的组织实施者为职业学校。

第八，两类证书，即与"二元制"无关的考试证书和与"二元制"有关的培训及毕业证书。考试证书是指学生通过的由行业协会颁发的职业培训结业证书，该证书不仅在行业内的企业通认，也在国内外通认，例如技术工人证书、会计证书和商务办事员证书等，类似于中国的职业资格证书。培训和毕业证书则是由培训企业和职业学校颁发的学历证书，证明其学习经历的一种证书。

第九，两种经费来源，即企业来源和政府来源。其中在企业进行教育和培训的所有费用都由企业承担，比如教育培训的设施器材、学徒的津贴、实践教师的工资等；职业学校的经费则由政府承担，包括国家和州政府两级主体。一般来说，职工的工资、福利等人事费用由国家负担；学校的校舍和教学设备的建筑维修费用和管理人员的工资福利费用则由地方政府负担。

第十，两种不同类型法律的约束。企业培训受《职业教育法》约束，职业学校则遵循《职业义务教育法》。

由上面10个特征的分析可见，德国的"双元制"职业教育模式在整体的人才培养目标上是合二为一的，但具体的教育教学实施则又是一分为二的，由此表现出明显的"双元"属性。

二、"双元制"人才培养模式的目标

德国"双元制"人才培养模式的培养目标是通过企业和学校、理论和实践两方面的职业教育教学，使学生获得广泛的专业和职业相关的知识、能力和素质，获得面向国际的职业资格，从而成为高级应用型实用性人才。为了培养适应现代工业企业要求的技术工人，"双元制"人才培养模式注重两个方面的能力培养：一方面是基本从业能力培养；另一方面是综合职业能力培养。前者包括专业能力、方法能力和社会能力的培养，后者特指人才本身的关键能力的训练。所谓关键能力，是指纯粹的专门职业技能，和前面的与特定岗位相关的知识和能力不同，这种专门技能与特定岗位无关，是帮助技术工人在职业或者岗位发生变更时，能够在变化了的环境中重新获得新的职业知识和技能的能力。

三、"双元制" 人才培养模式的课程开发与设置

由于"双元制"人才培养模式既教授理论知识，又教授实践知识，因此，在该模式下，无论理论课程还是实践课程的设计都应以职业活动为中心来确定课程体系和内容。德国的"双元制"人才培养模式的课程结构为渐进式、阶梯式的课程结构，分为三个层次，即基础培训、专业培训和"双元制"实践课程。其中，"双元制"实践课程的设计更加以职业活动为中心，其课程内容的选择与编排更加注重直接性的职业经验。通过这种螺旋式上升的课程结构可以不断拓宽学生的知识面，提高学生的技能，使学生具有较强的社会适应性和市场竞争力，因此，在"双元制"人才培养模式下的毕业学生不仅就业能力强，而且一旦失业，其再就业能力和转岗的能力也强。"双元制"人才培养模式下开发出来的课程实施必须以校企双方的合作为基础，学校按照各州总体教学计划实施理论课程的教学；企业则按照联邦培训规章实施实践课程的培训，双方通过教育文化部门组织和其他自主的形式加以协调，保证理论与实践有效地结合，并以此达到国家对职业人才的总体教育目标。

21世纪初，伴随世界经济结构的调整，传统的"双元制"人才培养模式下的课程体系和内容逐渐不适应新经济环境和结构的变化，必须做出创新和改革。因此，除了传统职业教育要求的具有精湛的职业本领以外，创新的"双元制"课程体系又提出了适应新发展的新要求，包括对职业人才联想思维、团队精神、对新形势的快速反应能力、适应能力及灵活性等关键能力的培养。在新时期德国"双元制"人才培养模式的课程体系的设计目标中，专业内容的传授只是其中一个方面了，关键能力的培养成为更加重要和核心的另一个方面。创新的"双元制"人才培养模式要求培养的职业人才必须具备跨岗位、跨专业、跨职业的基本素质。在这种形势下，"双元制"课程体系和内容的改革势在必行。近些年来，德国已对73个培训职业（专业）进行了修订，使教学内容更具现代性和时代性，更能适应新经济的发展和要求。例如，在建筑行业逐渐流行的分包趋势要求职业人才具备更高的协调能力和对工程流程更强的计划性和控制力。因此，该职业岗位涉及的教学内容就必须进行调整和改革，增加更多关于关键能力培养的课程，以培养学生对新技术、新方法的适用能力。

四、"双元制" 人才培养模式的师资和教学方法

由前面的分析可以知道，"双元制"人才培养模式下的教师包括实训教师和理论教

师。实训教师来自企业，是企业的员工，可以是专职的，也可以是兼职的；理论教师来自职业学校，包括专业理论课教师和普通文化课教师。

"双元制"人才培养模式要求两类教师在走上讲台前必须经历两个阶段：第一个阶段是大学教育阶段。他们被要求在大学里至少学习 8—10 个学期，并需要学习一门职业教育主专业课程和一门普通教育的副专业课程。同时，他们在大学学习过程中，必须在与所学专业相同的企业中至少实习 1 年，大学毕业时需通过第一次国家考试。第二阶段叫预备期，时间为 2 年。在此过程中，教师们需每周花费 1 天时间在教育学院学习，花费 4 天时间在职业学校学习。预备期毕业时教师们需通过第二次国家考试。

"双元制"人才培养模式下还有一类教师，来自职业学校的实践课教师。这类教师的任职资格条件如下：

第一，受过普通中小学教育与职业教育；

第二，在师傅学校或技术员学校培训学习，并且考试合格；

第三，参加过职业教育学培训（学习时间为 1—2 年，需通过州有关教育主管部门的考试）；

第四，参加过专业资格的培训。

这样的任职资格条件使得职业学校的实践课教师既能以广博的理论知识为学生讲解和答疑，也能以精湛的技能和熟练的操作给学生指导和示范，同时又能向学生传授来自生产实际的生产组织、物流管理等方面的经验。

总之，在"双元制"人才培养模式下，不管是职业学校的理论课教师、实践课教师还是企业的实训教师，都要求其本身的教育和职业本领足够强，这样才能为实现"双元制"的人才培养目标创造良好的师资条件。

五、"双元制"人才培养模式的考核评价

德国"双元制"人才培养模式的考核评价要素的设计原则是客观、公正和规范，主要形式为考试，考试承担主体为行业协会。为什么不由职业学校和企业承担和组织考试呢？这就是第三方原则，可以最大限度地确保考试的客观性和独立性。行业协会为了承担和组织考试，专门设立考试委员会，由委员会制订或组织制订考卷、监考及评分。委员会的委员由雇主联合会、工会及职业学校教师三方代表组成。进入 21 世纪以来，为应对新经济环境，德国联邦教科部委托联邦职业教育研究所制订和修改职业培训条例，其中对课程评价方式也进行了修改和改进。新的课程评价方式根据职业要求与培训途径的不同而不同。课程修业年限一改过去的三年至三年半的死规定，而设置了两年、三年或三年半三种学制，采取分流型、单一型和综合型等多种修习模式。新的课程评价内容不仅对原有的职业技能和专业知识进行评价，更是针对新的课程体系和内容，紧密结合典型的职业活动设计出整体性、综合性的课程评价标准。学生最

终必须获取前述的两类证书（即考试证书、培训和毕业证书）才能成为"双元制"人才培养模式下的合格职业人才。

第二节　英国的"BTEC"模式

"BTEC"是英国商业与技术教育委员会（Business & Technology Education Council）的英文缩写，最初成立于 1986 年，由英国两大职业评估机构——商业教育委员会与技术教育委员会合并而成，是英国首要的资格开发和颁证机构。"BTEC"在中高等职业教育领域和人才培训等方面均具有世界领先的地位，在关键技能教育的拓展方面有着卓越的表现和权威性。在英国，有超过 300 万学生接受过"BTEC"教育。目前，该机构在全世界有 40 万在册学生。BTEC 的标准课程要求适用于各个国家，学生在完成了"BTEC"的课程后得到的都是具有国际标准的、普遍承认的职业资格。

一、"BTEC"人才培养模式的内涵

英国"BTEC"人才培养模式是由政府组织专家界定国家统一职业资格的内涵，并设立国家职业资格委员会，负责制定国家职业资格的标准以及国家职业资格的认定，将职业教育设计成若干改善实际工作的职业资格项目，项目完成即学习过程完成的一种人才培养机制。

二、"BTEC"人才培养模式的培养目标

英国的"BTEC"人才培养模式专注于人才的通用能力和专业能力相结合的培养。"通用"不是特指某个职业或者岗位，而是指从事任何职业或者岗位要获得成功所必须掌握的关键技能，其本质是一种跨职业的、可变的、有助于终身学习的和可发展独立性的能力，类似于德国"双元制"人才培养模式下的综合职业能力。"BTEC"人才培养模式界定出七种通用能力，分别为自我管理和自我发展能力、与人合作共事能力、交往和联系能力、安排任务和解决问题能力、数字运用能力、科技运用能力、设计和创新能力。通用能力作为"BTEC"证书课程的核心要点，并不采用单独开课的方式来进行培养，而是将这些能力要点分解、落实到所有课程的教学活动中，从而有计划、有步骤地进行培养。"BTEC"人才培养模式下的专业能力主要包括，为专业化管理提供教育支持；为学生正在从事或将要从事的职业提供直接相关的专业化学习；使学生能够迅速就业；为将来的学习和职业发展提供灵活性、知识、技能和动力；通过有效

利用和结合课程中不同环节所学到的知识和技能来培养学生的专业能力；培养职业成功所必需的各种技能、个人素质及态度。

三、"BTEC"人才培养模式的课程开发与标准

在以通用能力为培养核心的"BTEC"人才培养模式下，其课程开发的理念就与"双元制"人才培养模式大为不同了。"BTEC"课程开发基本理念是基础和整合，认为"一般素质对于有效的操作行为至关重要"，强调"一般素质为迁移或养成特殊素质提供了基础"，"BTEC"课程的标准性特别强，适用于基本上所有的国家；课程结构为多元的整合型课程结构和形态，并以单元为单位。在"BTEC"人才培养模式下，每个专业由若干个标准单元组成，这些标准单元又分必修和选修两类，从而使得课程既有统一要求，又能适应不同专业发展方向的需求，因此，"BTEC"课程除了具有标准化的特点之外，还具有灵活性的特点。这就使得"BTEC"课程可以满足不同职业教育需求者的需要，从而从根本上符合了职业教育的本质。值得注意的是，英国的"BTEC"教育模式没有正式的最低入学资格要求，学习者可以或连续、或间断地完成证书所规定的各门课程，与传统教学不同，"BTEC"要求学生参与到课程的教学中来，学生要自己制订目标、讨论评估方法、做出决定甚至进行课程评估等。

四、"BTEC"人才培养模式的师资和教学方法

由于"BTEC"人才培养模式的独特培养目标和课程体系，从事"BTEC"教学的教师角色也就具有了特殊性，这不是传统意义上的"教师"角色，而是承担现代意义上的"导师"角色。这些"导师"的主要任务不是教授，而是引导和组织；他们不是学生的管理者，而是学生的服务者；他们不是学生学习的领导者，而是学生学习的合作伙伴。第一，"BTEC"人才培养模式下的"导师"不但要有丰富的知识，更重要的是要研究教学方法，懂得学习的心理过程，从而设计出丰富多彩的教学活动，实现学生的积极主动参与、体现学生是教学的主体；要熟悉相关的信息通道，会使用信息工具；要扩宽学习的场所，以实现专业能力和通用能力的培养，一般来说，"BTEC"学习的场所不应仅在学校，还应该扩展到工作现场和社会。第二，"导师"还必须不断对教学进行创新，如教学内容创新、教学方法方式创新、教学评价方式创新等。第三，讲授"BTEC"课程的"导师"既要有一定的教学经验，也要有实际的工作经验，从而能更好地将理论和实践融合起来。值得注意的是，从事"BTEC"课程教学的"导师"不仅要有专业知识，还必须有相当的英语水平，这样才能在不同的国家和地区，使用英语讲授"BTEC"课程，并对学生的学习进行评估。

由此可见，承担"BTEC"课程教学的师资队伍是一支高水平、高素质的师资队

伍，具有专业水平强、英语水平高、教学能力突出的特点，他们为"BTEC"人才培育模式提供了经得起外部审核、认可、高质量的专业课程。

另外，"BTEC"由于确立了"以学生为中心"的教育理念，提倡个性充分自由地表现和发展，鼓励学生表现出与众不同的个性，所以该模式下的教学方法也是多样化和丰富多彩的，这些教学方法以鼓励学生独立思考、大胆质疑为主；反对学生理所当然地接受。

五、"BTEC"人才培养模式的考核评价

"BTEC"人才培养模式有一套严格的、高效的质量评估与审核制度，包括评估、内审与外审在内的三级考核评价体系，评估员、内审员和外审员分别负责评估、内审与外审工作。"BTEC"的考核方式也区别于传统的以分数为标准、以卷面成绩为依据的考核评价方式，而是以课业考核为主要考核方式。课业是指案例研究、作业或者以实际工作为基础的项目等，主要考核学生解决实际问题的能力。一般而言，通过课业的完成过程和课业的成果可以全面评估学生学习达到了什么专业能力，并测量其通用能力的发展水平。为保证考核的准确性，"导师"对每次课业和每次课内外活动的成果都要给出明确的等级评判标准，学生上交课业后，其每一项成果导师都要根据等级评判标准给出成绩等级，而等级的评定要有可靠的证据。证据是学生用来证实课业成果的手段，必须与专业课程联系，形式可以多样，可以通过学习过程来表现。比如来自社会、学校各个方面对学生的反映；比如通过学习总结、自我评价和笔记等途径获得等。

第三节 澳大利亚的"TAFE"模式

澳大利亚的"TAFE"（Technical And Further Education，技术与继续教育）教育是澳大利亚教育的骨干和亮点，全澳目前有230多所"TAFE"院校，是澳大利亚三级教育中最大的部门；有70%的澳大利亚中学毕业生进入"TAFE"学院学习和培养，并通过学习和培训获得行业认可的资格证书——Ⅰ—Ⅳ级证书、文凭和高级文凭。"TAFE"的文凭证书在全国是互通与承认的，获得文凭证书可以申请进入大学学习。

当前，在"TAFE"教育深入澳大利亚人心的形势下，职业教育与培训是全社会共同责任的观念已成为共识。人们普遍认为"TAFE"人才培养模式在解决部分失业问题、调节和延缓就业压力、实现教育平等以及提高全民综合素质和生活等方面起着重要的作用。

一、"TAFE"人才培养模式的内涵

"TAFE"英文全文的意思是"技术与继续教育",该人才培养模式产生于20世纪70年代,是澳大利亚政府认可及监督的一种职业培训教育体系,是澳大利亚职业教育体系中的重要支柱。那"TAFE"人才培养模式是一种什么样的人才培养模式呢?一般认为"TAFE"人才培养模式与我国当前正在推行的政校企行联动培养职业人才的模式有些相似,是一种在国家框架体系下以产业为推动力量,政府、行业与学校相结合,以学生为中心进行灵活办学,与中学和大学进行有效衔接,相对独立的、多层次的综合性人才培养模式。根据基本概念,"TAFE"人才培养模式的重要特征,一是由国家进行职业教育的管理和协调,因此不同教育管理主体之间能基本保持一致性;二是由政府组织建立以服务国家经济社会发展为目标的学习和培训指南,称为"国家培训包";三是政府、行业与学校相结合的实施体系保证了"国家培训包"的有效贯彻;四是"TAFE"模式与传统职业教育模式存在巨大不同,表现在教育模式与目标从单纯的教育改变为教育与企业的密切结合,学生的培养目标从一般性教育改变为职业性教育,对学生学习结果的评价标准从知识性评价转变为实际工作能力评价,从学校颁发的学历文凭改变为全国认可的职业资格证,教师不仅仅来自学校,也来自企业,教师不仅应具有认证学历和相应职业经历,也必须具备职业技能证书。

因此,澳大利亚的"TAFE"人才培养模式的基本教育理念可以总结为"以能力为本位,以就业为导向"。基于这一理念,"TAFE"学院明确提出了技术教育与继续教育相结合、学历教育与岗位培训相结合以及实行柔性的教育培训等措施。同时,"TAFE"人才培养模式突破传统的一次性教育的局限,建立起"学习—工作—再学习—再工作"的终身教育模式,体现在企业的所有岗位均须有"TAFE"资格证书才能上岗,而且企业根据自身的要求和发展,也不断通过多种形式对员工进行再培训;"TAFE"学校已成为当地的知识与培训中心,其学生构成多种多样,办学形式也多种多样,目标是为所有的人提供职业岗位训练的机会;学生在"TAFE"学校的学习以职业需求为目标,这种职业需求不是一次性的,而是终身的,因此,有很多大学本科生、研究生、企业员工和成人都选择"TAFE"学院进行学习或再学习、培训或再培训;政府与社会为终身学习与终身教育提供相应的社会保障和相应条件。

二、"TAFE"人才培养模式的培养目标

"TAFE"人才培养模式的目标非常明确,以就业为导向,以市场需求为动力,以工业部门、行业协会和雇主对专业人才的需要为依据,学习内容以应用性为主,所有课程均按行业的职业能力标准进行开发和设置。各"TAFE"学院根据产业变化对就业市场的影响以及不同职业人力资源变化的具体情况,不断调整办学方向和教学计划,使职业教育培训与就业紧密结合,充分满足行业需求,真正为企业发展服务。因此,

"TAFE" 人才培养模式的整个教学体系都是围绕学生动手能力的培养而建立；不论是全日制学习，还是半工半读的学生，都是以岗位要求为目标开展教育与培训，使学生毕业时完全具备上岗所必需的技能。同时，在教学中尽量提高学生运用知识和技能，解决实际问题的能力，注重培养学生表达、理解、组织计划、信息运用等方面的能力和团队精神与协作精神。

三、"TAFE" 人才培养模式的课程开发与设置

澳大利亚聚集了众多资深的政府官员、企业家、行业协会专家、"TAFE" 学院的知名学者一起确立澳大利亚国家职业教育框架体系，制定国家培训框架、认证框架和国家资格认证标准——国家培训包，开发出相应的专业课程。在课程开发过程中，坚持课程对准技术、技术对准职业、职业对准市场的原则，每一类证书、文凭需要开设多少门课程，开设哪些课程，都要根据行业发展需要和企业团体提供的相关岗位技能要求和标准来确定。每个专业具有课程多、课时少、必修和选修并存的特点，所有课程组合成一个个的课程模块，不同的专业有不同的模块组合。

"TAFE" 对全国性开发的课程 5 年全部修改 1 次，平时还有常规、短期和临时的修改，以确保课程内容及时反映技术发展和社会需求的变化。在课程结构上，理论课与实践课的比例已经逐步调整为 1：2，强调理论与实践的有机融合，强调理论为实践服务，理论教学完全以够用为度，没有文化课、专业基础课和专业课的划分。

"TAFE" 的实践教学严格按照行业制订的培训要求所必须完成的能力、技能训练项目进行，并详细规定完成项目训练所需的学时和训练过程，对学生进行的项目训练进程有详细的档案记录。在课程安排方面，"TAFE" 学院提供有阶段性的但又是可连续的教育与培训课程，使学员可以在不同时期、针对不同需求选择相应课程，学员可以通过课程学分认证，灵活地在证书、文凭或者只是提高个人品位等方面自由选择。

四、"TAFE" 人才培养模式的师资和教学方法

"TAFE" 学院对教师的要求相当严格，要求是既懂教育又具有行业背景的"双师型"教师。全职教师有成人教育的学位或证书，还要至少有 3 年实践经验。兼职教师比例较大，约占教师总数的 2/3，兼职教师必须有评定及现场培训证书。作为"TAFE"的合格教师，除必须具备教师资格、实践经验、专业岗位工作经历外，还必须掌握熟练的教学方法，尤其要具备培养学生创新能力、教育学生如何做人等条件。"TAFE"教师不分理论课教师和实践指导教师，为一种一体化的身份，他们大部分为行业协会会员，从而确保"TAFE"教师的教学不脱离企业实际。同时，行业鼓励兼职教师到学校讲课，将最新的技术渗透到学校的教学工作中。"TAFE"教师的任教资格采取了比较务实的隔级资历制，即有三级证书的教师可以教一级证书的学生；有高级大专证书的教师可以教四级证书的学生等。

　　"TAFE"对教师资格的要求完全不同于一般学校，而是有其独特的考核和选拔机制。"TAFE"学院负责招聘教师的评估小组一般由行业专家、行政管理人员、专业教师等人员组成。教师的聘用选拔程序十分严格，学校在选拔教师时，通常都要邀请企业参与，通过组织笔试、操作、面试、体检以及检查犯罪记录等程序决定取舍。受聘的教师并非终身制，在聘用后的第一年要对其表现和教学效果进行 2 次评估，以后每年也要评估 1 次。教师评估制度有效保证了教师的质量，促进教师不断进取、忠于职守，千方百计提高教学质量。

　　总之，"TAFE"的教师队伍具有广泛的实践经验和技能，有较强的职业能力，有助于职业教育、培训和就业的紧密衔接。

五、"TAFE"人才培养模式的考核评价

　　"TAFE"人才培养模式具有一套科学化、规范化的职业教育培训质量评估体系。国家培训局严格按标准审批全国教育培训院校和机构，每年定期检查已注册的培训单位。各州均设有教学评估机构，根据培训规范监督和检查教育培训质量。除了经常性地深入到教育培训机构实地考察外，还要求培训部门向评估委员会写出教育工作年报，并且经常通过发动企业雇主对职业教育和培训满意程度进行调查。

　　另外，鉴定学生学业成绩及技术水平的考试由学校和企业联合进行。一方面请学生本人反馈培训情况；另一方面要求毕业生已经上岗的用人单位提供全面的考核情况，他们把这种方法作为关键性评估措施。对学生的考核包括理论水平和实践能力两部分。其中，对理论的考核要求比较松，但对实践能力的考核就非常严格，考核合格者获得全国通用证书。学生按照这种能力要求学习，完全避免了死读书、读死书和死记硬背的弊病，自觉在提高自身能力上下功夫，使理论知识的学习和运用有机结合并最终体现在实际处理问题解决问题的能力提高上。

第四节　美国、加拿大的"CBE"模式

　　以美国、加拿大为代表的"CBE"模式以能力为基础，它的核心是从职业岗位的需要出发，确定能力目标。由有代表性的企业专家组成的课程开发委员会制订能力分解表（课程开发表），以这些能力为目标设置课程，组织教学内容，最后考核是否达到这些能力要求。

一、"CBE"人才培养模式的内涵

　　"CBE"英文全文 Competency Based Education 的翻译为"能力本位教学模式"，它

吸收了当代职业技术教育的改革成果，反映了一种新的教育观念，在世界各地特别是在北美国家较为流行，深受产业界欢迎，是一种适用于中高等职业教育和在职培训的教学模式，20 世纪 80 年代末、90 年代初传入我国。"CBE"人才培养模式的特点是：以岗位（岗位群）的职业能力作为培养目标和评价标准；以能力作为教学的基础；强调学生自我学习和自我评价；注重教学的灵活性和管理的科学性。

实施"CBE"模式，要经过多项工作程序。①进行职业分析。②进行能力分析，即分析从事某项职业工作必须具备各种能力（一般由 1—12 项综合能力构成，而每一项"综合能力"又由若干项"专业能力"构成，一项专业能力又由与职业相关的知识、态度、经验和反馈四个方面组成）。③确定学习者准入条件。④进行知识性任务分析，确定掌握专业能力需要学习的知识领域。⑤设计课程目标。⑥进行学习任务排序。⑦进行成就测验，其目的，一是进行诊断性评价，测试学习者入学水平；二是进行形成性评价，为学习者提供学习反馈；三是进行终结性评价，检验能力是否被掌握；四是检验培训材料、培训过程、教师和培训者是否恰当。⑧进行笔试测验，用来检测学习者对以技能为基础的关键性的概念掌握程度。⑨开发学习包，根据所列的各项专业能力，分别开发出指导学习者掌握各项技能的模块学习指导材料。⑩进行试验，根据学习者反馈和测试情况及教学中出现的问题，不断改进学习指导书，教学中的任何困难，都必须在试验阶段得到纠正。⑪开发管理学习系统，学习者可以在任何时间，根据自己的需要，自定学习步调，按照不同顺序完成学习任务。⑫确定实施和评估课程方案，根据教学需要不断修改课程内容，并对能力内容加以评估，调整课程方案。

二、"CBE"人才培养模式的培养目标

"CBE"人才培养模式的培养目标是使受教育者获得并具备从事某一特定的职业所必需的全部能力，体现为一种综合的职业能力，起码要包括知识、态度、经验、反馈四个方面。知识指与本职相关的知识领域；态度指动机、情感领域；经验指活动领域；反馈指评价、评估领域。这四方面的要求都能达到就构成了一项专业能力，以一个学习模块的形式表现出来，6—8 项专业能力构成一种综合能力，8—12 项综合能力构成一种职业能力。CBE 强调的是综合能力分层次地提高。

三、CBE 人才培养模式的课程开发与设置

"CBE"人才培养模式的课程开发体系的英文缩写为 DACUM，是一个严密科学的过程，要点包括：市场需求；办学时间、课时、招生数；所需资源；上课的形式；所需师资；学生入学资格；所需成本。

DACUM 具体的开发步骤主要有：成立 DACUM 委员会，一般由实际从事职业工作

的专家组成；确定学生毕业标准，进行职业分析、工作分析、专业能力分析；确定课程的内容与教学资源，进行教学分析；确定灵活多变的教学手段与方法；送顾问委员会审核课程体系；就业机会分析，往往采用"3E"法，即探索现有对策，预测即将来临的挑战和做出强有力的戏剧性反应；成本分析；报政府批准；课程推销。

DACUM 的课程内容是在职业分析的基础上，采用模块式结构，把理论知识与实践技能训练结合起来，打破了僵化的学科课程体系。"CBE"按职业目标分析制订模块式教学大纲，即"学习包"。"学习包"的制订以教育专家为主，吸收企业界人士和技术专家参与，它包含专业能力及其在工作中的意义、确定其他相关能力及关系、完成专业能力学习活动的各项指标、明确学习效果的评价标准、提供教与学的各种参考资料索引。"学习包"也为用人单位提供方便，可根据每一"学习包"的成绩选择适应不同要求的专业技术人才。

"CBE"课程不统一学习内容和学习进度，而是强调适应学生的个体差异，不同的学习者可以有不同的课程，"CBE"是模块加学分的课程运作方式，不同的学生根据自身的能力和需要，选择不同的学习模块，制订不同的课程方案。

四、"CBE"人才培养模式的师资和教学方法

在"CBE"人才培养模式下，学生是主体，要充分发挥学生的积极性、主动性，就必须使教师的讲授量减少到最低限度。这并不意味着对教师的要求在降低，相反，对教师的要求更高了。"CBE"教学模式中的教师，不再是学生学习过程中全部信息的给予者，而是学生学习过程中的主持人和指导者。教师不仅要掌握丰富的理论知识，具备课堂讲授能力，而且必须熟练掌握各项操作技能，具备较强的组织、管理能力，及时了解、吸收、掌握生产上的新技术、新成果。由于学生的学习目标和应达到的标准是由用人现场提出的，也体现了学生就业或创业的个人自我期待的需要和要求，从而使教师的责任感更强，教师在组织教学中的关键作用更加突出。"CBE"采用的教学变革促使教师、教学管理人员和行政人员转变教育观念，向他们提出了更高的要求，即从传统的教育教学模式转向以满足市场需求为主、以实际能力培养为主、以学生个体为主的新模式。

"CBE"教师的主要职责是负责学生学习的管理、为学生提供学习指导、帮助学生制订学习计划、开发学习资料、监督学习进度、为学生学习和生活提供咨询、安排和监控学生实际工作的实习、考核评价成绩、实施部分行政管理功能等。

五、"CBE"人才培养模式的考核评价

"CBE"教学管理的突出特点是为学生服务，同一期可以接收入学水平相差较大的

学生，每一个学生可以有不同的学习计划、学习期限和结业时间；在学习方式上强调自我学习；按学习单元考核，及格者继续进行下一段学习，不及格者重新学习直到掌握为止；毕业、结业的标准以 DACUM 表上所列专业能力所获得的分数为准。在学习过程中，学生可根据其要求，确定自己的学习进度和方式，充分发挥自己自主学习的主动性，在教师的指导和管理下，完成自己的学习目标，并进行自我评价，认为达到要求后，再由教师进行考核评定。教师评估教学和对学生预警（如果学生不按计划学习或学习成绩不佳，指导教师要报告学校，由校方向学生提出警告），建立学生就业信息的体系，实施毕业生跟踪。"CBE"采用一套新方法，如用目标分析法进行职业目标分析，用层次设计法设计模块大纲和建立评价标准，以及建立供学生和教师使用的数据库；在实施"CBE"时还可引用。一些管理工程图表，如职责能力图、学习模型图、学习过程图等，这些都能明显提高教学管理、评估工作的效益和水平。

第五节　四种人才培养模式的比较研究

一、四种人才培养模式的不同之处

（一）产生的背景和推动力量不同

第一，"双元制"人才培养模式形成的时间最早，早在19世纪中后期，德国传统的学徒培训制度就暴露出弊端，越来越不适应德国工业化进程的需要，机器大工业使得工厂对学徒的知识素质的要求日渐提高，学徒必须到学校去接受必需的理论知识学习才能满足企业的人才要求。在这种背景下，一元的学徒制过渡到二元的职业教育制度。

第二，"BTEC"人才培养模式则起源于英国的国家职业资格制度，是以国家力量为主推动的一种以能力为基础的资格认定，因此，这种"国家职业资格制度"从一开始推行时就兼具天时、地利、人和，尽管推行的时间不长，但是影响力却是最大的。

第三，"TAFE"人才培养模式产生的时间与"BTEC"接近，大约都是在20世纪七八十年代，但是起因却不一样。"TAFE"的产生是由于澳大利亚的经济因为传统支柱产业的衰落和贸易状况的恶化受到打击，为了振兴经济和重建工业，澳大利亚政府意识到改革职业教育与培训体系、扩大培训对象和提高培训绩效的重要性。由此，由政府推动的"TAFE"人才培养模式改革应运而生。政府成立了国家培训部，指导开发国家能力标准，并建立了以能力为基础的"TAFE"教育培训体系。

第四，"CBE"人才培养模式产生的时间与"BTEC"和"TAFE"差不多，也是产生于20世纪七八十年代，但是推动力量不同于后两者，主要是由产业界推动的，产业界对职业人才的能力要求促进了教育部门的"以能力为基础"的教育改革。

（二）课程开发和设置的机制不同

1. 课程开发机制不同

（1）"双元制"人才培养模式的课程开发以企业为主，企业参与、指导和协调课程体系和内容确定的全过程，并采用工作岗位目标法，以企业工作岗位目标要求为基础来进行课程的开发和设置。

（2）"BTEC"人才培养模式的课程开发以政府为主，政府组织、指导和协调各类专家（包括全国性的雇主协会组织、地区技能委员会和行业协会等企业专家）确定职业资格标准，并据此开发能力本位的课程目标、教学大纲和评估标准等课程教学文件。

（3）"TAFE"人才培养模式的课程开发是两级体制的。首先，国家行业培训咨询机构组织、指导和协调各类专家（包括众多资深的政府官员、企业家、行业协会专家、"TAFE"学院的知名学者）等一起制定国家培训框架、认证框架和国家资格认证标准，即国家培训包；其次，各州依据国家培训包，根据行业和课程类别设置不同的教育服务部门来统一进行课程开发工作。这些教育服务部门依据国家培训包，结合岗位需求，将应具备的知识和应掌握的技能进行分解，从而将行业标准转换成"TAFE"课程。

（4）由于"CBE"人才培养模式本来就是由产业力量推动的，所以"CBE"人才培养模式的课程开发和设置由依据本职业专家组成的DACUM委员会组织和实施。开发课程时，DACUM委员会先进行综合能力分析，然后再深入分析每项综合能力中的专业能力，并列出DACUM大表，再由专业能力分析委员会将DACUM大表上的各专业能力进行简要的文字描述，分解为学习步骤、必备知识等，最后由教育专家组成的教学分析委员会设计成一个个学习单元，再来确定核心课程。

2. 课程设置机制不同

（1）"双元制"人才培养模式的课程设计采用了传统的技工培训思路，不仅其实践课程的设计完全以职业为中心来设置，其理论课程的设置也采用了综合课程的设计思路，不强调各个学科知识的系统性和完整性，而看重整体知识的广泛性、融合性和实用性。

（2）"BTEC"人才培养模式是以"能力为基础"的，尤其注重通用能力的培养，因此，其课程体系的设置均采用模块化的方法。所有的课程模块被分为核心模块和可选模块两类。核心模块覆盖行业发展和职业岗位要求中相对不变的概念性和基础性的理论，稳定性可保持3—5年；选修模块注重学生的自主意识、职业岗位的个别能力发展等，每3年更换1/3的课程。"BTEC"模块化的课程设置方式既强调了通用能力的培养，也注重了专业能力的培养和发展。

（3）"TAFE"人才培养模式的课程设置不注重公共基础课，只设置专业基础课和专业课。因此"TAFE"的课程设置更重视专业性和岗位性，不注重基础性。

（4）"CBE"人才培养模式的课程设置更注重"以职业活动为核心"，形成一种阶梯式的课程结构。该结构类的所有课程分为基础培训、专业培训和专长培训三个层次，呈阶梯式逐渐上升。无论哪一阶梯的培训，专业理论、专业制图和专业计算三门专业课程始终都是围绕职业实践活动，从泛到精、由浅入深展开。

（三）人才培养的途径不同

第一，"双元制"人才培养模式的培养途径为企业培训。培训内容是结合本企业、车间、岗位的具体情况，由用人部门或车间与培训教师共同商定，是针对企业需要进行的，培训生还可以依法从企业那里获得部分报酬。培训生培训的方法是带项目培训，要求每个培训生深入了解他将要承担的工作，为自己设计培训计划，在小组合作的基础上独立完成计划，然后通过检查和考试验证能力，并把所学到的知识和本领直接运用到工作中去。

第二，"BTEC"人才培养模式的途径则主要通过学习小组进行，教师针对学生的性格、能力、特长、差异，指导学生合理组合搭配，让学生能充分发挥自主学习的能动性，增长才干。

第三，"TAFE"人才培养模式的培养途径则非常灵活，不管年龄多大，是否有工作，都可以根据自己的工作、生活情况选择全日制、半日制、函授或远程教育等学习方式。也就是说，学生可以在校学习，也可以在工作场所学习，可在家里学习或在任何一个地方学习。只要通过评估积累到一定的学分，就可以取得证书和文凭。

第四，"CBE"的人才培养模式的培养途径则主要由学生个人完成。学校和教师只为学生提供完善的学习条件和帮助，学生个人按教师商定的教学计划，到学习资源室、实训课堂或在教师指导下利用个人学习系统，逐一模块地学习、掌握专业能力。

（四）考核评价方法的不同

第一，"双元制"人才培养模式采取培训与考核相分离的考核办法。考试由与培训无直接关系的行业协会承担。行业协会专门设有考试委员会，该委员会由雇主联合会、工会及职业学校三方代表所组成，其中，雇主和工会代表人数相同并且其中至少有一名是职业学校的教师。由于考试由行业协会组织实施，这就有利于考试按照《职业培训条例》的考试要求进行，而不是根据哪一个培训机构（企业或职业学校）中所传授的具体内容，从而更客观地评价职业教育的培训质量。

第二，"BTEC"人才培养模式的考核评价采取课业形式，以证据为依据，以成果为标准。主要考核学生解决实际问题的能力，即学生通过学习具备了哪些专业能力，并测量通用能力的发展水平。

第三，"TAFE"人才培养模式的教学质量认证和评估由国家和州的行业培训顾问委员会负责操作。"TATE"建议教师采用12种标准测试方法中的某几种作为对课程的考核手段，这12种考核方法是观测、口试、现场操作、第三者评价、证明书、面谈、自评、提交安全分析报告、工作制作、书面答卷、录像、其他等，考核结果要求符合"五性"，即有效性、权威性、充分性、一致性、领先性。

第四，"CBE"人才培养模式则通过制定全面的质量标准，建立完善的学生自我评估体系来进行考核评价。"CBE"强调学生的自我评估，重视学生反馈能力的培养，将自我评估列入考核制度。成绩考核，不采取学期或学年考试，而是按学习单元（模块）考核，及格者继续进行下一段学习，不及格者重新学习直到掌握，以保证学习质量。

二、四种人才培养模式的共同之处

尽管上述四种人才培养模式有众多不同之处，但是，由于它们都是建立在职业教育学的思想和理念之上，所以都具有以下几个共同特点：

（一）体现了"以学生为中心"的教育思想

从前面对四种人才培养模式的内涵及要素的分析可以看出，四种人才培养模式在教育教学过程中均表现出"以学生为中心"的教育思想。

从各个人才培养模式分别来看，"双元制"人才培养模式是以受训者为主体的，无论其在职业学校作为学生身份还是在企业作为学徒身份，其对应的实训教师和理论教师都是更多地承担咨询者和组织者的角色，以便受训者更好地获得基本从业能力和综合职业能力。

"BTEC"人才培养模式更是明确确定了"以学生为中心"的教育理念。体现在，首先，"BTEC"的教育和学习方式是小组形式的，强调学生的自主学习和团队学习。因此在这种教育理念下，教师的角色就变成"导师"而非"教师"本身了，"导师"主要的作用是引导学生学会学习，并激发学生的个性发展，鼓励学生开发个人潜能。其次，"BTEC"的课程开发和设置也体现了"以学生为中心"的教育思想，其课程的设置、教材和教学大纲的编写均体现出"以学生为中心"的思想，并建立了完善的学习支持系统来支持学生的自主学习。最后，"BTEC"的考核评估方式也是"以学生为中心"的，学生要自己制订学习目标，讨论评估方法，甚至进行课程或课业评估。

"TAFE"人才培养模式则明确提出了"一切为了学生"的办学宗旨，并指出教学必须"以学生为中心"，学生是教学活动的顾客和用户。"TAFE"在教学过程中秉承"以人为本"的教学策略，提倡个体化学习。尽管对同一个培训，"TAFE"要求学生达到同一标准，但教师在教学过程中是承认学员之间存在差异的，因而不同学员付出的学习时间也不同，从而教师提供的指导量和学习资源支持也就不同。

"CBE"人才培养模式是一种以能力为中心的职业教育模式，特别注重学而非教，所以"CBE"也是"以学生为中心"的。体现在教学中，"CBE"承认学生的个体差异，为学生提供充足的教学资料、设施和时间，以便学生根据自己的基础和接受能力自行安排学习进度，并选择适合自己的学习方式。"CBE"还根据每个学员的不同入口层次，逐一确定学习内容、学习期限、学习计划，其学习时间的安排、进度和深度均因人而异，灵活掌握。

（二）"以职业能力为本位"来培养职业人才

"双元制"人才培养模式注重学生两种能力的培养：一种是基本从业能力，另一种是综合职业能力。这两方面的能力都是与专业和职业密切相关的，从而使得学生在毕业后能够直接就业，或者即便在就业后发生职业或岗位变更，也能快速获得新的职业知识和能力，从而尽快再就业和转岗。另外，"双元制"人才培养模式下的课程设计也全部是以职业活动为中心来确定的，更是体现出了职业能力本位的教育教学理念。

"BTEC"人才培养模式也注重学生两种能力的培养：一种是通用能力，另一种是专业能力，其中，通用能力是培养核心。通用的含义不是针对某一具体的职业，而是从事任何职业和岗位的任何人要获得成功所必须掌握的技能，因此，"BTEC"人才培养模式也充分体现了以职业能力为本位的教育教学理念。

"TAFE"人才培养模式的基本教育教学理念就是"以能力为本位，以就业为导向"，因此"TAFE"的整个教学体系都是围绕学生动手能力的培养而建立的，所有课程也都是按照行业的职业能力标准进行开发和设置的。澳大利亚政府为了使"TAFE"学员较快适应社会职业岗位的要求，专门研究并制定了国家能力标准，该标准按照就业要求的操作标准，对所涉及的知识和能力及其应用做出明确说明。显然，"TAFE"人才培养模式也充分体现了以职业能力为本位的教育教学理念。

"CBE"人才培养模式的培养目标是使受教育者获得并具备从事某一特定的职业所必需的全部能力，包括专业能力和综合能力，一般来说6—8项专业能力构成一种综合能力，8—12项综合能力构成一种职业能力。因此，"CBE"的教学基础、教学目标、教学流程、教学策略和测评标准等的制定也均与职业能力密切相关。它显然也是一种以职业能力为本位的人才培养模式。

（三）注重培养学生的实践能力

"双元制"人才培养模式既教授理论知识，又教授实践知识，"双元制"实践课程的设计以职业活动为中心，其课程内容的选择与编排更加注重直接性的职业经验，并且以生产性劳动的方式同生产实践紧密结合。学生的学习也是以实践知识的学习为主，理论知识的学习为辅，因此学生大部分时间是在企业进行实践操作技能培训的，这就使得在"双元制"人才培养模式下的毕业学生不仅就业能力强，而且一旦失业，其再就业能力和转岗的能力也强。

"BTEC"人才培养重视培养学生的通用能力，包括自我管理和自我发展能力、与人合作共事能力、交往和联系能力、安排任务和解决问题能力、数字运用能力、科技运用能力、设计和创新能力等，这些能力都是实践性强的能力，而不是一种理论能力。对于这些能力的培养，教师也不是采用理论教学的方法来进行教学，而是采取丰富多样的实践教学活动，如演讲案例、讨论、归纳、问答等来进行教学。因此，"BTEC"的教学场所不仅在学校，教师也会有计划地安排学生到工作现场去学习实践，或者到社会上去调查采访，然后学生以课业或专题的形式将成果表现出来。

"TAFE"人才培养模式没有理论教学体系和实践教学体系之分，其理论与实践是密切结合的，课程的目标就是达到行业的职业能力标准，因此，"TAFE"可以称为真正的理实一体化。"TAFE"学院都具有完善的、由澳大利亚政府投资和企业赞助建设的校内实习、实训基地，因此"TAFE"学院的学习、实训条件不仅数量上充足，而且技术上都是比较先进的。这就为"TAFE"的实践教学创造了必要的、现代化的教学环境，从而能够更好地培养学生的实践能力。

"CBE"人才培养模式是由美国的产业界推动建立起来的，本意就是不太满意学校教育不重视实践教学和产业需求而提出的一种适用于职业教育的教学模式。因此，"CBE"的教学活动基本上都是在实训课堂完成的。实训课堂从外观看相当于实习车间，但他们的设备设施却不是过时的，而是贴近生产实践。"CBE"人才培养模式是一种能力本位的人才培养模式，培养的是一种综合的职业能力，因此，"CBE"的教学尤其注重学生实践技能的培养，这并非说"CBE"排斥理论知识，而是以为专业实践技能服务和"够用"为原则，根据岗位要求的能力确定传授理论知识的度。

（四）注重各方教育资源的整合

从上述分析可以看出，前面4种人才培养模式都强调对各种教学资源进行整合，以更好地实现职业教育的培养目标。这种整合包括政府、行业、企业和学校等各方，校园内和校园外等各方以及专业内和专业外等各方。这显然是中国当前职业教育改革所缺乏的，所幸的是，我国当前推行的政校企行合作办学和职教集团等模式就是有助于整合各方教育资源的。具体来说，各个模式都具有自己的整合各方教育资源的方式方法。

"双元制"人才培养模式走的是校企结合的道路，通过职业学院与企业之间在教学内容和实训内容方面的协调和整合，使学生能够获得职业能力，为就业打下基础，并做好准备。另外，"双元制"人才培养模式的考核评价也整合了各方资源广泛参与，法律规定的教育质量考评委员会由企业（商业）协会、学生和教授三方组成。

"BTEC"人才培养模式则整合了几乎所有的社会资源来创设教学所需的、丰富的教育资源，包括政府、行业、协会、企业、学校、专家和学者等。完成了从校内实习、实践场所到企业现场的系列化的教学资源的建设，它的教学大纲是集中行业专家和课程专家的智慧写出的教学文件，既符合现场工作的要求，又符合教学规律，还能满足学生继续发展的需要。

"TAFE"人才培养模式也是整合了政校企行多方社会资源的一种人才培育模式，政府、行业、企业和学校在国家框架体系结合起来共同培养职业人才。具体体现在，成立"TAFE"教育专家委员会，专家由企业家和教育家组成。他们都是既具备教学经验和学术水平，又具备丰富的经济、管理和企业经验，分为两组，一组专家是不仅具有教学经验和学术水平，而且是直接参与企业管理咨询，熟悉经济和企业经历的企业家，这个教育专家委员会具有教育研究的职能，向学院提供教学建议和咨询，进行专业设置和课程设计；另一组专家既有丰富的管理实践经验，又参与教育，对教育工作做出评价。由此可见，"TAFE"强调一定要联系企业实际，根据企业需要开设专业和课程，使企业与学院之间的信息能相互沟通。

"CBE"人才培养模式注重整合教育资源是由其培养目标决定的，"CBE"教学的着眼点是培养学生的职业岗位综合能力。那么如何培养职业岗位综合能力呢？首先，必须具有相应的、配套完善的实验及实习实践场所和设施，从而让学生能够进行实践操作，并通过实践操作来逐步培养学生的实际工作能力。而要建成这些配套完善的实验及实习实践场所和设施就必须整合相关社会资源。其次，由于"CBE"人才培养模式本身就是由产业界推动建立起来的，因此，"CBE"学校和产业界的联系就极其紧密，一般都建立了长期稳定的协作关系，从而能为学生提供更好的从事实际工作的机会，达到进一步培养学生职业岗位综合能力的目的。

（五）重视"双师型"师资队伍的建设

在师资队伍建设方面，四种人才培养模式对从事职业技术教育的教师的任职资格都有严格的标准，一般都要求教师同时具备教育、专业和技术等三方面的素质与能力。

"双元制"人才培养模式有严格的师资标准，要获得高等职业技术学院教师的任职资格，除了必须具有博士学位并取得教授资格以外，还必须有3—5年的社会工作经历，其中必须有3年在校外企业工作的经历。这些规定确保德国职业院校"双师型"教师的名副其实。

"BTEC"人才培养模式要求教师的知识更新速度必须加快，积极参加学校定期开展的教师培训，制订个人近期和远期的培训计划，在专业知识、技能水平上不断提高和拓宽，力争在现代技术应用、组织管理能力、专业技能、通用能力上得到全面训练，努力提高教师的教学能力。

"TAFE"人才培养模式要求教师具有较高的专业职业能力，并达到一定的、严格的任用资格。一般专职教师必须有4—5年的实践经验或行业经验，必须有技能等级证书。这样就保证了教师素质和能力的双师性，使教师既能教授理论知识，也能教授实践知识，既能教学，又能培训，从而达到"TAFE"人才培养模式对职业人才的培养要求。

"CBE"人才培养模式下，教师起的作用是指导、判断、建议和评估，因此对教师的要求更高了。教师既要掌握丰富的理论知识，还要掌握熟练的操作技能，既要有课堂教学的能力，还要有较强的教学组织和管理能力。"CBE"还要求教师具有一定的科研水平，从而能及时了解、掌握和吸收生产上的新技术和新成果。因此，在"CBE"模式下，教师的双师型特征更加明显。

▶ 第十三章

我国适应高职经管类专业的几种
人才培养模式类型

第一节 我国推行的高职教育人才培养模式概述

教育部教高〔2006〕16号文件《关于全面提高高等职业教育教学质量的若干意见》提出"大力推行工学结合，突出实践能力培养，改革人才培养模式"的重要精神，并指出高等职业院校应把"工学结合"作为高等职业教育人才培养模式改革的重要切入点，要积极与行业企业合作开发课程，根据技术领域和职业岗位（群）的任职要求，参照相关的职业资格标准，改革课程体系和教学内容；建立突出职业能力培养的课程标准，规范课程教学的基本要求，提高课程教学质量；改革教学方法和手段，融"教、学、做"为一体，强化学生能力的培养；学校与行业企业共同开发紧密结合生产实际的实训教材，并确保优质教材进课堂。"校企合作、工学结合"人才培养模式由此成为当前我国官方推行的高等职业教育的主要人才培养模式。

一、"校企合作、工学结合"人才培养模式的内涵

"工学结合"人才培养模式是一种将课堂上的学习与工作上的学习相结合的教育模式，主体是学生，它以职业为导向，将理论学习和实践学习相结合，并充分利用学校内外不同的教育环境和资源，把以课堂教学为主的学校教育和直接获取实际经验的校外工作有机结合起来，从而加深学生对自己所学专业的认识，提高其学习的积极性，进而满足企业需要，使学生职业能力和岗位要求之间"无缝"对接。

二、"校企合作、工学结合"人才培养模式的特点

与传统职业教育的人才培养模式相比较，"校企合作、工学结合"人才培养模式在培养目标、课程体系、教学模式和方法和评价体系等方面，有自己鲜明的特色。

一是以行业、企业需要为主确定培养目标。"校企合作、工学结合人才培养模式"应以行业、企业需要为出发点，根据行业、企业提出的人才需求标准、数量和培养期限，开展教育教学活动。在该模式中，行业、企业与高职院校共同确立教育理念、办学定位、管理体制和发展规划，行业、企业为高职院校提供人、财、物的支持和保障，高职院校为行业、企业服务，努力实现行业、企业提出的目标。

二是以实践能力为主调整课程体系。"校企合作、工学结合"人才培养模式改革的重点是教学过程的实践性、开放性和职业性，因此，实验、实训、实习是教学过程的三个关键环节。这就需要高职院校对原有的学科本位课程体系破旧立新，开发出一个根据职业标准而建立的、以能力为本位的、注重技能培养的开放性的模块化课程体系。

三是以订单培养为主来探索多种教学模式和方法。"校企合作、工学结合"人才培养模式需要高职院校积极推行订单培养，以密切与行业、企业的合作，并探索工学交替、任务驱动、项目导向、案例教学、顶岗实习等多种教学模式来增强学生的素质和能力。

四是以校企共同考核为基础来构建评价体系。"校企合作、工学结合"人才培养模式需要紧密结合行业、企业的需求来进行人才培养，因此人才培养的效果如何就不应该是学校一方说了算的，尤其在订单培养的模式下，企业的考核对于人才的培养至关重要。因此，该模式下的评价体系就应建立在校企共同考核的基础上，使校内成绩考核与企业实践考核相结合，从而保障学生校内学习与实际工作的一致性、校内课堂与实习地点的一体化。

三、"校企合作、工学结合"人才培养模式的意义

教高〔2006〕16号文件指出"校企合作、工学结合"人才培养模式是我国高职教育的发展方向与基本路径，其重要性可见一斑。

（一）有利于高效促进学生职业技能和态度的形成

以学校为主体进行的学校教育虽然能在理论、知识和技能等方面培养出企业所需的人才，但在实际操作经验、工作态度、企业文化和精神等方面不能进行有效培训，所以很难适应企业发展对人才素质和能力的需求，也就无法培养出与企业需求零距离的人才。因此，世界各国兴办职业教育遵循的一个普遍规律就是，通过职业教育与行业、企业的结合，使职业教育与企业需求实现有效的沟通和融合，实现人才培养的"零距离"。这样做的好处至少有2个。首先，学生通过在合作企业进行实习实训可以

培养起实际操作能力，使得学生在学校学到的理论知识能更好地与实践操作融合起来，从而在毕业的时候更容易适应工作岗位。其次，学生通过在合作企业进行实习实训可以近距离地感受企业的工作氛围和企业文化，从而对工作岗位、职业和企业有更加深刻的认识，在其毕业的时候，将更容易融入到岗位和企业中去，学生和员工的身份转换也会更顺利。因此，校企合作、工学结合显然是一种促进高职学生职业素质、技能和态度形成的重要方式。

（二）有利于切实推动"双师型"师资队伍的建设

如前所述，"双师型"教师队伍建设是高等职业教育师资队伍建设的重要内容，而"双师型"教师也是实现校企合作、工学结合的主力军和生力军。为什么这么说呢？一方面，通过校企合作和工学结合，学校和企业的关系将进一步密切起来，因此，对于一些实践性较强、校内专职教师上不了的实践课程或理实一体化课程就可以通过聘请合作企业的专家或兼职教师的方式来上，从而使高职院校的"双师"结构得到优化；另一方面，通过校企密切合作，高职院校的专职教师也可以去合作企业实习实践，以增强自己的专业实践能力，从而使高职院校的"双师"素质得到提高。另外，校企合作、工学结合也增强了校内专职教师和校外兼职教师之间的交流与合作，这将极大地促进两者之间理论知识和实践能力的相互交流和融合，校内专职教师能更多地获得企业的先进技术知识和实践经验，校外兼职教师也能更多地获得先进的理论知识和教学经验，由此，高等职业院校的"双师型"教师队伍的建设走上良性循环。

（三）有利于打通学生就业与企业用人的绿色通道

校企合作、工学结合把高职院校的学校教育和培训与企业的特殊教育和培训有机地结合起来，把高职院校的人才培养与企业的用人有效地结合起来，降低了企业的用人成本和培训风险，因而成为企业参与高职教育的有效形式，也有利于企业履行社会责任。

实行校企合作、工学结合，学生在高职院校接受基本的职业知识和技能，在企业接受现场的职业教育与培训，参与企业的生产实践，熟悉企业的生产环节，接受企业的文化价值，完成了这些特殊的教育或培训，就可以直接上岗工作，带薪顶岗。因此，许多参与校企合作、工学结合的培训企业均愿意留用在自己企业实习实训的学生，学生也愿意留在实习实训企业工作。这样企业就可以节约招聘新员工所需的上岗培训费用，还可以节约招聘、试用、不合格解聘等方面的费用和风险。合作企业通过参与职业教育与培训，对劳动者实行长期投资，是企业人力资源形成与管理的重要内容。

（四）有利于大大提高职业教育的人才培养效益

资金和资源不足是目前大多数高职院校面临的实际问题，加之能力本位的职业教育是消耗资源比较大的一种教育，集中表现在实习实训基地的投资比较大，设备需求多、更新快，耗材多，管理有风险。因此，单纯依靠政府或高职院校自身已难以满足其发展的需要，必须依靠行业和企业等社会资源。依靠行业、企业开展实习实训还具有两方面的优越性。一是降低了全社会的人才培养成本。由于学校兴办的实训基地具有非生产性，不像企业在严格的财务制度的要求下生产设备能不断地更新，所以在生产技术日新月异的当今世界，巨大的投资在几年后就可能成为落后的设备，不利于学生掌握先进的技术。而利用企业设备开展实训，由于企业设备的不断更新，既能充分保障设备的先进性，又由于企业设备的成本已由所生产的产品分担，开展职业培训就无需承担多少成本，从而能够从整体上降低社会人才培养成本。同时，降低人才培养成本还表现在学生参与企业顶岗生产实践，可以通过劳动获得一些收入，从而减轻学业上的经济负担。二是与职业院校实训基地相比，在企业工作场所实训，学生更能够感受到企业的工作氛围，进而使自身的职业素质得到熏陶，同时，学生可以了解和接触到在职业院校难以了解的、被各企业和公司视为内部机密的各种设备、技术、业务、程序等，既能使学生开阔眼界，又能使他们了解到行业的基本情况，有利于学生职业技能和态度的养成。

四、经管类专业实施"校企合作、工学结合"人才培养模式的特殊性分析

尽管"校企合作、工学结合"人才培养模式是我国官方确定的高等职业教育人才培养的基本模式，但经管类高职院校实施该模式却有一定的特殊性：一是经管类专业的就业岗位一般分工较细，每个企业能够接受顶岗实习的学生数目较少；二是对于一些经管类专业的核心岗位，一般不会接受经验欠缺的新任职人员进行顶岗实习和就业。因此，经管类专业在推行"校企合作、工学结合"人才培养模式时就会比工科类专业遇到更多的困难，也需要经管类高职院校和专业不停探索、锐意创新，才能找到比较合适的"校企合作、工学结合"人才培养模式的具体类型。

第二节 "订单式"人才培养模式

2003年12月10日，原中国工程院院士周济在第二次全国高职高专教育产学研结合经验交流会上明确提出要倡导推行"订单式"人才培养；紧接着，2004年4月2日，教育部发布《关于以就业为导向，深化高等职业教育改革的若干意见》（教高〔2004〕1号）的文件，提出要把"订单式"人才培养模式作为发展职业教育和深化高等职业

教育改革的主要措施之一。

一、"订单式"人才培养模式的内涵

所谓"订单式"人才培养模式是指用人单位（即企业）与培养单位（即学校）签订用人协议（即订单），双方共同制订人才培养计划，确定人才培养目标和规格，充分利用双方的有利资源，共同参与人才培养过程，并在学生毕业后由用人单位按照协议约定安排学生就业的校企合作办学模式。由此可见，"订单式"人才培养模式体现了"以服务为宗旨，以就业为导向"的职业教育办学方针，是校企合作的最高层次，有利于学校做到教学过程中的"三个协调"，即专业设置与企业需求相协调、技能训练与岗位要求相协调、培养目标与用人要求相协调，从而更好地解决高职教育发展中的深层定位问题。"订单式"人才培养模式不仅有利于解决企业的缺人问题，也有利于解决学校的就业难问题，是一种真正的双赢模式。

二、"订单式"人才培养模式的运作流程

（一）校企双方签订人才培养协议（即订单）

订单是订单式人才培养模式的核心要素，它要求校企双方在充分进行市场调研的基础上，通过签订用人和人才培养的"订单"，形成一种法定的委托培养关系。由于订单是一种合约关系，所以能最大限度地明确校企双方职责，整合校企双方的资源，实现校企双方的利益。一般来说，订单的签订需要有两个前提条件：一是学校需要在前期开展企业调研，了解企业的需求和合作意向；二是企业需要明确自身对人才培养的质量和数量要求，从而能够配合学校的调查，也为接下来的合作打下坚实的基础。

（二）校企双方共同制订人才培养方案、共同培养人才

在签订订单后，校企双方必须共同制订人才培养方案，并共同进行人才培养。这种共同培养包括共同确定人才培养的目标和规格，共同制订人才培养的方案，共同开发人才培养的课程体系和课程内容，共同进行授课并共同进行评价等。

（三）企业按照协议约定安排学生就业，学校对就业学生做好"售后"服务

在"订单式"培养过程完成后，企业必须严格按照"订单"约定，安排合格的毕业生到企业就业，所以按订单就业是"订单式"人才培养模式区别于其他类型人才培养模式的一个重要特征。"订单式"人才培养模式的最终目的是使学校培养出来的人才被企业和社会所接受，因此，学校的责任并不因学生按"订单"就业而结束，学校要

对就业学生做好跟踪调查工作，通过跟踪调查，了解企业对学生综合素质的评价；了解学生和企业双方的互相满意程度，以及学生和企业对学校教育的满意程度，一是对企业不满意的学生，学校要负责进行再教育，使他们达到企业的岗位要求，二是结合人才培养中的不足问题或人才发展的新要求，及时改革教学内容和培养方式，提高人才培养质量，三是提供人才所需要的持续培养，促进人才的进一步发展。

以安徽财贸职业学院农村合作金融专业的"订单式"人才培养模式为例，其人才培养运作流程如表13-1所示。

表13-1　安徽财贸职业学院农村合作金融专业"订单式"人才培养运作流程

运作步骤	实施方法	操作目标
行业岗位调研论证	1. 现场分析不同农村金融机构的不同业务岗位，撰写调研报告 2. 组织行业问卷调查	1. 掌握农村金融机构的发展状况及合作意向 2. 了解招聘员工的数量、人才的类型
设置专业方向、调整课程体系、设定专业教学标准	对不同农村金融机构的不同业务岗位进行工作项目、工作任务、职业能力分解	1. 形成农村合作金融的专业方向 2. 进行相应的项目课程与教材建设 3. 聘请职业教育专家与专业教师、行业专家共同开发基于职业能力本位的专业教学标准
签订"订单"协议	1. 直接与农村金融机构签订 2. 和农村金融机构一起分别与人才中介机构签订人才培养协议	1. 明确人才供需双方的职责 2. 与农村金融机构共同商讨、制订人才培养计划和考试录用标准
按"订单"要求对学生进行职业能力培养与教育	1. 专业教师课程教学 2. 学生认知实习、专业实习、顶岗实习	1. 一年级对学生进行专业素质教育 2. 二年级根据学生毕业以后从事的岗位进行真实环境、真实情景的全真化教学 3. 三年级要求学生顶岗实习
农村金融机构按"订单"要求录用学生	用人单位对学生进行面试、笔试，测评综合素质	符合毕业要求、达到农村金融机构录取标准的学生由用人单位录用为正式员工，从事"订单"所规定的工作
跟踪调查毕业生情况	以专业性的人力资源管理公司为中介与农村金融机构建立固定联系机制	1. 了解学生实习和工作情况 2. 完善"供货"后的跟进服务 3. 进一步改进"订单式"培养模式

三、"订单式"人才培养模式的适用条件分析

第一，适用于劳动密集型行业企业，不太适用于资本密集型行业企业。

"订单式"人才培养模式比较适合于劳动密集型行业企业，如物流业、物业、酒店、连锁经营等行业企业，这些企业一般同一岗位需要的员工数较多，可以容纳同专业的人数也就较多。不太适用于资本密集型的行业企业，如企业管理、资产评估、会

计等行业企业，因为这些企业同一岗位需要的员工数不多，不太容易容纳同专业的众多学生就业。

第二，适用于大企业、大学校。

"订单式"人才培养模式的基础是校企双方紧密合作，学校不仅要能培养出合格的、企业能用的学生，而且还要符合教育投入产出的效益指标；企业则不仅要与企业共同进行学生培养，更要在学生就业时提供足够的就业岗位。这就决定了"订单式"人才培养的合作主体都必须够大，且有实力。只有这样，学校的教育质量、办学效益才能得到保障；而企业才能提供足够的员工岗位、企业才能全方位参与订单培养，并给实施订单教育的学校提供资金、技术、设备、实习实训场所等各种支持，从而降低自身的人才招聘成本。以江苏城市职业学院为例，它的订单合作企业为苏宁，苏宁由于是全国连锁经营的大企业，不仅能够在同一岗位上提供较多的员工需求，而且在很多岗位上都有这样的需求。因此，江苏城市职业学院抓住这一个大企业，就实现了会计、物流、电子商务等多个专业的订单培养。

第三节　"工学交替"人才培养模式

一、"工学交替"人才培养模式的内涵

所谓"工学交替"人才培养模式指的是把教学过程分为校内学习和校外实践两个部分且两个部分交替、循环进行的一种人才培养模式，因此，在教学组织上需要采取分段式教学，在校内分别完成文化、基础和专业等理论模块的学习，在校外完成实训、轮岗和顶岗等实践模块的学习。由于校内学习和校外实践需交替进行、良性循环，所以需要校企双方进行较为紧密的合作，以便合理安排学生的交替学习和实践。

二、"工学交替"人才培育模式的特点

第一，"工学交替"人才培养模式体现了"学中做、做中学"的高等职业教育理念，通过校内学习和校外实践的合理循环交替，使学生的"学与做"能及时衔接和融合起来，学生在学的过程中发现了问题，可以通过做来帮助解释和理解；在做的过程中发现了问题，则可以通过学来解决和深化。

第二，"工学交替"人才培养模式充分体现了理论和实践高度结合的职业教育理念。学生在校内理论学习和校外实践学习之间有序循环将极大地增强学生将理论和实

践相结合的能力和素质。

第三，"工学交替"人才培养模式需打乱一般的学期安排，一般根据工学交替的次数重新调整学期数。比如徽商职业学院的连锁经营管理专业根据连锁行业和合作企业的人力资源需求特点，构建了"342 分段式弹性学期制"，将原三年制 6 学期调整为 9 个学期。其中，第一学年为 3 学期包括 1 个学习学期和 2 个工作学期；第二学年为 4 个学期包括 2 个学习学期和 2 个工作学期；第三学年分别为 2 个学期包括 1 个学习学期和 1 个实习（实训）学期。4 个学习学期主要在校内进行，通过专业操作技能学习学期、运营管理学习学期、综合能力管理学习学期和专业拓展学习学期的教学活动，重在培养学生商品销售作业能力、仓储配送管理能力、门店营运管理能力和企业综合管理能力等 4 个核心能力；4 个工作学期安排在元旦、春节、暑假商业零售业销售高峰期，学生在合作企业进行企业认知和一线岗位的操作实习；实习学期为企业经营实训和毕业顶岗实习，培养学生的连锁经营企业综合管理能力。通过实施"342 分段式弹性学期制"，将实现学校教学过程和连锁企业运营过程紧密结合起来，可以有效提升学生的实践能力，并帮助合作企业解决销售高峰期的人力资源难题，实现学校、企业和学生的三方共赢。

第四，实现"工学交替"人才培养模式需要学校和较多的企业建立比较紧密的合作关系，并使它们成为学校的校外实训基地，这样才能较为方便地为学校提供足够的实训、轮岗和顶岗机会。

第五，企业可以通过学生的多次顶岗实习及时发现满足其用人需求的学生，从而在学生毕业的时候挑选到优秀的毕业生满足企业生产和发展的需要。

三、"工学交替"人才培养模式的简单类型——"2 + 1"人才培养模式

（一）"2 + 1"人才培养模式的内涵

顾名思义，"2 + 1"人才培养模式就是将教学过程分成两部分，即学院集中授课和企业顶岗实习，并且前一部分为 2 个学年、后一部分为 1 个学年的一种人才培养模式。在"2 + 1"人才培养模式下，学生第一、第二学年在学校完成基础课程和专业课程的学习，从第三年开始到企业顶岗实习。在顶岗实习过程中，学校与企业分别指派指导教师，校外指导教师负责学生在企业实习的工作、学习、生产安全等问题；校内指导教师定期到企业了解学生实习工作，并与企业沟通解决实际中遇到的问题；学生在校、企双教师的指导下，完成实习报告和毕业论文；在实习结束前以企业指导教师为主组建考核小组，根据学生的岗位技能、实习表现、报告内容和答辩情况给出毕业实践环节的综合成绩，并对学生做出评价。

可以说，"2＋1"人才培养模式是"工学交替"人才培养模式的简单形式，它只进行工和学的一个循环交替，而不是多个循环交替。

（二）"2＋1"人才培养模式的特点

第一，利用2年的时间进行基础及专业基础课的教学和基本操作技能的训练，利用最后1年时间专门从事实训、实习环节的教学。通过"理论课—专项实训课—顶岗实习"的渐进整合，促进理论与实践、知识与技能的相互渗透。

第二，"2＋1"人才培养模式是体现"工学结合"职业教育理念的传统模式，首次改变了职业教育和学科教育一样只在学校进行的现状，使得职业教育更加贴近其职业性和就业性的特征。

第三，"2＋1"人才培养模式也需要学校和企业建立合作关系，但是这种合作关系不如"订单式"人才培养模式和"工学交替"人才培养模式紧密。

第四，"2＋1"人才培养模式在教学上比"工学交替"人才培养模式更容易实施，可以不打破学校现有的教学安排和组织，因此操作性强，基本上所有的高职院校都可以实现。

第四节　"课证融合"人才培养模式

一、"课证融合"人才培养模式的内涵

高职教育是培养高素质技能型人才的教育，那应该怎么认定人才的高素质和高技能呢？一般认定的标准是学生具有劳动部门定义的高级工以上职业资格证书及能力。"课证融合"人才培养模式是指在教学过程中融入职业资格取证目标，从而使学历教育和国家职业资格证书体系衔接起来的一种人才培养模式。在该人才培养模式下，高等职业院校必须改革课程体系和教学内容，并以职业能力和职业资格标准为核心来组织教学内容和课程体系。

二、"课证融合"人才培养模式的特点

（一）人才培养目标从"学历人"向"职业人"转变，从获得"单证"向获得"双证"转变

"职业人"包括由内而外三个层次的含义：首先，应体现出一种基本的职业素养；

其次，应掌握相当程度的专业技能；最后，应遵循本行业特定的行为规范或标准。简言之，"职业人"就是具有职业素养、职业技能和遵循职业规范、标准的从业人员。"课证融合"人才培养模式由于将国家职业资格证书体系与学历教育融通起来，所以其培养目标就从"学历人"变成了"职业人"，从仅获得毕业证变成了同时获得毕业证和职业资格证。

（二）从知识本位的人才培养观转变为能力本位的人才培养观

传统的知识本位的人才培养观仅要求学生掌握所学课程的知识点即可，至于如何运用知识点，以及如何在职业中运用知识点是不关注的。而能力本位的人才培养观不仅要求学生掌握所学课程的知识点，而且要求其学会运用这些知识点，尤其是要学会在职业中运用这些知识点。因此，在"课证融合"人才培养模式下，人才培养观必须由知识本位转变为能力本位，才能使学生在课程学习后顺利通过国家职业资格证书考试，并由此成为合格的"准职业人"。

（三）从先理论后实践的教学观转变为理论实践一体化或先实践后理论的教学观

传统的学历教育模式由于重视理论知识的传授，所以教学观是先理论后实践的，即在学校一般只教授理论知识，而实践知识必须等学生毕业后在工作岗位上再进行学习，并和理论知识融合起来；"课证融合"教育模式则不同，由于它是以职业能力为导向的，所以在学校就不仅要教授理论知识，还要教授实践知识，否则学生就不能提高职业能力，也就不能顺利通过国家职业资格考试。更多时候，学校为了使学生更好地培养职业能力，还需要开设实践课程来帮助学生理解或者进一步扩充理论知识。因此，"课证融合"人才培养模式的教学观是理实一体化或者实践先于理论的，而非理论先于实践的。

（四）教师及教师队伍从学科型转变成双师型

在"课证融合"人才培养模式下，教师不仅要教授理论知识，还要教授实践知识，因此，教师本身应该掌握这两种知识，这就促使教师或教师团队必须从学科型转变成双师型，否则，教师不能胜任与国家职业资格证书密切融合的课程教学。双师型教师及教师队伍的建设一直是高等职业院校的重点和难点所在，本书对此给出一些参考建议。

1. 从对口企业聘请兼职教师

高职院校教师具有企业实践经验和经历的少，因此，高职院校可以从专业对口企业选聘一些有丰富实践经验、实践能力的能工巧匠和专业技术人员充实到教师队伍中来，他们可以被聘任为兼职教师，也可以被引进为专职教师。

2．自己培养双师型教师

由于教师须融合国家职业资格标准来进行教学，所以教师自身应该取得相应的职业资格证书，把自己培养成"双师型"教师（指同时具有教师职业资格和专业职业资格的教师），才能更好地将实践经历融入到教学中去。

（五）教育模式从封闭型转变成开放型

"课证融合"人才培养模式不是一种封闭的教育模式，它应该是一种开放的教育模式，并广泛吸收政府、职业资格认证机构、企业等机构或团体参与，从而开展多层面的合作教育，促进"课证融合"。产学合作、工学结合是拓宽"课证融合"人才培养渠道的两个必要措施，因为国家职业资格标准来源于生产过程，包含了工作过程中的共性内容。通过产学合作、工学结合，学生可以亲身实践职业资格标准中的内容，知道哪些技能和知识是需要学习的，这样可以反过来提高学生学习相应知识、技能的积极性，促进学生对已学知识、技能的强化和掌握。同时因为企业实际生产过程的内容范畴大于职业资格标准的内容范围，所以生产过程还具有职业资格标准之外的个性化、非常规因素，通过产学合作、工学结合，学生可以研习职业资格标准以外但又与职业资格相关的技能与经验因素。

（六）打通了职业教育与就业之间的通道

当前的就业市场一般都需要一个通行证，即职业资格证书，学生没有职业资格证书，就很难获得就业的敲门砖，也就极有可能不能在所学领域就业。"课证融合"人才培养模式让学校通过其教育活动使得学生具有职业资格取证的能力并取得证书，从而帮助学生顺利地获取就业的敲门砖，增加就业的机会。

三、"课证融通"人才培养模式的课程体系构建

（一）课程开发

一般来说，"课证融合"人才培养模式采用逆向设计法（又名"倒推法"）来进行课程开发，类似于美国的"CBE"人才培养模式。首先，以国家职业资格标准为依据，同时结合行业标准和企业标准，确定专业所需要的主要技能；其次，根据所需的技能确定需要业务模块；最后，将这些业务模块分解为若干课程。

（二）课程结构

"课证融合"人才培养模式借鉴国家职业资格标准的能力三层次体系构建课程结构，让学生先接受职业群共同的基础教育和基本技能训练，然后，根据自己的兴趣、

能力以及社会需要选择不同专业化（职业）方向，进行特定职业技能及相应专业知识的培训。同时，把职业资格标准中的应知、应会内容全部融合到这些模块或平台的课程设置、教学内容和技能训练中去。

（三）课程内容

"课证融合"人才培养模式的课程内容以岗位工作为导向，要具有实用性、先进性、科学性和针对性。突出实际技能、新技术应用能力和创新精神的培养，知识以"实用为先，够用为度"，从而实现知识与技能有机结合。要将职业资格证书及行业科技发展前沿的新知识、新技术和职业技能的有关培训及时纳入，使之更符合实际需要。

（四）课程整合

"课证融合"人才培养模式对涉及职业标准的若干课程的整合有利于系统地培养学生的综合能力，对重复的课程内容进行整合有利于增加职业资格证书要求的训练时间。在高职教育的课程整合中，要辩证地处理主干课程和一般课程的关系。关系到专业主要能力和职业资格技能培养的主干课程的教学，在课程整合中要加强和保证其课时，而关系到一般专业能力和技能培养的一般课程的教学，在课程整合中要适度削减课时。

（五）课程标准

"课证融合"人才培养模式的主干课程要制订融入职业资格标准的明细化、可操作的课程标准，"课程标准"强化目标的指向作用和标准作用，有利于"课证融合"落到实处。

（六）教材建设

教材是教学内容的载体，是教师"教"和学生"学"的信息载体，也是课程建设的凝结和体现。"课证融合"人才培养模式的教材开发要充分体现开放性、职业性、岗位性、认证性和就业性的特点。

1. 开发主体

行业企业与学校联合开发教材。

2. 开发方法

将国家职业标准中的"应知""应会"知识完全融入教材之中，使教材内容与企业的岗位技能紧密结合。

3. 开发先进性

注意开发反映新知识、新技术、新工艺、新设备、新材料的具有职业教育特色的教材。

四、"课证融通"人才培养模式的评价体系

(一) 吸收和借鉴职业资格证书考核标准和方式

(1) 考试内容与职业技能鉴定规范相衔接,加大专业职业技能的考试权重。

(2) 借鉴和采用职业资格证书考评的技术、方法。如综合测试、模拟操作、现场实际操作、典型作业法等,开发面向生产一线的能力测试技术;对理论较多的课程,可以采用写总结报告或现场答辩的方式进行,改善"学完考完忘完"的现象。

(3) 落实职业技能培养与职业资格考试同步的运行机制,使技能鉴定与课程考试结合起来,避免重复考试。

(二) 以证代考

学生在专业核心课程学习结束后,参加与该课程密切相关的职业技能考核,获得职业技能等级证书,作为该专业课程考核的标准。

(三) 校企共同考核

加强对实践教学的考核,请行业企业人员制订实习、实训等教学环节的质量评价标准。将实践技能考核与岗位实践能力要求有机结合,对学生的各类实习实训,注重以实践能力、生产组织与管理能力等作为评定的依据,校企共同对学生的职业技能进行考核。

▶ 第十四章

我国高职经管类专业人才培养模式的改革和创新

第一节 我国高职经管类专业人才培养模式的改革和创新的必要性

一、我国高职经管类专业人才培养的现状和问题

随着社会的快速发展与科学技术的进步，经济管理类专业很快成为了一类非常热门的专业，与此同时，经管类专业的发展速度不断加快，招生的规模也不断扩大。但伴随着这种现象的出现，每年经管类专业的毕业生却面临着找工作难的问题，甚至有很多学生顺利地找到了一份工作，却碰到了难以很好地适应工作的问题。为什么会出现这样的问题呢？归根结底，是因为当前我国高职经管类专业的人才培养存在着这样或那样的问题。总结来看，主要有以下三方面的问题：

（一）学生盲目选择专业方向

高职经管类专业的专业方向特别多，大致有 30—40 个专业方向，例如会计、审计、评估、工商管理、市场营销、物流管理、物业管理等多种方向，很多学生在入学选择专业的时候是盲目的、没有目标的，因此在 3 年的学习中缺乏学习的动力和兴趣，如果此时，该专业的人才培养模式又不能激发出学生的学习动力和兴趣的话，那学生毕业以后往往不想继续在所学专业领域就业，这就使专业与工作之间完全失去了联系。

由此，人才培养的目标不仅没有达到，人才培养的效果还比较低下。

（二）专业的实践性较弱

如前所述，经管类高职院校的教学往往更加理论化，不像工科类高职院校，实践性更强一些，所以更好设计实践教学模块，而经管类高职院校和专业的实践教学模块明显就更薄弱，表现在联系实际工作的课程较少，而理论性的课程较多。这就使得学生在学校学习的知识不能更好地与实际工作联系起来，因此不太容易进入工作岗位或者进入到工作岗位以后也容易出现不适应或者发展后劲不足的现象。

（三）定向就业的机会更少

对于高职工科类专业而言，比较容易和大企业、大公司进行校企合作，并由此解决毕业生的就业问题，而高职经管类专业却不太容易和大企业、大公司进行校企合作，因为它们通常对人才的需求更高，更愿意和更高层次的教育单位合作。这就使得高职经管类专业一般都是和小企业、小公司合作，它们对人才的需求数量很少，很不容易满足学生定向就业的需求，由此使得高职经管类专业的就业问题非常严峻。

因此，高职经管类专业的人才培养模式必须进行创新，以更好地满足经济社会发展对人才的需求，满足学生对知识、能力和素质提高的需求，使得人才培养和就业紧密结合起来。

二、我国高职经管类专业人才培养模式改革和创新的必要性

首先，从我国大规模发展高等职业教育以来，在教育行政管理部门的推动下，职业教育界兴起一股学习国外成功经验和探索职业教育人才培养模式的热潮，积极开展各种形式的教育改革，构建适合我国职业教育的人才培养模式，形成了校企合作、工学结合、产学研结合等教学模式。但是，与此同时，也出现了经管类与工科类人才培养模式趋于同质化的现象，这有悖人才培养的规律。事实上，经济社会发展对经管和工科两类人才的知识、素质和能力结构的要求存在明显的区别，经管类人才偏重综合素质和综合能力，而工科类人才偏重职业素质、单项技能和综合技能，这是由两类人才的工作性质的差异所决定的。高职工科类人才培养模式并不完全适合财经类人才培养。在全国财经类高职教育改革与创新研讨会上，与会专家普遍认为经管类高职教育是一个世界性的话题，至今尚未有成熟的人才培养模式，有必要去研究和探索。

其次，由于当前我国高职经管类专业的人才培养模式也存在若干如前所示的问题，已不适应社会经济发展对经管类专业人才及人才素质的需求，所以迫切需要对其进行改革和创新。

第二节　我国高职经管类专业人才培养模式改革和创新的对策措施

大学教育重视对学生的理论传授和研究能力培养，强调培养学生的显性知识；而中等职业教育主要通过实习实训，培养学生的专业技能，强调培养学生的隐性知识。高等职业教育界于这两种教育之间，不能简单沿用大学教育或中职教育人才培养模式。因此，构建高职经管类专业的人才培养模式，既要考虑高职教育的层次性，也要兼顾经管类专业教育的特殊性。具体来说，笔者认为，我国高职经管类专业人才培育模式的改革和创新应该采取以下对策和措施：

一、紧密结合地方经济发展和产业结构变化需求，调整和设置专业结构

为适应社会经济发展对经管类专业人才及人才素质的需求，经管类高等职业学校应以社会需要为参照基准，优化学校的经管类专业的总体结构，从而使其专业结构与产业结构对接，进而提高高职经管类专业的人才培养质量。

专业结构与产业结构对接是保证人才质量的前提，也是保证毕业生顺利就业的必要条件。了解经济社会的发展方向和经济结构调整和转型的动向，是经管类高职院校专业设置的首要工作。

在具体设置经管类高职院校的专业结构时，首先，经管类高职院校应咨询行业和企业专家，在他们的指导下，顺应行业、企业的发展方向设置专业，依据经济发展背景下产业结构的优化升级适时调整专业，从而形成经管类高职院校专业结构的独特格局，主动培养经济、产业和企业急需的高职经管类专业人才。

其次，经管类高职院校应构建以重点专业为支撑、辐射专业为辅助的主次分明、层次合理的塔型专业结构，形成合理的专业群。这样不仅能降低学校人才培养的成本，也能提高学校人才培育的质量。创新人才培养落实在第一层面上需要培育一批国家级、省级和校级的重点专业群体，从而形成以国家级专业为龙头，省级品牌、特色为主干，院级重点专业为支撑的多层次塔型专业结构布局，不断提升专业开发能力。这种专业建设和布局思路也是国家高等职业教育机构所着力提倡的专业建设和发展政策。这样，这些建立在充分社会调查基础上的、满足地方支柱产业建设急需的、符合产业结构调整和企业用人方向的、结构科学且具有很好就业前景的主体专业，就能为高职经管类专业学生的就业工作打下坚实的基础。

二、以综合素质和能力的培养（以下简称综合素能培养）为目标

在课堂，教师向学生传授知识，提高学生文化素质和专业素质；在实习实训场所，学生学习和训练专业技能和专业能力，增强专业技能。但是，经管类专业学生不应该只具有这些在第一课堂获得的文化素质、专业素质和专业技能，还应该包括其他的素质和能力，如身体素质、品行、艺术修养、语言表达能力、沟通能力、组织能力等，可以把这些素质和能力统称为专业素能和非专业素能。从众多的研究结果和实践发现，一个管理服务者能否成功更多地依赖于他的非专业素质和非专业能力。学校、社会、家庭都是学生非专业素质和非专业能力形成的重要渠道。学校应将学生的课外活动纳入经管类专业学生的培养体系，统筹安排各种社团、社会实践、体育、文化等活动，使第二课堂成为高职经管类专业教育的重要组成部分，形成第一课堂教育和第二课堂活动的学生综合素能培养体系。

选择以素能为本的办学思想是高职经管类专业教育契合社会经济发展和产业结构调整、转型的必然结果。因此，将综合素能培养作为高职经管类专业教育的核心，形成"素能本位"教育观是高职经管类专业人才培养目标的必然选择。因为素质与能力两者既有区别又密切联系，人的素质和能力都可以通过教育来形成和提高，良好的素质是提高能力的条件。只有管理服务者具备综合素质和综合能力，才能适应复杂多变的管理服务环境和管理服务对象，才能提高管理服务效率和效果。

以"素能本位"作为高职经管类专业教育的办学思想，必须明确第三产业（尤其是现代服务业）和现代新兴产业的管理和服务人才需要具备哪些素质和能力，才能构建综合素能体系。高职经管类专业教育应该培养学生哪些素质和能力，除了管理服务者一般应具备的素质和能力外，还要考虑到具体专业管理服务人才的特殊要求。总之，高职经管类专业不仅要重视专业知识和能力的培养，还要重视综合素能的培养；既要重视智商的培养，也要重视情商和财商的培养。

三、开发培养综合素能的课程体系和教学方法

以工作过程为基础来开发职业教育课程的主流思想是一种学习领域课程模式，目前，这种课程开发思想已经成为我国高职教育课程开发的主流，但显然，在这种模式下开发的不同课程之间具有较强纵向相关性，这种课程体系是比较适合培养工科类学生的，可以将工科类学生培养成为高素质技术型人才。而高职经管类专业的人才培养目标是培养高素质的技能型人才，因此，综合素质和能力是高职经管类专业人才培养的重点，基于工作过程系统开发课程模式可能并不完全适合高职经管类专业教育。笔者认为，高职经管类专业应该选择适合综合素能培养的模块课程开发模式（即按不同业务或者项目进行模块划分），这种模式开发的课程体系具有灵活、变通的特点，不同课程之间又具有较强的横向相关性，适合培养学生的综合素质和能力，特别是学生的

应变能力，而不仅仅是职业技能。

（一）综合素能课程体系建设

高职经管类专业的综合素能课程体系建设应以就业为导向，考虑市场发展变化的需要，主动适应区域、行业经济发展对人才培养规格需求的变化；以培养学生适应能力、可持续发展能力为导向，全方位推进学生关键能力的培养，进而促进学生综合素质和能力的培养。

1. 综合素能课程体系的内容

高职经管类专业的综合素能课程体系应该既包含专业课程，也包含非专业课程，而且非专业课程的重要性不应低于专业课程。

高职经管类的专业课程应基于业务流程或者项目流程进行课程的开发设计，按照项目、任务或案例等内容的平行或递进关系对专业素能进行层级分解，形成以培养学生专业素能体系为主线的专业课程体系。专业课程体系改革应以科目课程改革为基础，进行必要的课程整合，并以国家技能鉴定培训、考核内容为标准融入教学内容，使专业课程与职业技能鉴定接轨；同时根据市场人才需求的变化，不断优化和调整专业课程。

高职经管类非专业课程的开发和开设分为三类：教育部统筹开设的思想政治课与体育课，与经管类职业岗位相对应的学生基本素能类课程，相同岗位群必须掌握的关键素能类课程，由此形成以培养学生非专业素能体系为主线的非专业课程体系。其中，与经管类职业岗位相对应的学生基本素能类课程是非专业课程开发的重点，应以此来对经管类专业学生进行非专业的基本素质和能力的培养。以全国92家经管类高职院校为例，专业建设较有特色和成效的院校都开发和开设了与地方区域经济氛围相关的通识课程，比如北京财贸职业学院从财贸人才的全面发展出发，深化财贸素养教育基地建设，构建财贸素养教育理论体系，创建财贸职业素养教育品牌，并积极创造条件，建成"京商文化教育基地"；安徽省的经管类高职院校则通过开发和开设徽商文化课程来培养学生的综合素能，安徽财贸职业学院不仅建设徽商数字图书馆，还通过举办徽商文化节、撰写《徽商》书籍、举办徽商专业知识讲座等方式对学生进行传统的徽商文化教育。相同岗位群必须掌握的关键素能类课程是非专业课程开发的难点，应以此来对经管类专业学生进行关键素质和能力的培养。以北京电子科技职业学院经济管理类专业为例，该学院根据现有的专业群状况，开发出适用不同岗位群的关键素能课程体系，比如财经和商管专业群，开发的关键素能课程有4门，包括经济学概论、商务沟通与礼仪、商务办公软件应用和经济应用文写作。这4门课程着重培养财经和商管类专业学生的经济思辨意识、沟通技能、商务办公操作技能和经济文书写作技能等，这些技能是这些经管类专业将来进入企业工作必需的、关键的素能点。

非专业课程的开发范围一般涉及五个方面，包括传统文化、地方文化、企业文化、专业文化和校园文化，具体选择哪些方面来设计非专业课程，则需要根据学校所处的内外部环境条件来确定。

总结而言，经管类专业的综合素能课程体系建设既要考虑学生眼前的初次就业，也要考虑学生的长远发展，尽可能地培养学生可持续发展的终身就业能力，拓宽学生的综合文化修养水平。

2. 综合素能课程体系构建思路

遵循"注重应用、突出实践、理论与实践有机结合"的原则。综合素能课程体系结构应体现高职经管类专业的培养特色，以职业素质培养为核心，培养综合素质较高、具有可持续发展能力的人才；以职业能力培养为本位，培养具有基础理论适度、知识面较宽，专业技能强的人才；突出实践教学，注重实践能力培养，建立与理论教学既相融合又具有相对独立功能的实践课程体系。

按照"知识、能力、素质结构分解表"对专业所需知识、能力、素质进行分析，开发对应课程；按照"基本素能模块""专业素能模块""岗位素能模块""专业拓展素能模块"来构建课程体系结构模块。

（1）基本素能模块包括基本素质模块和基本能力模块。基本素质是指职业素质中"为人的基本素质"与"为职业人的基本素质"的总和，是从事职业活动所应具备的素质；基本能力是指从事职业活动中，不针对某个具体工作岗位的综合应用知识和技能的能力。

（2）专业素能模块包含专业素质和专业能力两个部分。专业素质是在已有的综合素质基础上，为从事某项专业技术活动所应具备的素质；专业能力是为了从事某项专业技术活动而必须熟练掌握和运用的一个或多个技能点或服务标准或业务流程等。

（3）岗位素能模块包括岗位素质和能力两个部分。岗位素质和能力是指针对某项特定的工作岗位应具备的实践操作的素质和能力，可通过课程实训、综合实训和顶岗实训来完成。

（4）专业拓展素能模块专业拓展素质和能力是为应对就业市场的发展变化而具备的适应某群工作岗位的素质和能力，使得学生能够在一系列横向或纵向岗位群上扩展就业岗位。

（二）综合素能实践课程体系建设

"大力推行工学结合，突出实践能力培育"是高等职业教育人才培养的要求。因此，在高职经管类专业人才培养课程体系建设中，应充分重视学生实践能力的培养，从而体现高职经管类专业人才培养具有理论适度、专业技能强、知识面较宽、综合素质高的特色。

高职经管类专业培养在第三产业（尤其是现代服务业）和新兴产业管理、服务第一线的高素质技能型人才的培养目标，奠定了高职经管类专业实践教学的重要性。实训和实习是体现教学过程的实践性、开放性、职业性的三个关键环节。因此，在高职经管类专业实践课程体系的构建中，应将实践教学的全部内容融于三个环节，并贯穿教学过程的始终，体现理论教学课程与实践教学课程相辅相成、既相互融合又相对独立的功能。

笔者认为高职经管类专业实践课程体系的结构包含两个方面，即课堂内实践课程和课堂外实践课程。课内实践课程主要在具体的各专业课程中体现，是各专业课程中涉及需学生掌握的某个技能点，学生须反复练习（训练）才能掌握和应用。因此，课内实践课程一般在课堂、校内实训室等场所完成。课外实践课程是学习一门专业课程或多门专业课程完结后，学生须掌握的多个技能点的综合，是某个专业核心能力的体现，学生须通过模拟或现场观摩或实际操作才能掌握和运用，因此，课外实践课程一般在校内综合模拟实训室、校外实训基地等场所完成。

高职经管类专业实践课程体系的开发也应遵循模块开发模式，可按照专业核心技能的层次进行模块设置。一般高职经管类专业的实践课程体系基本由"认知和体验实训模块""课程实训模块（体现专业核心能力的层级）""综合实习模块""毕业设计和顶岗实训模块"四个层次的实践教学模块构成，每个模块都有明确的教学内容、教学环节、教学场所和教学目标。

四、构建有效的综合素能评价体系

由于高职经管类专业的培养目标是学生的综合素能，所以对综合素质和能力的评价体系就不能单一化，必须构建多角度、多主体的综合素能评价体系才能对学生的综合素质和能力进行有效评价。多角度、多主体的综合素能评价体系如下。

第一，多级教学质量监控制度。包括校级、院级、系级和学生在内的四级监控教学质量监控制度，为切实提高教学质量，提高学生的综合素能提供保障。

第二，多种考核方式的评价体系。以基本素能、关键素能和专业素能为评价核心，集成课堂过程性考核、传统结果性考核、从业资格考试、职业技能大赛和学习过程跟踪反馈等多种考核评价方式，多方位、多视角地对学生的学业进行考核与评价。

第三，引入"第三方"的多主体评价制度。吸纳行业企业参与人才培养与评价，构建包括用人单位、行业协会、社会评价机构、学生及其家长参与的多角度、多主体的质量评价与监控体系，改革现行单一的考试评价制度，注重对学生学习过程、综合素能培养过程的评价，引导学生重视职业基本素能、关键素能和专业素能的培养，进而促进培养目标的实现。多角度、多主体的综合素能评价体系应以就业率、就业质量、企业满意度等多标准作为衡量人才培养质量的核心指标，并以此为基础对专业人才培养实施动态监控。

参考文献

[1] 安迪·格林. 教育全球化与民族国家 [M]. 朱旭东，徐卫红，译. 北京：教育科学出版社，2004.

[2] 黄达人. 大学的转型 [M]. 北京：商务印书馆，2015.

[3] 柳国梁. 服务型区域教育体系的地方高校转型研究 [M]. 北京：高等教育出版社，2014.

[4] 彭晓琳，刘吕高. 转型与嬗变：地方本科院校学生工作创新实践 [M]. 北京：中国文史出版社，2015.

[5] 曲振国. 大学生就业创业指导 [M]. 北京：北京燕山出版社，2012.

[6] 许云昭，石欧. 差距与超越：中美教育管理比较研究 [M]. 长沙：湖南师范大学出版社，2000.

[7] 张斌贤，李子江. 大学：自由、自治与控制 [M]. 北京：北京师范大学出版社，2005.

[8] 周清明. 创新型地方高校发展研究 [M]. 北京：经济管理出版社，2013.

[9] 周三多. 管理学：原理与方法 [M]. 4 版. 上海：复旦大学出版社，2007.

[10] 陈永斌. 地方本科院校转型发展之困境与策略 [J]. 中国高教研究，2014 (11)：38 – 42.

[11] 陈治仁. 应用型地方高校大学生创新思维培养的思考 [J]. 铜仁学院学报，2016 (5)：171 – 174.

[12] 刘宇陆，袁翔，张金福. 地方本科院校主动融入现代职业教育体系的实践与创新——以上海应用技术学院为例 [J]. 中国高教研究，2015 (5)：59 – 63.

[13] 卢巧玲. 地方本科高校转型发展背景下的协同创新研究 [J]. 大学教育，2015 (2)：1 – 3.

[14] 孙泽文，刘文帆. 地方本科院校向应用技术大学转型研究 [J]. 教育与职业，2015 (5)：15 – 17.

[15] 张元宝，宋瑾瑜. 应用技术大学背景下新建地方本科院校转型发展研究 [J]. 中国成人教育，2015 (6)：11 – 13.